网络主持发展简史

李　桃　著

科　学　出　版　社

北　京

内 容 简 介

网络主持是“互联网+播音主持”的时代产物，是网络舆论宣传的重要形式与直接窗口。本书以播音学和语用学的基础理论为依据，在创作主体、创作依据和受众三要素的框架下，系统介绍我国网络主持的发展历程，深入讨论网络主持的发展特征、动因和趋势，并对网络主持创作活动中的语言使用情况进行深入分析。本书语言平实、语料生动、观点客观，在一定程度上填补了我国网络主持发展史研究方面的空缺，同时丰富与拓展了媒体语言学的研究领域。通过阅读本书，读者可以掌握网络主持的基本原理，了解网络主持的语言使用状况，把握网络主持的发展趋势，体会网络主持的魅力。

本书适合播音主持、媒体语言研究人员阅读，也可为媒体从业人员和网络主持爱好者提供有益的借鉴。

图书在版编目（CIP）数据

网络主持发展简史 /李桃著. —北京：科学出版社，2018.10
ISBN 978-7-03-058507-3

Ⅰ. ①网… Ⅱ. ①李… Ⅲ. ①主持人-史料-中国-现代 Ⅳ. ①G229.297

中国版本图书馆 CIP 数据核字（2018）第 184407 号

责任编辑：郝静 / 责任校对：孙婷婷
责任印制：赵 博 / 封面设计：无极书装

科学出版社 出版
北京东黄城根北街 16 号
邮政编码：100717
http://www.sciencep.com
保定市中画美凯印刷有限公司印刷
科学出版社发行 各地新华书店经销
*
2018 年 10 月第 一 版 开本：720×1000 1/16
2025 年 6 月第三次印刷 印张：14 1/2
字数：343 000

定价：98.00 元

（如有印装质量问题，我社负责调换）

序　言

在互联网环境下，媒介形态发生了巨大变化，网络主持作为互联网时代媒体融合的产物，不断发展壮大。根据《2017 中国网络视听发展研究报告》，截至 2017 年 6 月，我国网络视频用户规模达到 5.65 亿人，相比 2016 年底的用户规模增长 2 026 万人，增长量同比翻倍，用户使用率为 75.2%。受众规模的不断扩大，反映出网络受众对网络主持人的强烈需求。习近平同志在党的十九大报告中指出，"加强互联网内容建设，建立网络综合治理体系，营造清朗的网络空间"[①]。网络主持作为网络舆论宣传的重要形式与直接窗口，对于弘扬主旋律，激发正能量，营造清朗的网络空间具有重要作用。《网络主持发展简史》总结了我国各个时期网络主持的发展脉络，并在此基础上总结发展特点，分析发展趋势，对网络主持更好地运用网络传播规律、提高传播效率、提升规范意识、传递正能量起到了积极作用。

纵观以往对网络主持的研究，有关具体技巧和实践经验的研究比较多，系统深入的理论研究还不足，对其发展脉络的梳理比较少。这是由于，一方面，网络主持的发展历史比较短。1987 年我国首次实现与国外计算机网络的联通；1994 年我国第一个 Web 服务器设立并推出第一套网页，我国由此进入互联网时代；1996 年中国中央电视台国际互联网站（以下简称央视国际互联网站）成立；1999 年我国第一家网络电视台——中

① 习近平在中国共产党第十九次全国代表大会上的报告. http://cpc.people.com.cn/n1/2017/1028/c64094-29613660-9.html，2017-10-28.

国虹桥网（以下简称虹桥网）开通，并推出了自制网络节目……从我国的播音主持创作活动首次“触网”至今只有二十多年的时间。另一方面，网络主持工作实践性强、前沿性强。尤其是在移动互联网时代，自媒体发展如火如荼，人人都可以成为网络主持人，网络主持活动体现出自发性、个性化、去中心化等特征，理论研究在飞速发展的实践活动面前略显滞后。然而，网络主持作为播音主持这门学科的子内容，必须有史有论。该书对各时期网络主持的发展状况进行了总结研究，以史为线，从网络主持创作构成要素、创作手段、创作方法、创作文体、主持风格等方面进行系统研究，在一定程度上弥补了我国网络主持宏观发展史研究的不足，对播音主持发展史的研究也是一个补充。

该书在搜集、整理、分析网络主持发展相关史料和语料的基础上，结合媒介环境、网络技术发展情况、政府政策支持等因素，在创作主体、创作依据和受众（创作活动三要素）的框架下，对网络主持发展演进进行梳理总结，并在总结各个阶段网络主持发展历史的基础上，分析网络主持的语用状况，探索网络主持的发展特点，分析网络主持的发展动力与趋势，对网络主持的未来发展具有参考价值。

该书有以下特点。

开创性与创新性。当前针对网络主持的研究大多是从实践的角度出发，分析网络主持的分类、主持风格、人才培养及对某些网络节目的个案研究。该书以我国网络主持的发展为研究对象，以创作活动三要素的发展变化为主线，对各个时期网络主持活动的基本状态及特点进行分析总结，探索网络主持发展的特征，并在此基础上提出未来网络主持的发展趋势。该书从历史的角度对网络主持进行史论结合的研究，丰富了研究视角；从发展的角度，对网络主持创作活动进行体系建构，增加了研究的深度；从联系的角度，阐释了网络主持内部各要素，以及外部环境对网络主持发展的影响，拓展了研究的广度，视角新颖，见解独到。

条理性与系统性。从理论框架来看，该书通过梳理网络主持发展脉络，总结发展特点，分析发展动因，预测发展趋势，整体思路逻辑清晰，研究路径合理，具有条理性。同时，多角度剖析网络主持发展历程，研究具有系统性：共时研究与历时比较相结合，一方面通过共时研究，分析同一阶段不同文体的网络主持各组成要素的状态及特征，另一方面通过历时比较，总结网络主持二十多年的发展特点，分析发展动因；微观研究与宏观研究相结合，除了从宏观视角梳理我国网络主持二十多年的发展历程，还对某一特定时空范围内某一特定现象即典型主持案例进行微观分析；内部研究与外部研究相结合，以网络主持创作的内部构成要素，即创作主体、创作依据和受众的矛盾运动为主线，结合外部媒介环境、网络技术条件、经济发展水平、政府政策规制等因素对网络主持发展进行综合考量，体现了研究的系统性和完整性。

学理性与实证性。该书以我国播音学基础原理为基本理论依据，结合语用学、新闻传播学等相关理论，对网络主持活动构成要素的特点及发展脉络、网络主持的语言文字使用状况及规范问题、互联网传播特点对网络主持的影响等问题进行了论述，具有鲜明的学理性。同时，运用案例实证研究的方法，通过对多个案例的经验观察，形成对网络主持发展基本问题的实感，为网络主持研究提供实例支撑，体现了研究的实证性。

网络主持是新时代网络宣传的重要窗口，是播音主持研究的重要领域，未来还有很多的内容值得研究。例如，网络主持语用学，网络主持的学科建设与人才培养等。希望作者能在已有研究的基础上继续深入研究下去。

姚喜双

2018 年 6 月 18 日

目　　录

第一章 绪　论

互联网时代给人们的生活带来了翻天覆地的变化，日新月异的科学技术为网络媒体的发展提供了必要的技术支持，受众的多元化需求和强烈的表达欲望催生了网络主持。近年来，一批网络节目受到广泛关注，如大鹏主持的综艺脱口秀《大鹏嘚吧嘚》、罗振宇主持的读书类节目《罗辑思维》等，网络主持开放、新颖的主持特点不仅满足了受众多样化、个性化的需求，也对传统媒体主持带来了强烈的冲击与挑战。

党的十九大报告提出，“加强互联网内容建设，建立网络综合治理体系，营造清朗的网络空间”①。习近平同志在中央网络安全和信息化领导小组第一次会议上指出，“做好网上舆论工作是一项长期任务，要创新改进网上宣传，运用网络传播规律，弘扬主旋律，激发正能量，大力培育和践行社会主义核心价值观，把握好网上舆论引导的时、度、效，使网络空间清朗起来”②。网络主持作为网络舆论宣传的重要形式与直接窗口，通过对网络主持的发展历程进行梳理，总结发展特点，分析发展趋势，对于网络主持更好地运用网络传播规律、提高传播效率、传递正能量、助力营造清朗的网络空间具有重要意义。

目前人们对网络主持的关注，多集中于某种类型的网络节目或网络

---

① 习近平在中国共产党第十九次全国代表大会上的报告. http://cpc.people.com.cn/n1/2017/1028/c64094-29613660-9.html，2017-10-28.

② 习近平主持召开中央网络安全和信息化领导小组第一次会议强调　总体布局统筹各方创新发展　努力把我国建设成为网络强国　李克强刘云山出席. http://www.gov.cn/xinwen/2014-02/27/content_2625112.htm，2014-02-27.

主持人。例如，网络脱口秀节目的特色及品牌推广、网络访谈节目的平民化和互动性、新闻网站聊天室的网络文化构建、网络主持人的特点与分类等。较少有人会关注网络主持的一些基本问题，如网络主持作为一种播音主持创作活动由哪些要素构成、网络主持的发展历程与特点、网络主持的语言文字应用状况、未来网络主持的发展趋势等。正因为如此，当前人们对于网络主持的研究与认识还相对零散与孤立，理论研究对于实践的指导意义也较为滞后。通过对我国网络主持的发展历程进行研究，揭示网络主持的发展特点，对网络主持实践起到借鉴作用，是本书的出发点。

一、本书的研究对象和范围

（一）研究对象

本书以我国[①]网络主持从诞生至今的历史发展过程为研究对象，探索网络主持在不同历史阶段，各创作要素（包括创作主体、创作依据和受众）的状态、特征，总结发展特点，分析推动网络主持发展的内因与外因，探究网络主持的发展趋势。

当前就我国网络主持的史学研究而言，大部分文献对于网络主持的发展过程只做了简短的介绍，主要集中于对个别标志性事件的概括。例如，2000 年 4 月 19 日，英国推出的全球首位网络主持人——电脑模拟“新闻女郎”安娜诺娃（Ananova）；2000 年 5 月，“51go”网推出的国内第一位网络虚拟主持人“Gogirl”；2000 年 5 月 30 日，在由 263 首都在线发起的全球第一位网络主持人选拔赛中获得冠军的清华大学外语系四年级女生苑杭；等等。这一领域真正意义上的史学研究和史论结合的学术研究尚未形成。

① 本书所指均不包括港澳台地区。

（二）研究范围

本书系统梳理了网络主持自诞生至今的发展轨迹，主要从以下五个部分展开论述。

第一部分，网络主持发展阶段的划分。根据网络主持发展大事记，并结合网络主持活动与网络传播特性的融合程度，对我国网络主持发展进行历史阶段的划分，将网络主持发展划分为三个阶段：第一阶段，酝酿期。传统媒体将网络传播技术应用导入节目的运作中，此时的网络主持实质上是传统媒体主持的网络传播形式。第二阶段，初始期。随着网络宽带资源及音视频压缩码技术的进步，网站制作的网络节目、论坛与聊天室节目出现，网络主持在开发互联网传播特性、改善传受关系方面做出了新的尝试。第三阶段，丰富期。21 世纪网络主持不断发展，汲取的网络元素越来越多，互联网思维的融入愈发深入，产生了一批点击量较高、影响力较大的热门网络主持人节目。

第二部分，各阶段网络主持创作要素的状态及特征。以时间为轴，分别探索酝酿期、初始期和丰富期不同类型网络主持的创作主体、创作依据和受众三大创作要素的状态及特征，概括各阶段网络主持的特点。

第三部分，网络主持的语用状况分析。在分析网络主持创作要素发展状态的基础上，提炼概括网络主持的语用状况。从网络主持人的语言使用情况和网络节目的字幕应用情况两方面进行分析，概括网络主持人的语言特征，发现网络主持人存在的语言规范问题，总结网络节目字幕的类型及作用，并对网络节目字幕的语言及表现特征进行分析。

第四部分，网络主持的发展特点和发展动因。在梳理网络主持发展状况的基础上，纵向比较酝酿期、初始期、丰富期网络主持各创作要素的状态及特征，总结网络主持的发展特点。从创作主体、创作依据和受众等方面探究网络主持发展内因；从技术、经济、网络文化和政府规制等方面探索发展外因。

第五部分，网络主持发展趋势。结合发展特点，探索未来网络主持各创作要素的互动关系及发展趋势。

二、本书的主要内容和研究方法

（一）主要内容

本书主要围绕我国网络主持发展历程及其相关问题进行探讨。首先，通过对我国网络主持音视频语料及文献资料进行搜集，梳理我国网络主持发展大事记。同时，结合网络主持与互联网传播的融合程度，对网络主持的发展过程进行阶段划分。其次，依次对各阶段网络主持的发展过程及特征进行概括。将网络主持创作活动分为三大创作要素，即创作主体、创作依据和受众，通过分析各阶段不同类型网络主持的创作要素的形态及特征，总结各阶段网络主持的特点。再次，纵向比较各阶段网络主持创作要素的状态及特征，概括网络主持的发展特点。最后，从主观和客观两个方面分析网络主持发展动因，并结合网络主持的发展特点，探析网络主持的发展趋势。

（二）研究方法

本书在具体研究过程中，采取多种研究方法相结合的方式：①音视频语料与文献资料相结合的方法。网络主持的音视频资料固然是本书最主要的资料来源，但是文献资料也不可或缺，尤其是在网络主持发展初期，音视频语料保存不完整，需要依靠图书、报刊、会议资料、政府文件、学术论文、网络新闻等弥补语料的不足，将这些文献和语料一起利用，能较为系统、完整地梳理我国网络主持发展历程，为论述提供事实依据。②横向比较与纵向比较相结合的方法。对同一阶段不同类型的网络主持进行分类研究，通过横向比较得出各阶段网络主持的特点，进而对不同阶段的网络主持进行纵向比较，最终得出我国网络主持的整体发展特点。③宏观研究与个案分析相结合的方法。以史为线对网络主持二十多年的发展历程进行梳理，从宏观的角度划分网络主持的发展阶段，通过纵向比较得出网络主持的发展特点。同时，运用个案分析法探析各阶段网络主持的特征，选择标志性事件或主持活动进行案例分析，进而概括各阶段网络主持创作要素的特征，为宏观研究提供实例支撑。

三、本书的研究意义

（一）理论意义

本书是针对网络主持宏观发展史方面的研究，属于较为前沿的基础性研究，在一定程度上拓展了播音主持学科的理论和体系建设。同时，对于网络传播史、新闻传播史和媒体语言学的研究也是一种丰富。此前学界对于网络主持多为微观、简短、零散的论述，本书以史为线，对网络主持的创作构成要素进行系统研究，采用多重视角，力图全面阐述网络主持发展诸问题。本书在研究中历时与共时比较相结合，对网络主持与传统媒体主持的继承与发展联系进行论述；播音主持理论与网络传播理论相结合，分析网络传播特性对网络主持发展的影响；个案分析与宏观研究相结合，剖析网络主持本体与历史发展过程。多元化的研究视角拓展了网络主持的研究内容。

（二）实践意义

本书通过对网络主持创作活动的状态、特点、语言文字规范问题、发展趋势等方面进行研究，对网络主持实践者发掘网络特性、规范主持行为、形成新的现代文艺观念具有启迪与指导作用，对传统媒体创作者适应全媒体时代的文艺实践变化具有启发与借鉴作用。

目前全国开设播音与主持艺术专业的院校有 200 多所，然而在人才培养及课程教学中，并没有关于网络主持的课程或教材，这与飞速发展的网络主持实践脱节。本书在取得专项研究成果的同时，可以向课程、教材、教学转化，对播音主持教学具有启发意义。

当前我国有专门针对广播电视播音员主持人的职业道德准则、普通话水平要求、用语用词规范，也已制定对互联网传播视听节目的管理办法，但是没有针对网络主持人的职业准则或语言评价标准。本书在一定程度上可以为监管部门制定网络主持人职业道德准则提供理论参考。

第二章　网络主持相关概念

第一节　网络媒体相关概念

一、网络广播和网络电台

网络广播，又被称为网上广播或在线广播，主要是指以互联网为传播介质提供音频服务的广播。它既是网络传播多媒体形态的重要体现，也是广播电视媒体网上发展的重要体现。20 世纪 90 年代以来，随着世界范围内网络的普及，互联网受众的数量激增，数字技术得到飞速发展，传统广播和网络传播的结合形成了网络广播。网络广播是广播与网络融合的一场深刻变革，集合了广播信息数字化技术、网络通信技术，以及交互技术等高新技术。网络广播克服了传统广播受限于时空条件、线性播放等缺憾，利用网络庞大的存储空间和强大的传输能力，大大扩展了广播的信息容量，使广播节目的声音进入互联网，为受众提供了一个丰富的音频信息资料库。网络广播的发展带来众多网络电台的迅速崛起。

网络电台，顾名思义就是在网络上搭建的电台。它通过编码器将音视频转换成特定的数据格式，经过网络直接传送，听众只需要登录到电台网站，下载经过编码的音频数据，再通过 RealPlayer、Winamp 等流媒体软件将音频数据转换成声音播放。相较于传统电台，网络电台的架设不需要编录设备和发射塔，而是利用网络和软件系统，收听也不需要收音机，而是使用电脑或手机等终端设备。网络电台不占用卫星频段和频率资源，其播出效果主要受网络宽带的影响。

二、网络电视和网络电视台

网络电视，是以宽带网络为载体，以音视频多媒体为形式，为所有宽带终端用户提供全方位服务的业务。网络电视在数字化和网络化背景下产生，是互联网技术与电视技术相结合的产物。在整合电视与网络两大传播媒介过程中，网络电视既保留了电视形象直观、生动灵活的表现特点，又具有了互联网按需获取的交互特征，是综合两种传播媒介优势而产生的一种新的传播形式。从结构技术上看，网络电视是基于互联网的、以宽带以太网（Ethernet）为传输线路、以个人电脑或与 DMA（digital media adapter，即数字式媒介适配器）连接的模拟电视机为终端的电视。

网络电视台，是传统电视台与互联网相结合的新型播出机构，是以视听、互动为核心，融合电视与网络特色于一体的多终端、立体化传播平台。网络电视台具有国内领先的视听节目内容资源、综合经济实力和 CDN（content delivery network，即内容分发网络）分发体系及网络技术支持。它对国内外重大的政治、经济、社会、文化、体育、科技等活动和事件，有以视听节目的表现形式，通过互联网进行快速、真实的报道或转播的义务与责任。作为兼具网络性和电视性的视频网络机构，网络电视台具有两个主要特点：第一，建设者是传统的电视台与具有广播权利的机构，具有国家授权颁发的网络电视台牌照，具备新闻的采编、转载、刊登权利。国家授权颁发的牌照是网络电视台区别于传统视频网站的重要标志，从这个意义上讲网络电视台是“国家意志”的体现，网络电视台的公信力应该与传统电视台保持一致。第二，网络电视台作为一种新型媒体，具备了普通网站的一切功能。网络电视台通过互联网技术完美地呈现音视频内容，实现了传播的交互功能，完成了信息、媒介、受众的“三位一体”，让民众随时随地、无障碍、互动式地获取自己喜欢的内容。

三、播客

播客源自英文中的“podcast”，是个人自助式电子广播（personal optional digital cast）的简写形式，是“舶来品”的中国化。播客是英文podcast或podcasting的音译词，最初来源于苹果播放器（iPod）与广播（broadcast）的合成词，指的是一种在互联网上发布文件并允许用户订阅网络广播以自动接收新文件的方法，也指用此方法制作的音频节目，或使用这一传播方式的一类人。Dave Shusher提出podcasting必须具备三个要素（陈桃珍，2011），这也是播客与一般的音频技术的区别：第一，它必须是一个独立的、可下载的媒体文件；第二，它可以使用RSS（really simple syndication，即简易信息聚合）2.0文件格式传送信息；第三，接收端能自动接收、下载并将文件转至需要的地方，放置于播放器的节目单中。

目前的播客节目内容主要有三种形式，即音频节目、视频节目及少量以video格式出现的动画，其中以视频节目为主要类型。这与视频节目声色画俱全、表现手段灵活、传播效果更好有关。播客节目的来源可分为转载和原创两种，节目类别涉及广播、音乐、娱乐、体育、英文、社会百态、学习教育、艺术文化、自然科学、儿童天地、家居生活、商业经济等各个方面，其中娱乐搞笑类节目是许多播客网站最受瞩目的一个版块。

四、自媒体

自媒体最初的产生是由于博客的发展，早在20世纪90年代中后期博客出现时，专业人士就展开了对自媒体的探索。2001年震惊世界的美国“9·11”事件发生，引起了全世界的关注。但是，传统媒体及其网站已无法满足人们对于信息的需求，人们纷纷通过各种网络渠道寻求信息。于是，博客异军突起，成为帮助人们及时、有效、全面地获取信息的重要渠道（闵大洪，2008）。2001年9月28日，美国《圣何塞水星报》（*The San Jose Mercury News*）的专栏作家、知名博客作者丹·吉尔莫（Dan Gillmor）在他的博客上提出了“新闻媒介3.0”（Journalism 3.0）这一概念。他认为，新闻传播模式经历了三个阶段的演进，分别是：新闻媒介1.0，也就是传统媒体或旧媒体（old media），如报纸、杂志、广播、电视等；新闻媒介2.0，也就是新媒体（new media）或者跨媒体，是以网络技术和数字技术为支持的新型媒体；新闻媒介3.0，是以博客为趋势的“we media”，在这里，受众不再只是被动、单向地接受媒体所“喂食”的新闻，而是可以成为新闻的主动传播者，这种传播改变了由少数媒介向多数受众传播新闻的模式，向由多数媒介向多数受众的传播模式迈进。在博客最初进驻中国的时候，国内对“we media”并无明确、统一的中文译名，有人翻译为“我们媒体”或“共享媒体”，有人翻译为“个人媒体”或“自媒体”，后来逐渐统一为“自媒体”。不过，自媒体到底是什么？目前尚无一个公认的科学严谨的定义，以下为较具代表性的界定。

2003年7月，美国新闻学会下属的媒体中心出版了由谢因·波曼（Shayne Bowman）与克里斯·威里斯（Chris Wills）联合撰写的 *We media: how audience are shaping the future of news and information*（《我们即媒体——公众如何构建新闻与信息的未来》）研究报告，报告将自媒体定义为，“自媒体是普通大众通过数字技术获取全球知识，并提供和参与新闻真相的一种途径”（冯虁，2014）。

2004年7月，丹·吉尔莫在他的著作 *We the Media Grassroots Journalism by the People, for the People*（《自媒体：草根新闻，源于大众，为了大众》）中对自媒体的概念进行了进一步的阐述。他认为，“自媒体是伴随着互联网等新技术的发展而产生的一种交互性极强的媒体报道方式，在这种新型报道方式中，信息的提供者突破了原来一个作者或几个作者独立供稿的形式，综合了众多来自不同层次、不同经历的共同思想成果”（杨静，2012）。

张美玲和罗亿（2011）在《以微博为代表的自媒体传播特点和优势分析》一文中，将自媒体定义为："利用以博客为代表的网络新技术［还包括 Wiki（即一种在网络上开放且可供多人协同创作的超文本系统）、可摄像手机、在线广播、P2P（peer-to-peer networking，即对等网络）、RSS 等］进行自主信息发布的那些个体传播主体。"

中国中央电视台《对话》节目原制片人、网络自媒体视频节目《罗辑思维》主持人罗振宇认为，自媒体是一种不建立于渠道之上的媒体形式，它不只是一个媒体现象，还是一种经济现象。例如，杂志不再以发行量为唯一追求，而是被开发、分解成一个个对应不同受众与需求的产品；而电视台可以分解为《快乐大本营》《中国好声音》等一系列产品。同时，自媒体还以魅力人格体为核心（包括个人、组合和虚拟人格体），与运营平台进行博弈。

结合以上专家学者的思想结晶，本书将自媒体概括为：利用网络新技术（如博客、播客、Wiki、可摄像手机、在线广播、P2P、RSS 等）进行自主信息发布的魅力人格体（包括个人、组合和虚拟人格体）。

第二节　网络主持创作三要素

播音主持研究中将播音主持创作分为创作主体（播音员、主持人）、创作依据（节目、稿件、画面、音乐、音响）、受众（听众、观众）三大要素。网络主持作为播音主持的一个子集，本书将在创作主体（网络主持人）、创作依据（节目、稿件、图像、音乐、音响等）和受众（收听、收看网络节目的网友）三要素的框架下对各时期的网络主持发展进行研究。

一、创作主体

（一）创作主体的界定

创作主体，是指网络主持创作活动中的主体。网络主持是运用有声语言和副语言通过互联网等媒介所进行的一项创作活动，创作主体也就是主持创作者，创作主体主要由网络主持人担任。自网络主持活动出现以来，网络主持人一词便随之产生。由于此概念具有相对性和发展性，目前的理论研究还不成熟，因此，关于网络主持人的界定并没有统一的论述，大多数研究是对网络主持人或相似概念的描述性说明，举例如下。

北京音乐台台长张树荣认为："网络主持人不是 DJ（'DJ' 即 'disc jockey'，原意是'无线电唱片音乐演播员'，现在用来泛指一切节目主持人），但是应当有比 DJ 更高的要求。网络主持人面对的服务受众无论是从地域上看，还是从群体上看都比 DJ 更广。"（《网络工兵》丛书编辑部，2000）

应天常认为："节目主持人是在大众传播活动的特定节目情境中，以真实的个人身份和交谈性言语行为，通过直接、平等的人际交流方式主导、推动并完成节目进程、体现节目意图的人。"（应天常，2005）他还指出，对节目主持人的这一定义既涵盖了广播电视节目在内的一切大众传播活动中的节目主持人，也包括网络节目主持人。

张艳霜（2010）在《网络主持的分类及特点》中将其所研究的"网络主持"界定为："主要在主流新闻媒体网络、综合性新闻传播的门户网站及其他新闻传播平台上所从事的带有主持性质的新闻传播活动，其实践主体即网络主持人。"

姚喜双将"网络视频主持人"界定为："在由网站制作的原创网络视频节目中，以个体行为出现，代表着群体观念，以有声语言为主干引导节目进程，直接面对网友，进行具有人际传播特性的大众传播的人。"（姚喜双和李桃，2012）

上述概念体现了网络主持人的两个特点：第一，具有节目主持人的特质和职责，即以个体行为出现，代表着群体观念，运用有声语言和副语言来操作和把握节目进程的人。第二，具有互联网传播属性，如在互联网传播平台以网络受众为传播对象，运用互联网思维方式进行主持活动等。

借鉴前人研究成果，结合自身研究与思考，本书将网络主持人界定为：一切经由互联网传输的新闻传播活动中，能够以互联网思维为导向，符合互联网时代受众收视习惯和观赏心理，并以个体行为出现，用有声语言、副语言来操作和把握节目进程的人。我们对该界定作以下说明。

（1）网络主持人应该以个体行为出现。这包含两层含义：第一，网络主持人是具有个人魅力的独立人格体。网络主持人作为真实的个人，要在节目中用自己的口吻与言语说话，表达自己的思想感情、认识和感悟。第二，网络主持人在节目中确切地出现。若视频节目中由画外音介绍新闻事件、分析原委、推进进程，并不以真实的主持人的形象出现，那么此类新闻传播活动的主体不能称为网络主持人。

（2）网络主持人运用有声语言、副语言进行传播。网络主持人是语言工作者，要全面掌握语言和副语言的表达规律，善于运用各种语言表达技巧，熟练把握各种语言表达样式。网络主持人通过运用流利的有声语言和丰富的体态语言，与受众沟通、交流和传情达意。

（3）网络主持人是主导节目进程的人。主导节目进程包括驾驭话题、控制节目进程、体现节目意图及实现最佳传播效果等。这不仅可以确保网络主持人成为节目的核心人物，还可以充分发挥作为节目核心人物的主观能动性与积极性，使节目效果达到或超过预期。

（4）网络主持人存在于经由互联网进行传输的新闻传播活动中。网络主持活动存在于互联网传播平台，网络主持人节目既可以由主流新闻媒体网站、综合性新闻门户网站，或传统媒体与网络媒体联合制作，也可以由任何个人或组织进行制作并通过互联网进行发布与传播。

（5）运用互联网思维是网络主持人的重要特征。网络主持人在进行播音主持创作活动时，处于互联网这一双向互动、自由共享的平台，网络主持人拥有大数据带来的智慧与便捷、言论自由带来的个性与理智、网络众筹带来的共享与民主等，种种互联网思维作用于网络主持人的创作理念，使其形成了具有鲜明网络特色的主持特征。

（6）网络主持人的创作对象是互联网用户。互联网时代的受众不再是处于被动地位的信息接受者，而是拥有无限选择权的用户，是与网络主持人处于相同地位的信息发布者。他们深受互联网思维的影响，拥有强烈的表达意愿、丰富的信息获取渠道、超文本式的阅读习惯，对网络主持人进行播音主持创作提出了新的时代要求。

（二）创作主体的分类

学者们从不同角度对网络主持人进行了分类。例如，张艳霜（2010）采用系统分类的方法，以表现主体、节目内容、技术手段、播出方式等多种标准为依据，对网络主持人进行了较为详细的划分：按表现主体分，可以分为虚拟主持人和网络中的现实主持人。其中，虚拟主持人按播报方式又分为实时与非实时主持人，按实现技术分为基于关键帧动画的虚拟主持人、基于人工智能技术的虚拟主持人和基于跟踪设备的实时虚拟主持人等；网络中的现实主持人按表现形式又可分为网络电台主持人、网络版面主持人、网络视频主持人及聊天室主持人等。其中，网络视频主持人按节目内容又可分为访谈类节目主持人与播报主持人，按播出方式分为实时与非实时（直播与录播）主持人；聊天室主持人按技术手段分为基于视频的主持人与基于音频的主持人。随着视频应用技术的发展，网络版面主持人在实质上也是网络视频主持人，在节目进程中通过速记员将文字同步呈现在版面上，版面上的主持人成了网络视频主持人的一个表现形式。另外，基于视频的聊天室主持人在实质上也是网络视频主持人，聊天室为其提供了表现的空间，称其为聊天室主持人只是为了与其他类别的网络主持人在空间领域有所区分。这是当前对网络主持人进行的较为系统和详细的分类。

此外，还有学者根据网络平台（网络介质）的不同，将网络节目主持人分为以传统媒体为依托建立的网络电台、电视台的网络节目主持人，网站制作的网络节目的主持人，论坛及主题网站上的网络节目主持人，以及播客网站和视频网站上的网络节目主持人。从节目形式的角度将网络主持人分为在网络直播、专题访谈、网络论坛和网络答疑四种节目形式中出现的主持人。从所依托的媒体将网络主持人分为以传统媒体为依托建立的网络电台、电视台的网络节目主持人和以各大较有影响力的网站为依托制作的网络节目的主持人。从主持人的身份将网络主持人分为明星主持人、专家主持人和网站自身主持人。

可见，对于网络主持人的分类是按照多视角、多分法，边划分、边综合的原则进行。本书参考各种观点，结合不同时期网络主持发展形态，根据网络平台的不同，将主持人分为网络电台、电视台的网络节目主持人，网站制作的网络节目的主持人，以及自媒体主持人；根据表现主体的不同，将主持人分为网络虚拟主持人和现实主持人；根据节目形态的不同，将主持人分为脱口秀类网络主持人、晚会类网络主持人、聊天室和网络版面主持人、网络访谈主持人，以及网络播报主持人等。

二、创作依据

创作依据也称创作素材，是网络主持创作活动的重要组成部分。随着互联网的发展、播音主持事业的进步、传播工具现代化程度的提高，创作素材的种类不断增多，质量不断提升。目前对网络主持创作依据的研究，主要是从网络节目形态的角度对网络春节联欢晚会（以下简称网络春晚）、网络主持人大赛，以及某些具体栏目进行论述。这些论述多以描述节目内容为主，对丰富语料起到了借鉴作用。本书参考中国播音学基本理论，将从节目、稿件、图像、音乐、音响等方面对网络主持的创作依据进行分析。

（一）节目

节目是播出内容的最终组织形式，每个节目都有明确的宗旨方针、特定名称、内容取向和表现风格。节目是主持创作活动的重要依据，所有主持活动都要在节目中进行。主持人应对节目的整体特色及办节目的方针和宗旨有深入的了解与准确的把握。

1. 节目类型

网络主持人节目有多种类型。按内容性质，可分为新闻性节目，如新华网的财经新闻《财经天下》、杨锦麟与腾讯网合作的时事评论节目《天天看》；教育性节目，如罗振宇的读书评论类节目《罗辑思维》；文艺性节目，如央视国际互联网站从 2011 年推出的《网络春晚》、搜狐视频的明星访谈节目《明星在线》；服务性节目，如爱奇艺的《健康相对论》、乐视网的时尚育儿类节目《就好这一口》等。按内容构成和组合形式，可分为综合性节目或专题性节目，专题性节目，如 2016 年“两会”期间，人民网推出的《超级专车》《两会 e 客厅》《人民网两会访谈》等一系列特别节目。按播出方式，可分为直播节目和录播节目，直播节目，如各大电视台网站和电视台同步直播的网络春晚，还有诸多网站的在线访谈节目等。按播出时间，可分为定期节目和特别节目，定期节目，如各大网站的固定品牌栏目，搜狐网的《大鹏嘚吧嘚》、优酷的《晓说》等都是定期更新的节目；特别节目，如针对某一事件或在某一时期推出的短期内播出的节目，如 2016 年奥运会期间，搜狐视频等网站就制作了奥运会系列特别节目。

2. 节目定位

所谓节目定位，就是根据受众的层次、需求和媒体本身的需要，制定节目的方针和政策，确定节目的宗旨和方向。节目定位是一个系统工程，准确、科学的定位是一个节目成功的关键。只有给节目准确定位，才能正确评估节目存在的基础和意义，才能确定节目在整个节目体系中的地位和方向，才能在节目运行中形成独特的风格，才能在竞争中得以生存甚至脱颖而出成为名牌节目。节目定位应从以下方面进行规划。

（1）节目风格。节目风格是指在节目的传播内容和传播方式等方面综合表现出来的个性和特点，节目风格是由媒介性质、节目定位、受众对象等决定的。例如，由杨锦麟和袁苑主持的时事评论节目《天天看》，话题涉及中国社会生活及国际问题的各个方面，是一档风格较为严肃的社会文化评论类节目。同为播报类节目，国际在线中文网的生活综艺节目《上班 e 族》，目标受众是大学生和公司白领等年轻的活跃群体，节目风格生动活泼且新锐时尚。

（2）目标受众。不同的节目定位所针对的受众对象有所差别。以两档网络脱口秀节目《晓说》和《大鹏嘚吧嘚》为例。根据中国网络视频指数网站所采集的数据，《晓说》的男性观众明显高于女性（约为 4∶1）；用户年龄基本集中在 22~39 岁（占比约 75%）；观众职业中占比最多者为白领（40.2%），公务员（23.4%）次之；观众的教育程度以本科和大专为主（两项之和占比 62.8%）；地域方面，以广东省和北京市分列省市收视第一位。根据搜狐视频提供的 2013 年数据，《大鹏嘚吧嘚》在 24 小时中以晚 7~10 时为收视高峰；性别分布比例为 7∶3，女性远多于男性；年龄主要分布在 18~24 岁和 50 岁以上两个年龄层；学历多为本科及以下；收入呈两极化分布，高收入群体和低收入群体均占很大比例；地域方面，同样以广东省和北京市分列第一位（宫承波，2014）。由此可见，同样是网络脱口秀，《晓说》是针对具有较高文化层次的中青年、高学历群体的受众定位，《大鹏嘚吧嘚》是老少皆宜、雅俗共赏、受众群非常广泛的受众定位。精确的节目定位使不同的节目拥有不同的受众分布，每档节目也都为对应的受众集合体呈现出最吸引其关注的节目内容。

（3）传播内容。节目所传播的内容与节目类型、节目定位、节目音乐、受众需求等要素息息相关，各要素的组织与传播应符合节目的竞争定位与市场定位，并形成统一的风格。

3. 传播特点

网络主持作为媒体融合的产物，既具有一般新闻传播的特点，也具备网络传播的特点。同时，由于网络主持的创作主体是依靠有声语言及副语言进行创作活动，因此网络主持也具备一般播音主持语言传播的特点。

（1）新闻传播特点。首先，新闻具有真实性，“真”是新闻传播的首要特征，新闻传播中的每一个具体事例、每一幅画面必须符合客观事实。新闻的传播内容要把握社会本质和主流，以正面宣传为主，向人们呈现现实社会的真实画面，正确引导社会舆论，起到鼓舞人民、凝聚人心、维护安定、促进团结的作用。同时，新闻具有客观性，新闻工作者不应被主观意识左右，应按照事物本身的面貌进行创作。其次，新闻具有时效性，新闻贵在“新”，传播要快，通过及时传播新闻信息，真正体现新闻价值。最后，新闻具有可读性，新闻要说清事实，讲究简明扼要、短小精悍，新闻传播应引人入胜、新鲜有趣、生动活泼，为传播对象所喜闻乐见。

（2）网络传播特点。网络传播交互性强，交互性是互联网区别于传统媒体的主要特性之一，在网络传播过程中，用户不仅仅是被动的信息接受者，也可以是信息的发布者和传播者，传受关系发生根本改变。网络传播具有超文本化的思维方式，它改变了人们传统线性、单向的思维方式，使人们接受了由非线性传播带来的超文本链接化与碎片化的思维习惯，人们逐渐习惯用超文本化的跳跃性思维去考虑问题。除此之外，网络传播还具有信息发布的高效性、信息传播的便捷性、传播手段的多样性、传播过程的时效性、交流的开放性和虚拟性，以及去中心化、数字化、多媒体性等特点，这些特性都融汇于网络主持的创作活动之中。

（3）语言传播特点。播音主持创作从有声语言和副语言两方面展开。其中，有声语言具有创造性，是主持人发挥主观能动性，借助情感的力量建立起的一套语言传播符号系统。有声语言具有规范性，网络主持人通过网络媒介面向亿万网友传播，使用标准的普通话才可以提高传播质量、扩大传播范围。有声语言具有情感性，情感是有声语言创作活动的动力和源泉，好的情感表达应该是真诚而恰切的。有声语言具有身份感，网络主持人应对自身定位有明确的感觉和把握。有声语言具有对象感，网络主持人要通过对想象的受众进行感应和把握，激发自身与受众进行交流与表达观点的愿望。有声语言具有分寸感，网络主持人需对情感和政策尺度有准确的把握，其态度和感情必须恰到好处，既不能欠缺，也不能过度。

副语言具有共通性，某些基本的语言信息可以使大多数不同民族、不同地位、不同语言和不同文化背景的人接收并解读出一致或接近的含义。副语言具有表意性，在播音主持创作中，可以充分利用副语言的表意功能，增强传情质量，提高交流水平。副语言具有模糊性，这是由它的随机性与任意性决定的，要利用副语言的模糊度随机应变，巧妙地发挥其“修辞”功能。副语言具有形象性，如面部表情、体态动作等副语言都形象可感，促进了意图表达的直观性，可以更加迅速且直接地体现语言表达的本意和实质。

（二）稿件

稿件是播音创作依据中的基本元素。稿件的类型很多，按播出形态分，有音频播音稿件，如萤火虫网络电台、青柠网络电台中诸多节目所使用的稿件；有视频播音稿件，如各个网络视频节目中使用的稿件。按内容分，有新闻类稿件、专题类稿件和文艺类稿件等。按传播方式分，有的稿件单独播出，有的与其他传播素材共同播出。对于播音主持创作活动的主体——网络主持人来说，稿件就是播音主持创作活动的客体，从创作主体对稿件的参与方式进行划分有三种形式：第一种形式是编辑部门提供的文字稿件，其中包括主持人未参与编写的稿件，以及主持人参与采访和编辑工作、自己编写的稿件；第二种形式是“提纲+资料（素材）”形式的稿件，这种稿件有一定的文字依据，但又不是完整或具体的文字版本，主持人在话筒前播出时语言组织的灵活度较大；第三种形式是主持人的现场口头播报或即兴评述，它完全没有文字稿件，这时的创作客体是被称作“腹稿”的内部语言。以第一种形式为依据的播音为“文稿播音”，以第二、第三种形式为依据的播音为“口语播音”（张颂，2003）。由于网络节目的交互性较强，受众参与度高，“口语播音”的稿件形式在网络节目中越来越多。

（三）图像、音乐、音响

在网络主持人节目中，图像、音乐、音响更多的是为主持创作活动服务，三者与创作主体是相互协调的关系，共同营造统一的节目风格。

（1）图像。相对宽松的网络环境使得网络节目中图像的应用更加丰富和灵活，除了摄像机拍摄下来的一个个镜头画面，还包括通过后期制作完成的图像与文字。图像语言具有表意性，如远景可以表达宽广，中景可以说明平常，近景可以描绘细节，特写能着重强调。在画面组接上，直接切换相当于“逗点”；淡入淡出表示“另起一段”；放慢转换表示抒情，也有“同时”的含义，相当于“分号”；重合叠加可表达“回忆、幻想”。通过电脑后期制作的图像与文字还可起到补充说明或画外音的作用。例如，在第494期的《大鹏嘚吧嘚》中，主持人大鹏在说到葛优时，画面的左下角出现了葛优的电子照片，这使一些不知道或不熟悉葛优的受众可以形象感知；在主持人说到“胖子界的代表叫兽易小星”时，画面的左下角出现了“叫兽易小星”的虚拟图像，并模仿“叫兽易小星”的语言打出字幕“说谁是胖子呢”，为节目增添了一份幽默感。

（2）音乐。节目音乐是具体节目内容与特殊音乐形式融合的产物，是网络主持人节目构成的一个要素。节目音乐既有一般音乐艺术运动规律的共同性，又有受具体节目内容制约的特殊性。节目音乐并不像音乐节目那样，必须发挥音乐艺术的欣赏功能，恰恰相反，它是以实现具体节目的目的、结构方式和风格特色作为自己的出发点。它借助音乐形象来表达节目内容、深化主题思想、烘托环境气氛、抒发人物感情、推动情节发展，使节目内容更加生动感人，引人入胜。节目音乐也不像音乐节目那样，追求音乐自身的旋律美和节奏美，它必须根据特定节目的总体要求，与有声语言、节目画面、电声音响有序组合、互渗互补并融为一体，以提高节目的整体效应。节目音乐在发挥深化主题思想、渲染环境气氛、连贯语言图像、美化自然音响等作用时，创作主体往往可以通过利用音乐形象等特点，充分激发自身感情，发挥音乐的感染力和表现力，通过协调音乐与其他创作素材的关系，使各方面有机统一，增强播音主持创作活动的感染力。

（3）音响。这是指节目中包含的其他各种声响，如其他人物语言、自然界和社会生活中的音响、现场实况音响、后期配合制作音响等。网络节目中的音响效果较为丰富。例如，在2016年5月3日的《哇！大学生来了》节目中，当主持人说到“百里鸡群昂首共鸣，传为当地的一段佳话”时，画面中出现了许多昂首挺胸的大公鸡，这时节目音响配合大公鸡雄赳赳气昂昂的神态，发出“喔喔喔”的叫声，为一段较为平淡的讲解增添了几分生动与诙谐。又如，在2018年8月27日的《爱奇艺早班机》节目中，当主持人说到某位年轻艺人去听偶像的演唱会的内心感受时，节目音响截取了一段该年轻艺人在其他场合的原声："是一种非常奇妙的感受"，此移花接木之法增添了节目的趣味性，体现了网络节目的多媒体特征。

三、受众

受众是构成网络主持创作的主要方面，其既是创作主体的传播对象，又是创作主体的服务对象，是创作活动的出发点和归宿。受众的心理要求、接受规律决定着播音主持创作技巧的恰切运用。

与广播电视节目受众相比，网络节目受众具有更强的主动性。"广播电视受众，是广播听众和电视观众的总称。在播音创作活动中，受众又是接受的主体。"（姚喜双，2012）以上对广播电视受众的描述，体现了大众传播的特点，即大众传播基本上是一种单向的传播活动，尽管受众或多或少也能对信息传播过程有所控制，或者做出反馈，但是控制的程度、反馈的范围是有限的。可是，在以计算机和互联网为中介的网络传播中，信息的传播不仅可以是单向的，还可以是双向的或者多向的，用户对信息传播过程的控制程度和范围也得到了极大的增强和拓展。也就是说，在网络传播过程中，用户已不仅仅是被动的信息接受者，还可以是信息的发布者和传播者。这使得在网络主持创作过程中，传受关系发生了根本改变，传统的传者和受者的角色界限变得模糊不清了。

在网络主持创作活动中，受众反作用于创作主体的形式与深度相较广播电视播音主持创作而言更加的多元且深入。在网络主持人节目中，受众的行为、心理都会对网络主持人产生更为直接的影响，这些影响包括两个方面：一方面是在网络节目进行过程中，受众与网络主持人拥有更为充分的互动，这是互联网交互性强的显著体现。例如，在论坛或视频聊天室举办的实时网络节目中，主持人经常会挑选网友的问题或评论进行回答或点评，担当网友与嘉宾或网友之间交流沟通的桥梁。这样的互动在论坛与聊天室节目中比比皆是，甚至构成了节目内容主体，这与互联网交流的便捷性与低成本密不可分。另一方面是除了节目进行时的互动，受众可以通过节目论坛、微信群或主持人的微博等方式与主持人进行私下交流，提出自己的见解或意见。这些意见或在节目中得到主持人的点评，或在以上渠道中得到回应，有时甚至会直接影响节目内容的选取。例如，在罗振宇的《罗辑思维》和高晓松的《晓说》中，很多的节目话题都是网友集思广益的结果。这种受众与主持人的充分互动是网络媒体区别于传统媒体的显著特征。

受众心理是体现受众能动性的又一重要方面，也是影响受众行为的主要原因。网络节目受众除了具备一般受众的认知、好奇、从众、表现、娱乐、宣泄等心理外，还具备参与、新奇、要求被认同、渴望交流、逃避等独有心理，这些心理都会在受众与主持人的交互过程中得到体现。

第三章　网络主持发展酝酿期

酝酿期的网络主持是传统媒体主持的网络传播形式，传统媒体主持从荧屏被“搬运”到网络。本阶段媒体产业改革逐步推进和深化，伴随着互联网的产生与发展，传统媒体纷纷“触网”，视听新媒体呼之欲出。虽然本阶段传统媒体只是将母台内容移植到互联网，并没有充分考虑互联网的传播特性，但是网络传播技术的应用还是对主持活动产生了潜移默化的影响，为具有互联网基因的网络主持的产生奠定了基础。

随着社会主义市场经济的蓬勃推进，媒体产业改革逐步推进和深化，互联网进入中国，视听新媒体应运而生。广播电视媒体最早“触网”是在 1996 年，央视国际互联网站正式创立，并逐步开展了网络视听业务，广州珠江经济广播电台（以下简称珠江经济台）也开办了网络广播。随后，以音视频为表现形态的流媒体开始起步。这个阶段，民营资本、境外资本在新媒体领域都十分活跃。随后的 1998 年被称为中国电视媒体的“上网”之年，上海电视台、上海东方电视台等电视媒体都在这一年“上网”，中央人民广播电台“中国广播网”和中国国际广播电台“国际在线”相继开通。截至 1998 年 12 月，创建网站的电视台已达 40 余家。到 2000 年，除青海和西藏两个省区级卫视外，全国省级卫视全部“上网”，中央和省市广播电台也都逐步创建了自己的网站和网页。

这一时期，刚刚“触网”的广播电视台网站还比较稚嫩，广播电视媒体仅将网络作为载体和超容量平台，将母台内容搬移至互联网，没有过多考虑和展现网络传播的特点，网络主持的实质依然是传统媒体主持。同时由于网络技术尚未成熟，广播电视台的网站内容主要以文字和图片为主，音视频的在线点播技术还比较烦琐。此外，互联网的普及度有限，受众与创作主体都较缺乏互动意识，因此广播电视台网站几乎没有考虑和设计与受众的交互功能。不过，虽然此时广播电视台网站的创建不尽完善，但是它依然为广播电视与网络新媒体的融合做出了许多有益的尝试，为具备互联网基因的网络主持的产生奠定了基础。

第一节　电视台互联网站成立——以中国中央电视台国际互联网站为代表

央视国际互联网站始建于 1996 年 12 月 15 日，是中国最早成立的中文信息服务网站之一，经过两年的试运行于 1999 年 1 月 1 日正式推出。作为中国第一个建立国际互联网站点的电视媒体，其站点的建设与发展是电视媒体在国际互联网上起步与成长的代表。鉴于此，本书以央视国际互联网站为代表对电视台互联网站中的网络主持进行论述。

央视国际互联网站拥有雄厚的信息资源和超一流的品牌优势，在创建之初，其凭借中央电视台在中国公众媒体中的领袖地位引起了不小的反响。按照中央有关精神和电视台领导的指示，央视国际互联网站主要为对外宣传服务，从功能上讲是电视宣传的补充和延伸，从性质上讲是一个以发布翔实、准确和权威信息内容为目标的新闻网站。央视国际互联网站从创建至今经历过三次重要的改版：第一次是在 1997 年底，新闻每日更新三次，有部分栏目“上网”，版面以图形为主；第二次在 1999 年 1 月 1 日，版面以文字为主，共有 32 个台内的主要栏目“上网”，体现了中央电视台的基本面；第三次在 1999 年 9 月 1 日，节目内容增加并整合，更符合网站规律，增加了查询、调查等功能，开辟了网上直播栏目，新闻一天更新 5 次。这一时期，央视国际互联网站分设了新闻、经济、体育、科技、文娱、健康、法制、综合、服务及收视指南等频道，并对国内外重大事件进行及时、全面、权威的专题报道，如春节联欢晚会、香港回归、世界杯足球赛、国庆报道、澳门回归等。本阶段，央视国际互联网站的节目几乎都是中央电视台电视节目的网络版，虽然是以传统电视节目的思路进行制作，但是为了顺应网络时代的发展需求，主持活动受到网络传播的影响，体现出一定的网络特色。以下从创作主体、创作依据和受众三方面对这一时期央视国际互联网站的网络主持进行论述。

一、创作主体：努力拓展互动方式

对于酝酿期的播音主持活动来说，可以在网站点击播放的主要为中央电视台已播出的节目，以及少量同步直播的节目。由于中央电视台本身的强大影响力，央视国际互联网站虽然具备得天独厚的优势，但是在独立运营、以网络特性为中心进行开发方面却略显逊色，其节目的制作方式与主持人的主持活动也更多遵从电视媒体的制作思路。因此，央视国际互联网站的网络主持主要为电视播音主持活动的网络版。不过，受到互联网传播的影响，主持人需要根据新时代的需求进行调整与改进。

例如，为了追求更加充分的互动，寻求更强的交流感，许多主持人开始发掘与现场观众进行互动与交流的方式，摆脱之前只是面对着镜头进行交流的局限。在 1996 年推出的《实话实说》栏目中就出现了一位新型的主持人崔永元。他不是站在演播台中央面对观众主持节目，而是在嘉宾和观众之间自由走位；他不是面对镜头滔滔不绝，而是在嘉宾和观众之间穿针引线，娓娓而谈；他不是背诵稿件，而是用心倾听和询问，在交流中提示主题、概括观点、显露矛盾，并且点到为止；他不是用书面语言演讲，而是用最通俗的语言机智幽默地营造心领神会的交流氛围。可以说，《实话实说》主持人崔永元的形象，在某种程度上改变了受众对节目主持人固有的观念，不但使节目的交互性增强，同时强化了节目以主持人为中心的理念。

二、创作依据：发挥台网联动的双重优势

从这一时期央视国际互联网站的发展情况可知，网站无论是在基础设施建设、相关技术准备工作、对网站的品牌推广与维护，还是在与中央电视台的资源共享、相互补充等方面都做出了许多积极有效的尝试。酝酿期“上网”节目将近40个，内容涉及社会生活的诸多方面，其中包括一些名牌栏目和精品节目。例如，开启人们情感之窗的谈话节目《实话实说》、以真实案例进行普法教育的《今日说法》、关注社会热点问题的《焦点访谈》、表现老年人晚年生活的《夕阳红》、牵动亿万球迷心绪的《足球之夜》、探索和诠释科学奥秘的《走近科学》、展示音乐舞蹈艺术魅力的《旋转舞台》等。中央电视台第四套和第九套电视节目还通过合作方式在美国实现网上直播，基本体现了中央电视台节目的整体风貌。具体来说，这一时期央视国际互联网站网络主持的创作依据具有以下几个特点。

（一）利用台网互动的媒体优势

央视国际互联网站依靠中央电视台这一强大的传媒巨头，在品牌名声的先天影响力、内容资源的丰富占有度、技术设施建设的先进度、政策扶持力度等多方面都拥有先天的强大优势。作为一种新型的媒体形式，央视国际互联网站充分利用中央电视台的品牌优势和丰富的节目资源，把网络节目从最初单纯的电视节目翻版，转变为以新闻为主打，以娱乐为特色的节目；把节目内容从单一的新闻频道发展成全方位的综合信息服务频道；按时更新网站节目内容，便于网友查询；多方面充实和丰富节目，加强与电视节目的交互性和宣传力度；对一些重点品牌栏目，如《新闻联播》《新闻30分》《晚间新闻》等进行同步网上直播。同时，中央电视台也充分发挥媒体互动优势，经常播放网络宣传片，在电视节目结尾公布网站的网址或节目的电子邮箱，并在节目中反复推介网站。

进入 21 世纪以来，中央电视台更加重视网络建设，加大投入，进行了诸多有益的尝试。例如，加强网络节目与传统电视节目的互动，增加重大活动网上音视频直播，进行在线主持和网上记者招待会等。有越来越多优秀栏目的播出内容和背景介绍在网络上发布，多名主持人建立了个人主页，网络成为中央电视台推介优秀电视栏目和主持人的通道，网站影响力和竞争力也明显增长。面对网上新闻信息的大量重复，央视国际互联网站及时整合《新闻联播》《新闻 30 分》《国际时讯》等时效性强、容量大的电视新闻栏目，并做好新闻节目的录制工作，使网站的新闻图文并茂。除了整合动态新闻进行网上发布外，网站还深度挖掘电视专题栏目和名牌栏目内容，充分发挥网络信息量大、反馈及时等优势，以头条新闻、今日新闻热点、后续报道等形式嫁接电视传播，实现电视内容的网上二次传播。央视国际互联网站依托中央电视台的直播优势，利用互联网的传播特点，与电视互动、与网友互动，运用头条新闻、专题报道等报道方式，以音视频直播和图文直播等传播手段见证历史及引导舆论，发挥国家重点新闻网站宣传主力军的作用。例如，在对中国加入 WTO（World Trade Organization，即世界贸易组织）进行报道时，央视国际互联网站在首页推出中文专辑《中国“入世”：我们共同走过》和英文专辑 *China Bid to WTO*，同时陆续推出一组头条新闻形式的特别报道，运用文字、图片、视频等多媒体手段，以详细的背景资料，介绍中国为“入世”谈判 15 年来取得的成就，分析“入世”对百姓生活和中国经济的影响，探讨如何积极迎接“入世”挑战，为直播做好充分准备。在网上视频直播期间，收看直播的网友有近 10 万人次。与此同时，视听在线频道同步选取直播中的关键镜头，及时制作成 18 个主题视频段落，总时长 134 分钟，提供给首页精彩视频点播栏目，供网友随时点播。

（二）体现互联网的多媒体特性

随着国际互联网的迅猛发展，网友不再满足于文字、图片的形式，多媒体成为互联网内容的主导。多媒体方式的充分实现依赖于基础条件方面的网络宽带的充裕，以及决定因素方面的网站多媒体节目的制作能力，而央视国际互联网站在这两方面都有得天独厚的优势，因此不断丰富网站的音视频内容，充分体现互联网的多媒体特性成为央视国际互联网站的追求目标。体现在新闻传播方面，“上网”内容紧跟热点，加强即时报道和深度报道，每天全力推出以新闻专稿为主、新闻背景为衬托、图文并茂和链接相关多媒体报道的头条新闻，与视频节目相互补充，相辅相成。

（三）顺应网络传播的分众化需求

早在 1996 年，中央电视台就开办了加扰播出的音乐频道、体育频道、电影频道、农业频道、军事频道、少儿频道、科技频道和文艺频道，进一步突出专业频道的特色,以满足人民群众对电视文化多样化的需求。1998 年，中央电视台又提出“深化电视宣传改革，加强频道整体包装”，除第一套综合频道外，各专业频道均要根据自身特点，办好特色栏目，使频道整体节奏鲜明。此后，中央电视台又以深化“频道专业化、栏目个性化、节目精品化”为内容宣传改革的方向，各套节目重新定位，日益彰显频道特色。截至 2003 年，中央电视台的电视节目已由开始的 1 套发展到 12 套，固定播出栏目多达 300 多个。以内容类别进行划分，有新闻类栏目 37 个、文艺类栏目 73 个、专题类栏目 100 个、科教类栏目 27 个、服务类栏目 41 个、影视剧类栏目 25 个和体育类栏目 18 个。这些都反映了中央电视台为顺应分众化传播所做的不懈努力，同时也都在央视国际互联网站的网络节目上得到体现。

（四）提高节目的互动交流性

中央电视台始终不断提高节目的互动交流性，这符合网络时代交互性强的传播特点。互动交流性的提高体现在两个方面，一方面是节目的互动性增强，另一方面是内容更加贴近生活。

提高节目互动性、增强交流感是传播者始终追求的目标之一，中央电视台在这一时期做出了许多尝试，一批互动性较强的节目纷纷登上荧屏。例如，1996 年 4 月 28 日，中央电视台推出的《实话实说》栏目是一种新型的、在演播室内完成的谈话节目样式。通过主持人、嘉宾、观众的共同参与和直接对话，在生动活泼的气氛中，展开社会生活或人生体验的某一话题。通过现场观众对各自观点的叙述、交流和碰撞，达到一种独特的导向效果。又如，1998 年 11 月 22 日开播的互动式电视竞猜栏目《幸运 52》，由现场选手竞猜和场外家庭观众参与两部分组成，融入服务经济、贴近生活的特点，不仅有扣人心弦、层层递进的精彩比赛，还开辟了电话竞猜热线和家庭卡片等多种渠道，使场内外观众都有平等参与节目和赢得幸运大奖的机会。节目的互动方式不断增多，互动性不断增强，为日后适应网络时代受众对于交互性的更高要求做了铺垫。

中央电视台为了使节目内容更加贴近生活，在节目中力求专业性和群众性相结合，力求贴近百姓社会生活，有效地增强与受众心灵的交流感。例如，在节目制作中加强现场采访，增强报道的现场感和电视画面的可视性，同时注意播音的亲切，以及平易近人，增强节目的感染力等。又如，在经济节目《生活》中，通过对老百姓衣食住行中的经济现象进行深入浅出的分析、解说，运用声情并茂的电视表现手法，使一些抽象的专业经济理论、经济问题、经济现象、经济工作等形象化、情节化，使它们更加贴近群众、更加贴近生活。再如，在新闻杂志型栏目《东方时空》的“生活空间”这一版块，提出了“讲述老百姓自己的故事”的口号，以表现普通人的生活状态和人生体验为主要内容，引起普通百姓的共鸣。

（五）把握主流媒体的传播导向

央视国际互联网站紧追热点，把握导向，整合中央电视台自身及全社会的信息资源，加强即时报道和深度报道。在央视国际互联网站的首页上，每天力推以新闻专稿为主体、新闻背景为衬托、图文并茂和链接相关多媒体报道的头条新闻。首页头条新闻以“关注人、关注新闻”为传播理念，涉猎广泛，重点突出。新闻、时效、深度在中央电视台及央视国际互联网站的信息报道中有着明显的体现，也为其未来应对互联网的冲击打下了良好的基础。

首先，新闻立台，新闻立网。在新闻立台指导思想的影响下，央视国际互联网站秉持“新闻立网”的理念，网站的新闻类节目始终占有很大比重。例如，当时的中央电视台一套就是以新闻为主的综合频道，始终坚持“宣传党和政府的声音，传播天下大事”，牢牢把握舆论导向，该频道是最早“上网”且“上网”栏目最多的频道之一。其主要栏目《新闻联播》《早间新闻》《新闻 30 分》《现在播报》《晚间新闻》《世界报道》《体育新闻》《零点新闻》等是受众了解国内外大事的重要渠道，也是央视国际互联网站新闻节目的重要素材。

其次，提高时效。在提高时效性方面，中央电视台早在 1986 年就提出了“提高时效，力争首播”的口号。20 世纪 80 年代初，中央电视台每年播出国内新闻 3 000~4 000 条，80 年代末已增加到 2 万条左右，国际新闻开始通过卫星收录维斯新闻社和合众独立电视新闻社的新闻，新闻时效性大大增强，数量也增加近 50%。20 世纪 90 年代初，国内和国际新闻年播出量又猛增到 4 万条左右，全天 24 小时播出，主要节目编排大致以 8 小时为一单元，全天滚动播出 3 次。中央电视台的各类新闻都在争取做到快速反映国内外的重大事件、准确地宣传党的路线和方针政策及广泛地反映群众呼声，并对重大事件进行追踪和深度报道。央视国际互联网站依靠中央电视台强大的信息采集与更新能力，第一时间发布音视频新闻，并且通过时刻更新文本新闻的方式弥补音视频新闻报道的相对滞后性，将中央电视台传统媒体的权威性与网络新媒体的即时性相结合，使新闻报道的时效性进一步提高。

最后，深度报道。为了提高自身深度报道的水平，中央电视台摸索出一系列关于舆论监督类、调查类、谈话类节目的报道经验，创办了一批深受公众喜爱的深度报道的新闻节目。1993~1996 年，中央电视台先后创办了《东方时空》《焦点访谈》《新闻调查》《实话实说》《社会经纬》等栏目。例如，《焦点访谈》是一档以深度报道和述评相结合的新闻评论性节目，它抓住群众关心、领导重视、普遍存在的社会现象和热点问题进行分析评述，表扬先进、批评落后，针砭时弊、伸张正义，起到了较好的舆论引导和监督作用。又如，于 1996 年 5 月 17 日创办的《新闻调查》栏目是当时国内最长的深度报道栏目。它以记者调查为主要叙述形式，以具有社会性和新闻性的事件、人物、舆情、言论及话题为调查对象，致力于从新闻规律和电视规律出发，进行稳健务实的理性调查。栏目中展现的主题性调查、事件性调查、舆情调查和内幕调查四种调查类型是《新闻调查》颇具深度的节目内容。

（六）彰显国家媒体的权威地位

央视国际互联网站秉承了中央电视台的优良传统和作风，对信息的发布要求客观、公正、权威、全面，树立了值得信赖的网络形象，这也是央视国际互联网站的主要优势与特征之一。在互联网时代，信息庞杂丰富，但是可信性与客观性有时却难以保证，央视国际互联网站坚持客观、公正、权威、全面的理念，保持自身在传统媒体中的优势地位，在众多的互联网站中独树一帜。

三、受众：收视行为被精确掌握

中央电视台一贯重视对受众进行调查研究，不断提高服务受众的意识。中央电视台从建台之初就设置了专门负责联系观众和进行调查研究的机构，负责日常观众来信和来电的整理与分析，编发内部专刊，不定期召开观众座谈会及组织栏目评议活动，组织开展一些大型的调查研究项目，对全国电视观众进行抽样调查和专项调查，以此寻求节目设置和改革的客观依据。其始终把自身视为服务者，通过增强节目互动性、调查研究等多种方式不断提高受众的主体地位。随着我国电视市场竞争的加剧，以及互联网等新媒体对传统媒体的冲击，中央电视台越来越重视对观众的调研工作，并把该项工作作为栏目更新、调整、淘汰的主要依据，这顺应了网络时代受众主体地位提高、传受关系发生改变的发展趋势。

为了掌握观众收视行为的变化取向，中央电视台总编室观联处与央视调查咨询中心曾合作开展了“电视观众生活形态调查”，对 10 多类节目的 100 多个栏目和 17 个时段节目的编排进行分析与改进。为了解观众收视需求，除了依靠观众来信、电话和电子邮件外，主动走出去到各地与观众座谈、针对观众反馈信息调整节目内容、注意发挥热心观众的作用等方式也成为征求意见的途径。在网络主持发展的初始期阶段，中央电视台的全国电视观众评议网在全国聘请了近 50 位评议员，且评议员的数量一直在增多，观众反馈问题的代表性也不断增强。中央电视台总编室观联处还对各节目部门的观众信息进行收集，全台观众信息管理网也已基本涵盖全台的各个节目部门。

与此同时，央视调查咨询中心还与法国 TN 索福瑞（Taylor Nelson Sofres）集团合资成立了央视-索福瑞媒介研究有限公司（CVSC-SOFRES Media，CSM），专门负责电视收视率的调查研究及相关软件和业务系统的研制开发。CSM 独家使用并管理世界上最大的电视收视率调查网络，运作的日记样本达 17 000 多户，可提供 700 多个频道的每日收视率数据。截至 1999 年底，它在北京、上海、广州已安装了近千台测量仪，这种设备能够精确到以秒为计算单位来记录观众的收视行为。这种独立于传播媒体的调查公司在力求调查数据的客观和公正方面处于有利位置。中央电视台受众调查机构只需专注于对调查数据及观众反馈信息的深入研究，为领导部门提供决策参考，电视台管理的科学水平得到了有效提高，中央电视台受众调查已走向专业化与规范化。

综上可见，央视国际互联网站在本阶段的工作主要还是围绕将中央电视台已有的节目上传网络，供网友随时点击播放，还没有有效依据网络特性制作富有网络传播特点的节目。从某种意义上讲，央视国际互联网站主要是在发挥对于中央电视台的补充与推广的功能。但是，央视国际互联网站的节目源，也就是中央电视台的节目在制作过程中，考虑到时代发展对于电视节目的需求，已经做出了许多符合时代发展需要和应对互联网冲击的调整与革新。

进入 21 世纪后，央视国际互联网站一直不断改革和发展。2006 年 4 月 28 日，中央电视台成立网络传播中心和央视国际网络有限公司（简称央视国际），同时实现全新改版。2008 年 5 月 14 日起，央视国际正式更名为央视网（www.cctv.com）。2010 年 7 月 1 日，央视网全面进入中国网络电视台。如今的中国网络电视台是中国国家网络电视播出机构，是以视听互动为核心、融网络特色与电视特色于一体的全球化、多语种、多终端的网络视频公共服务平台，包括新闻台、体育台、综艺台、爱西柚（播客台）、爱布谷（搜视台）、电影台、电视剧台、经济台、探索台、纪录片台、动画片台等。在节目内容方面，中国网络电视台以“参与式电视体验”为产品理念，结合网络特色，对传统电视节目资源进行再生产和再加工，并着力打造网络原创品牌节目，鼓励网友原创和分享。不过，目前网站还没有制作网络主持人节目，没有专职的网络主持人。中国网络电视台的节目来自中央电视台的节目资源和各地方电视台及合作电台的资源及链接，还有一部分是由拍客上传的影音作品。在这部分完全由影音爱好者采制的作品中，有一些作品存在主持活动，是具有自媒体特征的网络主持作品。到目前为止，中央电视台网站中的网络主持活动多限于传统电视节目主持活动的网络版。这些传统电视节目会按照关键词被片段化处理或被二度编辑，体现了网络时代碎片化与便于搜索的特点。虽然这些主持活动主要体现的还是电视媒体的传播特点，但是它们经过上网前的二度编辑与创作已经具备了即时性、微传播等互联网传播特征，其权威性、系统性和详尽性是一般网络主持所欠缺的。

第二节　网上实时广播开通——以珠江经济广播电台为标志

1996 年 12 月 15 日，珠江经济台开通网上实时广播，成为国内第一家实现网上实时广播的电台。作为中国第一家经济广播电台，珠江经济台超前的经营理念，开创了中国广播划时代的发展历程，其创建的“珠江模式”也被中国广播学界和业界认可，推动了中国广播的全面改革。

随着电视的普及和互联网的发展，珠江经济台不断改革创新适应新的传播环境以提高自身竞争力，网上实时广播的开通就是珠江经济台为应对互联网冲击而采取的具有先见性的举措。珠江经济台多年的探索与创新之路，反映出其为了适应全媒体时代的传播需求做出的努力与尝试。而这些尝试对“上网”的广播节目及节目中的主持活动产生了很大影响，使传统广播节目的制作与传播具备了网络特色。

一、创作主体：确立主持人中心制

确立主持人中心制，不仅符合网络时代以主持人为核心的特征，也为信息传播的即时性创造了更大可能。

“确立一个中心——节目主持人”是“珠江模式”的精髓之一。珠江经济台确定主持人在节目制作群体和节目演播过程中处于中心地位，虽然主持人不一定是群体的负责人，但是却是代表群体与听众直接“见面”的人，主持人的形象就是节目的形象。珠江经济台十分重视主持人的队伍建设，培养了一批自己的广播明星，从珠江经济台走出的周郁、李一萍、嘉欣、黄海、林小溪、骆华、赵彦红、郑达等，都是当时在广播界熠熠生辉的名字。在这些明星主持人的带动下，《珠江晨曲》《朝朝新节拍》《午间快语》《莺歌夜话》《七彩黄昏》《一盅两件》等节目成为名牌栏目。可以说，“没有主持人，就没有‘珠江模式’”（罗弘道和刘玉峻，1994）。著名主持人与著名节目融为一体，这种以主持人为主导的指导思想，非常符合互联网时代网络主持依靠人格魅力吸引和聚集受众，形成以自身为核心的网络社群关系的趋势。

同时，主持人具有采、编、播合一的能力，这为适应全媒体时代信息的即时传播创造了更大可能。珠江经济台全部节目由主持人主持并直接播出，主持人不仅是播出者，还是组织者和编辑者，集采、编、播及控制操作于一身。在大多数传统媒体节目中，采访、编辑、主持是相对独立的，采访主要是记者的任务，记者根据媒体的要求，或根据某一新闻线索到实地去了解情况，搜集第一手资料写成稿件或拍成照片提交给下一个环节处理；编辑一般不到第一线，是根据记者采访后所得到的资料，或者是根据从文献中查找出的材料，按照某一特定的要求进行删减或增加；主持人则是根据导演或导播的安排去完成某一信息的输出。整个过程环环相扣，虽然大家分工明确、各司其职，但很难保证每个环节都不出问题，更难在时间上大幅度提高效率。然而，采、编、播合一的方式，不仅提高了主持人的主观能动性，也极大地节约了各个环节之间的时间成本。尤其在互联网时代，任何人都可以通过网络获取信息，采集信息的速度大大提高，再加上网络和计算机的使用使编辑加工的速度大大加快，为主持人一人承担采、编、播等主要环节的工作提供了可能。由此可见，珠江经济台以节目主持人为中心的指导思想是适应网络时代的积极尝试。

二、创作依据：追求节目的可视性、即时性、短小性

珠江经济台在节目制作方面积极顺应全媒体时代的发展要求，追求节目的可视性、即时性、短小性。

首先，办“看得见的广播”，顺应全媒体时代对节目的互动性和可视性要求。早在 1992 年珠江经济台就与南方大厦合办了“南大直播室”，这是我国第一个常年在公众场所的大众看得见的固定直播室，为广播的视频化首开先河。这种以广播为依托吸引听众参与，以及开展户外活动的方式，突破了广播仅仅诉诸听觉的局限性，与网络时代交互性和全息性强的传播特点不谋而合。多年来，户外活动一直是珠江经济台听众参与的一种重要形式，他们将活动空间从直播室扩展到户外现场，抓住不同的时机，结合各种宣传手段举办大大小小的户外活动。这些活动参加者少则成百上千人，多则数十万人，影响遍及社会各界，为广播进行自我宣传、开展跨媒体合作积累了宝贵的经验。现今的网络广播也在不断探索可视性的问题，如北京文艺广播电台就在栏目开辟的博客中上传广

播节目的视频版供受众点播观看。虽然如今广播可视化问题可以依靠技术支持来实现，但在将近 20 年前，珠江经济台则是凭借节目策划者和主持人超前的节目意识和主动意识进行有益探索的。

其次，基本采用直播方式，顺应网络时代“以快见长”的即时性信息传播需求。考虑到人们的生活节奏不断加快，以及对信息的迫切需求，珠江经济台树立了“讲时效，重信息”的传播观念，不断加大信息量，提高信息播出效率，同网络时代“以快见长”的传播追求不谋而合。珠江经济台每天播出新闻节目 19 次，逢半点播出；每天播出信息节目 18 次，逢整点播出。这些信息节目涵盖金融、市场、供求、科技、海外商情、交通、供销、体坛、气象等众多方面，使听众可以随时在节目中收听到各种信息。同时，由于珠江经济台基本上都是直播节目，直播过程中可及时插播重要新闻和时效性强的各种话题，并随时向听众报告时间和天气情况。珠江经济台通过多种形式突破广播的局限性，使信息以最快的速度到达听众，这与互联网时代信息传播即时性的目标相吻合。

最后，大版块与小节目相结合，追求节目内容的短小性，符合互联网时代受众的碎片化阅读习惯。珠江经济台的工作人员发现听众很少会像以前那样一本正经地坐在收音机前专注地收听节目，更多的是边听边做其他事情。于是，他们根据不同时段把全天的播音时间 19 小时 15 分钟划分为七个大版块，每个版块 2~3 小时，其中每个版块又由许多小栏目综合组成。根据不同版块时间段的特点，从风格上把握该版块的整体节目特点。这种小栏目的设置方法符合听众在快节奏的生活中利用碎片化的时间接收碎片化信息的习惯。

三、受众：提高受众的互动参与度

确立“听众是广播主人”的主体意识，与网络传播中受众主体性提高和传受关系发生质变等特点存在相似之处。珠江经济台确定的“听众是主人，广播要全心全意为听众服务”的意识带动了一系列观念的更新和工作方式的改变。例如，让听众参与节目制作，缩小主持人和听众的距离，培养听众对电台的感情；变单向传播为双向交流，在固定时间播出听众和主持人在热线电话中的对话，大量播出听众来信中提出的问题、意见、评论和点播的歌曲，主持人到户外主持节目，邀请听众到录制现场发表意见和参加游戏等，都在不断拓展听众的参与方式。这些转变都源于珠江经济台意识到，传者和受众是相互依存和相互影响的，如果想达到良好的传播效果，不能单凭传者一方意愿，受众一方的心态和行为也十分重要，这与互联网时代的网络传受关系有着相似之处。网络传播的互逆性、多通道、平等性、选择性等特点使得网络传受关系发生了质的改变，人人皆可为主持人并向他人传播信息。同时，人人具备主动选择的权利，而不单单是被动地接收，主持人和受众更像是传播者和用户的关系，受众的主动性被提高。可以说，珠江经济台确立“听众是广播主人”的主体意识，是在迈向互联网时代的过程中，传统媒体调整传受关系的一次成功的尝试。

综上可见，虽然在接触网络初期，由于各种技术与观念的局限性，珠江经济台还不能充分结合网络优势，但是其认识到互联网的巨大潜力，并将先进的观念融于节目制作的各个环节，为适应互联网的冲击做出了许多有意义的尝试。

第三节　众网站的建立

其他各大电台和电视台网络门户的建立及各类音视频网站的建立，孕育了一批网络主持人。1996 年 12 月，央视国际互联网站成立，同年 12 月 15 日，珠江经济台开通网上实时广播。随后各大电台和电视台纷纷建立网络门户，各类音视频网站与日俱增。1998 年更是被称为我国传统媒体的“上网”之年，北京电视台、上海电视台、东方电视台等多家电视台纷纷“触网”；中央人民广播电台的“中国广播网”和中国国际广播电台的“国际在线”也相继开通；截至1996年12月，创建网站的电视台已经超过40家，部分电台和电视台实现了24小时网上实时播出。其中较具代表性的有：1997年3月18日，上海东方广播电台《梦晓时间》节目新开设的“东广信息网”与“瀛海威时空”合作，开创了我国网络广播的先河。1997年12月，上海人民广播电台首次策划网上直播并获得成功，来自16个国家和地区的华人华侨，以及国内7个省市的网友在网上收听了长达4小时的网上直播节目。随后，1998年2月28日，北京经济电台《动心9时》开始网上直播。1998年8月13日中央人民广播电台开通专业网站，成为我国中央新闻单位中最早开通互联网站的单位之一。12月26日，中国国际广播电台开通“国际在线”网站，正式提供网上广播服务，网络广播自此开启了规模性发展。同年，保定调频台采用数字音频技术加入互联网，实现编播网络一体化，随时播报国内外各种最新信息和音乐节目。杭州西湖之声电台应用Real Audio（即时播音系统）技术进入互联网，实现几乎所有节目的24小时网上实时播出。伴随着网络广播的推广，广播媒体家族新成员——网络直播节目主持（net jockey，NJ）走进了人们的视野。电视台方面，1998年12月31日22：00至1999年1月1日0：20，上海电视台和中央电视台共同举办了《五洲风——’99中央电视台国际频道中英双语元旦晚会》，通过卫星及互联网向全球观众现场直播，这是国内大型综艺晚会在互联网上首次直播。

受到互联网宽带资源、音视频压缩码技术、互联网传输技术等网络技术条件的制约，酝酿期传统媒体网站主要以文字和图片为主，音视频在线点播的效果并不尽如人意。同时，由于网络普及率有限、互动意识缺乏等，创作主体与受众在这一阶段借助网络平台增进互动的行为较少，互联网的传播优势未彻底激发。具体分析，本阶段网络主持具有以下特点。

一、创作主体素质提高，角色定位明确

互联网打破了传统媒体的线性传播方式，使节目可以反复多次被受

众点击观看，如果主持人在主持过程中出现错误或不当表达，那么相比过去而言就更有可能被受众发现。互联网还使人们具备了更强的话语权，一个人的想法可以经过网络传播给成千上万的人，主持人所承受的来自受众的监督力度大大加强。同时，互联网的开放性使“上网”的节目可以被全世界任何一个个体听到或看到，主持人所面对的受众范围骤增，这对于主持人的心理素质、知识储备和专业素质提出了更高的要求，主持人要做好接受全世界人民检验的思想准备。这些原因都促使创作主体不断完善自我并提高综合素质。

如果说在传统媒体时代，受众已经习惯于“你说我听、你讲我做”的话，那么到了网络时代受众更希望从知识性的栏目中获得收益，从娱乐性的节目中享受轻松，从互动性的交流中感受平等。受众主动性的提升、选择权利的增大使得主持人必须更加明确自身定位，必须了解不同地区、不同年龄的受众特点，精确掌握自身的特点，把握自己既是主持人又是用户的服务者的身份，明确自身的角色定位。

二、创作依据呈现非线性，“形象识别系统”凸显

互联网的非线性传播对创作依据产生较大影响。网络传播的非线性使得受众的选择权增大，传统媒体黄金时间的概念被淡化。线性传播是传统媒体的最大特点，节目由电台和电视台安排并按顺序先后播出，受众被动地按照既定的顺序收看，没有主动选择权。视听元素稍纵即逝，除非使用专门设备将节目录制下来，否则很难反复收听、观看和保留。然而，互联网的非线性传播促使受众的主动性大大提高，传统媒体将节目上传网络供受众随时点击欣赏，受众实现了前所未有的观看自由，这种同步接收与异步兼容的特点也使传统媒体黄金时间的概念有所弱化。传统媒体与网络相互补充，使得传统媒体可以通过网友对某个节目的点击率来衡量该节目的受欢迎程度，从而调整该节目在传统媒体的播放时间。

“形象识别系统”的重要性凸显。互联网开放及受众主动性的提升，使传统媒体的“形象识别系统”的重要性逐步凸显。在栏目和频道的包

装与宣传上，大到台标、形象宣传片、呼号、主持人，小到电视画面、文字、语音、音乐、色彩等，都要形成和谐统一的美感，方便目标群体在众多栏目和频道的包围中快速地辨认栏目和频道，使媒体在目标群体心目中形成“形神合一”的美感，从而提高被点击和被选择的概率。

酝酿期只有个别电台、电视台的个别节目进行了网络直播或被上传至网络供受众随时点播，“上网”的节目数量有限，多为传统媒体的品牌栏目，相对于如今的大规模传输，还只是初期的尝试，这些尝试为未来传统媒体与网络媒体的大规模融合开辟了道路。节目“上网”使节目可以被长期保留、随时被调取观看，这对节目质量形成了隐形的监督。只有那些“百看不厌、百听不烦”的精品才会跻身其间，有资格流传开来。只有能够给人以美感享受的节目，才会受到人们的钟爱，成为被学习和效仿的样板。

三、受众初现“用户”身份，“分众化”需求日趋鲜明

（一）初现“用户”身份

从传统媒体节目“上网”可供受众随时点击播放的那一刻起，受众的主体地位便得到有效提高，受众的“用户”身份初现端倪。在传统的媒体传播关系中，受众处于受者地位，虽然具有一定的选择权，但是仅限于在同一时间段的不同电台或电视台正在播放的节目中进行选择，若想回放或快进节目是很难实现的，选择的权利很小，媒体的权威地位明显。

随着传统媒体与互联网的融合，受众逐渐由以往单向阅听人的角色转变为需要为其量身定制娱乐、咨询等服务的用户，媒体与受众之间的关系向着媒体与消费者转变，互动更加充分。传播形式的改变使人们运用媒介和媒介内容的方式也随之发生变化，受众的媒介消费选择性和参与性增强。

受众“用户”身份的显现主要体现在以下方面：首先，受众的主体意识加强，认知水平提高，从而对媒介信息的选择能力日益提高。其次，受众的对话意识被激发，受众期待可以与传者进行平等的沟通，追求参与性强的交流方式，这促使双向交流成为必然。最后，受众的反作用力增强，受众的参与意识和主体意识对媒体的传播方式和内容提出了新的要求。作为服务者的媒体要了解受众的社会特征，并根据其个性差异把握目标受众，通过不断调整自己的传播内容和方式，培养潜在受众群，使其成为自己真正的受众。

（二）“分众化”需求日趋鲜明

互联网的强大冲击使“分众化”“小众化”成为网络时代媒体传播的主要特点。其实，对“分众化”的追求并不是网络时代的新鲜产物，早在 20 世纪 80 年代我国的大众传媒就已经出现了“分众化”现象。

我国的“分众化”始于广播，这很大程度上是广播原来过于强势的地位导致的。我国电视的进程虽然开始于 1958 年，可是电视的普及却直到 20 世纪八九十年代才基本完成。电视普及之前，广播才是真正意义上的大众媒体。然而，随着电视的普及，广播不得不调整方向。1986 年 12 月 15 日我国首家经济广播电台——珠江经济台正式开播，珠江经济台在当时提出了“适其需要、合其口味、引其参与、与其对话”的办台思路，采取直播方式，让听众直接参与节目，这大大缩小了电台与听众的距离，成为国内广播的一大突破。在珠江经济台的示范效应下，全国几乎所有地区都开始兴办经济台及系列台，包括音乐台、交通台、儿童台、新闻台等，依据受众的不同需求进行分众化传播，掀起了广播业发展的第二次浪潮。

我国电视的“分众化”进程始于 20 世纪 90 年代以后，随着卫星通信技术的完善和数字压缩技术的突破，各省电视台纷纷通过卫星传送电视节目，电视观众可接收到的电视频道数量大增，电视媒体之间的竞争日趋激烈。这促使电视台要适应社会日益多元化的趋势，围绕目标群体量身打造的分众化传播模式在具备了基本条件的情况下，作为一种重要的差异化竞争策略得到了重视。

随着互联网的不断发展，传统媒体纷纷建立网络门户上传音视频节目，原有的传播范围进一步扩大，受众可选择的权利进一步提升，竞争自然进一步加剧。借助新媒体技术，传统媒体得以在互联网上建立专属的网络社区，囊括 BBS（bulletin board system，即电子公告板）论坛、贴吧、公告栏、群组讨论、即时通信、个人空间等多种信息渠道，使受众根据自身兴趣先分类再聚集,形成一个个既相互独立又交叉融会的“圈群”，每一个“圈群”中的每个个体对内容的需求和兴趣是一致且相对稳定的，是基于共同的价值认同、生活形态及心理特征的。这使得传统媒体更要根据受众的差异和兴趣爱好对市场进行细分，以不同的、专门化的信息满足受众多样化的需求，形成自己的目标受众群，使分众化传播在媒介环境、社会需求的演进与推动下日趋鲜明。

第四章　网络主持发展初始期

初始期网络主持发生了根本变化，进入实质性的实践阶段，出现了植根于互联网的、具有互联网基因的主持活动。随着《国家“十一五”时期文化发展规划纲要》将“发展新兴传播媒体”提升到国家战略高度，视听新媒体开始快速发展，各类视听新媒体业务相继产生，网络音视频传播方兴未艾。本阶段出现了具有“互联网基因”的网络节目，即制作、主持、发行等各环节均以互联网思维为导向、切合互联网传播特点、符合互联网时代受众的收视习惯和观赏心理的节目。网络主持在发掘互联网交互、虚拟、多维的传播特性，改善点对面的单向传受关系等方面迈出了重要步伐。

第一节　虹桥网主持

1999 年 6 月 1 日，虹桥网正式开通。在当天晚上播出的青少年节目《一片新天地》中，观众可以通过视频窗口进行收看，并通过视频窗口下方的聊天室表达自己的观点，参与主持人与嘉宾的谈话，还可以随时向嘉宾提问，主持人会抽取较有代表性的发言引导嘉宾和其他观众展开讨论。如果有些观众错过了直播时间，可以在“精彩回放”中随时点击观看。虹桥网以这种交互的方式还开播了两场多媒体青少年节目，网友可以通过网络实时与主持人和嘉宾进行交流，充分融入与主持人和嘉宾的侃谈当中。

虹桥网是互联网与电视相互融合、互相渗透的产物，它的横空出世对传统媒体产生了一定的冲击，它所带来的网上实时、跨区域的视频直播方式更是一种大胆而新颖的尝试。虹桥网的网络主持结合了互联网的传播特性，与传统媒体主持相比具有较大差异。

一、创作主体素质重心转变

相对于传统媒体主持人需要具备良好的声音条件、外貌形象、语言表达能力等素质而言，在节目中随时应对受众提出的问题与观点，果断地对各种突发事件或突发情况进行现场处置，在让受众充分表达观点的前提下自然地引导节目进程，对网络平台上出现的违规或过激行为进行妥当的处理等，成为一名网络主持人首先应具备的素质。网络主持人不仅要面对话筒、镜头和嘉宾，还要面对处于互联网开放环境中的不确定的受众，因此即时反应能力、多媒体操作能力、文字编辑能力、良好的心理素质是网络主持人最重要的基础能力。这既与网络节目对主持人的职能需求有关，也与彼时网络媒体对人才的吸引力有限、较难吸引兼具较高主持专业素养和较强网络运用能力的综合型人才有关。

二、创作依据交互性增强

交互性在两个方面得到加强及体现：一方面是节目进行中的交互。在节目进行直播的过程中，无论受众身在何方，只要能够上网，就可以参与节目，与主持人和嘉宾直接交流。网友可以通过自己的问题和观点为节目增色，甚至可以改变节目的进程和方向。虽然在传统广播电视节目中，受众也可以通过热线电话或短信的方式参与节目，但受条件限制，难以从根本上改变传播方式的单向性和反馈渠道的薄弱性。而在网络节目中，受众的观点可以完全呈现在开放的交流平台上，每一个受众都可以充分融入与主持人、嘉宾和其他网友的交流。另一方面是节目完成后的交互。虹桥网设置了“交流地带”（包括留言板和聊天室），为交互性的真正实现打开了通道。虹桥网利用网络交流成本低和交流便捷的优势，充分给予受众表达心声的权利与机会。创作主体可以随时了解受众所关注的热点和焦点问题，并及时掌握受众对自身的评价与意见，了解受众对节目的建议与设想，从而不断对节目进行调整和完善。传播的双方迅速、及时、自由、充分地进行沟通和交流，在相互影响的作用下，共同完成节目的制作与传播过程。

三、受众的主体地位深化

虽然我们常说节目的价值和效果最终体现在受众身上，他们的需求左右着节目的未来和命运，但是在传统媒体节目中，由于传播的线性与单向性，受众的主动性在节目中很难得以充分体现。而在网络节目中，受众的主体地位则通过互联网传播的非线性和交互性得到了提高。首先，网络传播的非线性使受众对节目的选择获取了最大的主动性。虹桥网在每周的节目直播完成后，将节目存放于网络服务器上，受众可以随时在多媒体演播室的“精彩回放”中观看。观看的主动权操纵在受众手中，受众从客体变成主体，得到了质的飞跃。而对于传统的广播电视节目，受众只能在电台或电视台安排的时间进行收听或收看，一旦错过就只能懊恼不已。尽管电台和电视台也在节目的播出时间上进行了一些改进，如利用滚动播出的方式让节目在多个时间点上凸现和凝固，但这只能在一定程度上缓解和弥补错过首播的遗憾，使受众在多次播出时间上做出一定选择，并不能从根本上改变“我什么时候播，你只能什么时候看”的状况。其次，网络传播的交互性使受众对节目的参与度获得了巨大的提升。互联网传播极强的交互性使受众获得了更多表达自己观点和参与节目进程的机会，这是受众的主体地位得到提升的又一个重要方面。

不过，初始期受到技术发展水平的制约，通过互联网观看节目还具有一定的局限性。首先，接收条件必须是奔腾 586 以上型号的计算机，内存要求至少为 16 兆字节，拥有 IE（internet explorer，即网页浏览器）4.0 或 Netscape 4.0 以上版本浏览器，不能低于 33.6 千字节的调制解调器，声卡和音箱也必不可少。其次，要先下载视频软件 RealPlayer G2，下载后存储至硬盘，然后运行存储于硬盘上的 RealPlayer G2 文件进行安装，进而从浏览器进入虹桥网的多媒体直播栏目进行收看。最后，就是宽带问题，鉴于当时的带宽，在虹桥网上收听声音的效果尚可，但是图像的质量就较为粗糙，人物动作不自然，达不到清晰流畅的程度，只能说勉强可以接受。加之当时较为昂贵的上网费用，网络节目的普及受到制约。

第二节　网络论坛与聊天室主持

一、论坛与聊天室主持的演变

（一）论坛中的网络主持

论坛就是通常所说的 BBS。BBS 最早用来公布股市价格等信息，当时的 BBS 还没有文件传输功能，只能在苹果机（Apple computer）上运行。早期的 BBS 与一般街头和校园的公告板性质相同，只不过是通过传播来获得信息而已。直到有人尝试将苹果机上的 BBS 转移到个人计算机上，BBS 才开始渐渐普及开来。近些年来，BBS 的功能得到了很大扩充，在 BBS 上可以发布自己对任何一件事的所看、所听、所想，而 BBS

也早已由原来的娱乐交流工具转化为网络媒体。

如今 BBS 根据内容的不同分成了各种各样的专题，这样的专题性 BBS 被称为论坛。通常每一个论坛中都有一个名为“版主”的版面事务管理人员，负责清理脏乱差帖，表扬精妙绝帖，对论坛上的网友言论实施有效管理，保证论坛的健康发展。在各类版主中，有一类版主的职能不断发展，形成了一种类似主持人性质与功能的网络活动，成为网络主持人的一种，本书将这类具有主持人性质与功能的版主称为网络版面主持人。

（二）聊天室中的网络主持

网络聊天室一般简称聊天室，是一种可以在线交流的网络论坛，在同一个聊天室的人们通过广播消息进行实时交谈。聊天室可以建立在即时通信软件（如 MSN Messenger、QQ、Anychat）、P2P（point to point，即网络用户之间直接传递数据）软件、万维网（如 Halapo，Meebo）等基础上。聊天室的交谈手段不局限于文本，还包括语音和视频。通常聊天室是以房间或频道为单位，在同一房间或频道的网友可以实时地广播和阅读公开消息。一般来说聊天室与其他网络论坛不同的是，聊天室不保存聊天记录，是实时的。

聊天室按照功能可以分为语音聊天室和视频聊天室。语音聊天室是指在聊天过程中以语音为基础进行交流的聊天室。在这里，网友想要讲话时，需要点击自己页面上的麦克风，加入下次发言的队列中，并按照申请的先后顺序进行发言，这个程序叫做“排麦”。视频聊天室一般集合了语音聊天与文本聊天，电脑需要配置摄像头来发送视频信号，同时对网络带宽要求较高。随着网络技术的发展，如今集文本、语音、视频等功能为一体是聊天室最普遍和最基本的功能。不过在网络主持发展的初始期，视频聊天室并不多见。

每个聊天室中都有一名管理员，负责维持聊天室秩序，对网友在网上的言论和行为进行监管。聊天室管理员的身份往往比较随意，通常是对某方面论题感兴趣而申请做管理员的资深网友。为了聚集聊天室的人气，某些管理员会事先准备一个话题供网友们讨论，渐渐地，这些聊天室的管理员就具备了主持人的某些性质与特点，这类具有主持人性质与特点的聊天室管理员即聊天室主持人。

（三）论坛与聊天室网络主持的发展历程

论坛与聊天室网络主持有诸多相似之处：第一，论坛版主和聊天室管理员的职责与性质具有一定相似性，主要都是维持网络交流环境的健康发展，二者最初的定位都是事物管理人员。第二，论坛版主与聊天室管理员发展成为网络主持人的过程是相似的。虽然在网络主持发展的初始期，论坛版主与聊天室管理员都还没有发展成较为成熟的主持人，但在这一阶段，二者都兼具了主持人的部分职责，为未来网络版面主持人与聊天室主持人的形成奠定了基础。例如，本阶段论坛和聊天室都出现了实时的交流活动，论坛版主与聊天室管理员会提前预告活动的时间与主题，有时还会邀请嘉宾与各位网友共同讨论，在活动进行过程中网友可以通过文字随时参与活动进程，整个活动还会以图文结合的方式展示给大家。第三，论坛版主与聊天室管理员的演变结果相似。经过发展与完善，论坛版主和聊天室管理员中都有一部分成为网络主持人，分别为网络版面主持人和聊天室主持人。同时，网络版面主持人与聊天室主持人在所承担的角色与功能上也有较多的相似之处，他们除了需要引导节目进程，还需要向嘉宾提问，并将网友实时发送的问题或评论转达给嘉宾，搭建起嘉宾和网友交流沟通的桥梁。下面以人民网“强国论坛”的明星栏目《人民访谈》为例，对本阶段论坛与聊天室网络主持的发展历程进行梳理。

（1）原型为论坛版主。1999 年 5 月 14 日，人民网“强国论坛”的明星栏目《人民访谈》开始了第一次节目。这次访谈邀请中国社会科学院世界经济与政治研究所副所长王逸舟博士就“强烈抗议北约暴行”的问题与网友们展开讨论。这次论坛活动仅限于文字直播，活动进程也是由网友的发问向前推动，版主在活动中主要发挥筛选网友问题、代表网友向嘉宾提问、将嘉宾的有声语言转换为文字，以及维持秩序等作用。

创作主体的称谓为“版主”，还未以“主持人”相称。

（2）展现主持人雏形。2001年12月25日，在主题为“‘中国文学在世界文学中的地位’和‘东西方文化的交流’”的节目中，全美中国作家联谊会会长冰凌作为活动嘉宾与网友进行交流。在节目中首次出现了“绿茶主持”的字幕。此时还是文字的实时交流，绿茶在整个访谈活动中做了简单的开头并提问了四个问题，虽然主要工作还是搭建嘉宾与网友沟通的桥梁，但是其职责与定位已向主持人靠拢。

（3）主持人身份日益鲜明。2002年5月21日，“强国论坛”首次进行了音频与文字的直播。这次活动的主题是“扎根西部，奉献青春”，邀请首届“中国青年五四奖章”获得者、青海石油管理局高级工程师秦文贵担任嘉宾。在这次活动中，寒虹的主持职责已表现得较为明显，寒虹在整个访谈活动中做了完整的开头和结尾，在访谈中，寒虹不仅会自己发问，也会将网友的问题经过筛选与串联后向嘉宾进行提问。

（4）网络版面主持形成。2002年6月4日，“强国论坛”进行了首次音视频与文字的同步直播，活动的主题是“世界杯中哥之战赛后点评”，邀请中国社会科学院政治学研究所副所长、论坛资深网友房宁和中央某媒体网站负责人、论坛资深网友丁一担任嘉宾。此时论坛版主已呈现出较为完整的网络版面主持人的形象，不仅具备了一般传统媒体主持人的功能，还要面对网友和嘉宾，履行版主的职责，可以说是一个充分体现网络交互性的主持人。“强国论坛”的《人民访谈》发展到现在已经有近4 000位嘉宾走进访谈现场，与广大网友一起见证了一个个历史性时刻，这些嘉宾有国际和国内政要、著名学者、文体明星、海内外知名人士、某些事件的亲历人或见证人等，共进行了近3 000场访谈，内容涵盖政治、经济、文化、体育等众多方面，目光聚焦于国际和国内等各个方面的热点问题。这些访谈有些只有文字直播，有些还同时进行了音视频直播，在音视频直播的访谈中出现的主持活动就是网络版面主持。

聊天室中的主持活动与论坛有着极大的相似之处。例如，创立于2000年的东方网“嘉宾聊天室”（以下简称东方聊天室），是上海本地知晓率较高、广受好评的网络人物访谈栏目，也是全国新闻媒体网站中最具规模、内容最丰富的人物访谈栏目之一，曾荣获2006~2007年度上海市媒体优秀品牌称号。东方聊天室除了邀请上海市许多部门的党政领导现身说法以外，还经常邀请国内外社会各界人士担任嘉宾，涵盖文学、文化名人，医生、专家、学者，演员、明星等。早期的东方聊天室主要是通过文字直播使网友与嘉宾和主持人进行交流，主持人主要负责选择网友的问题向嘉宾提问，代表网友表达心声，将嘉宾的有声语言转换为文字传达给网友等。后来随着UC（unified communications，即统一通信）企业即时通信服务的推出，网友可以在互联网和移动通信网络上实时发送文本信息、图像和声音，增添了聊天室访谈活动的交互性。如今的聊天室还可以提供视频聊天、在线游戏、在线卡拉OK及其他娱乐服务等社区功能，聊天室主持人的身份也更加明确。

综上所述，从可读到可视，从静态到动态，从一维到多维，论坛与聊天室网络主持经历了创作主体从管理员到主持人的身份与职能转变；创作依据由单纯的文字交流发展为音视频与文字的多维度交流，打破了单一化互动的局限性；受众的参与度和体验感也随着多元化体验与交互的实现得到提升。下文对论坛与聊天室网络主持的具体特征进行分析。

二、创作主体具有管理员特质，素质追求多元化

（一）管理员特质鲜明

论坛与聊天室主持人的“管理员”特质都较为明显，形成这一现象的原因有两个：首先，二者早期多由管理员担任，主要履行管理员的职责。从论坛与聊天室主持人的发展过程可以看出，二者的前身分别是论坛版主和聊天室管理员，主要负责维护网络交流环境、筛选网友问题、连接网友与嘉宾的关系等。最初的身份定位决定了论坛与聊天室主持人始终显现出管理员的特征。其次，受到互联网技术与宽带的制约。发展初期由于互联网技术的局限，论坛与聊天室主持人只能使用文字与网友

进行沟通。通常主持人所依赖的有声语言、副语言等播音主持创作手段缺失，从而造成创作主体的主持人特质弱化，管理员特质鲜明。随着互联网技术的发展，创作依据由单纯的文字交流发展为音视频和文字的多维度交流，打破了单一化互动的局限性，创作手段的丰富促使创作主体的角色向主持人转变。

（二）副语言表现原生态

主持人在节目中的副语言主要包括音容笑貌、行为举止、服装配饰、化妆修饰等方面。由于互联网技术与带宽的限制，早期的论坛与聊天室节目多依靠文字推动节目进程，较少需要或允许主持人出镜。因此许多主持人及嘉宾的服饰和妆面往往较为随意，很多主持人在主持活动中的形象与日常生活比较接近，并未做刻意的修饰。体态语方面，创作主体的主持活动主要是围绕一台电脑，他们的眼睛需要盯着电脑屏幕留意网友留言，双手需要放在键盘上打字，在与嘉宾交流时眼睛还需紧盯着屏幕，较难兼顾体态与仪表。这与传统媒体主持人精雕细琢的体态语形成了反差，也形成了具有网络传播特色的主持人副语言。主持人形象的日常化和体态语的随意化，形成了原生态的副语言表现特征，在某种程度上促使主持人更加亲民，有利于主持人以一颗平常心服务受众。

（三）素质追求多元

健全的思想道德修养、良好的语言文化修养、高雅的艺术修养及过硬的播音主持业务素养是一名主持人应具备的素质。除此之外，在网络主持发展的初始期，网络主持人还需要具备许多其他素质，如熟练使用各种网络工具、较强的心理素质、较高的政策水平、深厚的语言文字功底及快速的打字能力等。网络主持人既要熟悉互联网、了解网络社区动态，又要面对素质良莠不齐的网友提出的各种问题，以平和友善的姿态应对尖锐的提问甚至攻击，维护网络交流环境的和谐健康发展。

三、创作依据以交互性为核心，技术依赖性强

（一）交互性是核心属性，交互方式多样

交互性强是论坛与聊天室节目的核心属性，也是吸引网友的重要原因之一。在论坛与聊天室节目中，人际互动、群体组织互动、大众传播互动三种互动类型共存，并且相互渗透，你中有我，我中有你，不能截然分开。它们之间既相互区别，又作为互动大系统的有机组成部分，相互衔接和交织。三种互动又都附带了虚拟化的特点和色彩，具有网络独特的形态、功能和规律。

（1）论坛与聊天室节目中的人际互动，是指两个行为主体之间的信息传输活动，这种互动是非制度化的、直观的、丰富多彩的，是传统意义上借助于物质媒介而展开的人际传播方式的扩展。在网络节目中，这种人际互动主要体现在网友与主持人、网友与网友、网友与嘉宾之间一对一的交流中，同时也体现在自我表达的充分程度上。人际互动使网友、嘉宾及主持人的语言表达呈现出口语化的特点，网络节目相对于传统媒体节目而言更加接近日常的生活语言。不过，这种人际互动与现实的人际交流还是有差别的：在现实的人际交流中，除了声音语言，交流者的体姿、表情、眼神、身体接触，以及着装、打扮等，都可能成为自我表达情感的重要媒介。这种情感表达可以帮助人们更精确地理解思想、把握尺度，帮助人们听出“弦外之音”，了解语言表达背后真正的含义。但是在初始期的网络节目中，人际互动更多的是单一的语言表达，而没有非语言线索的辅助。

（2）论坛与聊天室节目中的群体组织互动，跳出了微观的视角，从整体上考察交往群体在网络传播中的特点和作用，并把所有相关的个体视作组织的有机组成部分来对待。在论坛与聊天室节目中，主持人、嘉宾及参与节目互动的网友很像是一个群体组织，在这里有“一对多”“多对一”“少对多”“多对少”等多种类型的互动。例如，主持人的发

言是对所有网友发出的信息，是与整个群体进行的交谈；某个网友在论坛中发出的信息是对于对该信息感兴趣的、不可知的任何个体；当网友中出现了意见不同的两方时，少数一方和多数一方的争论往往是以两个潜在的小群体的形式进行的。当互动中至少有一方以群体组织的形式出现时，我们将这种互动形式视为群体组织互动，而这种互动的形成往往离不开某种直观或潜在的组织形式。网络主持人作为公开的组织者，面向参与群体进行命题并组织互动，互动的进行源于网友们找到了感兴趣的话题，为了求得共识，他们围绕话题传达意见、说明解释、展开讨论，不由自主地认同并遵循了某种秩序规则和机制。初始期论坛与聊天室节目中的群体组织互动有以下特点。

第一，群体中个体成员的匿名性和交流方式的多元化，促使完成交流传播的效率较高。因为参与节目的网友，也就是群体组织中的成员，没有身份、地位、权利等社会角色上的区别及其所形成的心理压力，具有匿名化的特征，因而他们在整个参与互动的过程中处于平等地位，具有民主化色彩。这使得成员在讨论问题时不必有过多的顾虑，可以专注于论题本身各抒己见，以文本的力量来感染他人。同时，论坛与聊天室节目中的交流并不是“你听我答”的单一方式，交流群体可以同时“既听又答”，同时“听你又听他”，这样也节省了讨论时间，提高了效率。

第二，群体是松散的、非固定的，它的维持取决于成员对于互动结果的预期。参与节目互动的网友群体没有强制性的规则来维系，是在自愿的基础上结成一体的。正如一位网友所说，“强烈地感觉到是一个群体中的成员”，只是因为“我们互相感到有类似的看法，可以分享经历和乐趣”。因此，群体的成员常常变换不定，网络主持人无法预测受众的身份、地位等特征。只有当人们意识到还有进一步探讨和交流的可能时，他们才会表现出维系群体的紧迫感、步调的一致性、镇定自若的情绪及包容性的态度等特点。

（3）论坛与聊天室节目中的大众传播互动，与互联网的媒体属性相关，是各种互动形式的基础。在网络主持发展的初始期，由于受网络使用技术、知识水平要求、物质条件，以及传统的受众群阅听习惯等因素的影响与制约，网络使用者在数量上还未能与广播电视等大众传播媒介相媲美。但是互联网作为一种大众传播方式的互动工具，其传播新闻、表达言论、扩大认知、消遣娱乐，以及实现职业传播者与普通信息接收者共同传输信息等特点，已经被人们承认、熟知并得到了越来越广泛的重视和应用。这种互动方式与传统大众传播的类似之处在于，作为组织的传播者，以网络为媒介向分散的网络用户不断地、集中地、有组织地传播信息，并通过多种渠道接受反馈，从而形成了互联网的大众传播。在论坛与聊天室节目中，主持人与网友的互动虽然具备了人际互动和群体组织互动的特点，但是其本质还是基于大众传播互动的。因此，主持人在进行语言和副语言的表达时要充分认识到大众传播互动的要求，对于语言的规范和价值观的引导等方面要起到积极的示范作用。

（二）技术依赖性强

论坛与聊天室节目对技术的依赖性较强，技术因子对节目实现从可读到可视、从静态到动态、从一维到多维起到了至关重要的推动作用。早期的 BBS 依靠调制解调器拨号实现，而后出现了基于 telnet（远程终端）协议的 BBS 系统，这种 BBS 系统需要专门的客户端予以支持。但是与拨号 BBS 一样，telnet 式的 BBS 也是纯文本性质的。随着万维网和宽带技术的普及，上述两种传统 BBS 逐渐被基于 http（hypertext transfer protocol，即超文本传送）协议且支持多媒体内容的网络论坛替代。如今的网络论坛和聊天室的交谈手段不局限于文本，还包括语音和视频，这为论坛和聊天室节目的发展与成熟创造了条件。

四、受众初现社群化趋势，参与度显著提升

初始期受众被赋予三大自主权：第一，信息的自主发布权，用户可进行参与性互动传播，改变了传统大众媒介对信息发布的独占权。第二，播放内容的自主选择权，订阅方式可以实现个性化定制，可以自动下载和更新。受众可以选择自己感兴趣的内容收听和收看，而不必受限于线

性的播放方式。第三，播放时间和地点的自主选择权，由于节目文件可以下载和存储到便携播放器，因此受众可以实现随时随地自由播放。受众自主权的提升，使本阶段受众表现出以下特点。

（一）初显社群化趋势，受众交互精准化

与广播和电视主持相比，网络主持的受众表现出社群化特征。传统媒体节目中，受众是作为“绝大多数”被定位的，是“众”。虽然传统媒体也会针对不同的受众群体制作不同类型的节目，如老年节目《夕阳红》、青少年节目《大风车》、军事节目《军事解码》等，但是这是媒体对于受众的定位，受众在某种意义上只是有权做选择性的整体接受。而网络节目在这方面就做出了很大改进，如在聊天室节目中，主持人会提前预告一个话题，如果有网友对这个话题感兴趣，就可以尽情地参与节目，只要是围绕这个话题，都可以进行自由的表达与发挥，直接参与节目的制作，从而形成一个由有着共同诉求、共同话题的网友所聚集成的“群”。兴趣是网友加入这个群的前提，群的人气往往是由话题的热度决定的。这个群内的信息往往聚焦于某个话题，观点往往围绕某个领域或圈子，参与的网友也都是对这个话题感兴趣的人。

在这个有着共同兴趣特质的群中，网友的交互变得更加精准化。网络节目中受众的社群化与传统媒体节目中受众的大众化，是“群”和“众”的区别，就像是某酒店的自助餐和某学校的食堂一样，“群交互”更像人们按照自己的意愿和兴趣各取所需的“自助餐”—— 因为是分类自助餐，所以喜欢辣口味的人聚在一起，喜欢甜口味的人聚在一起，把风格发挥到极致。而“众传播”更像是餐厅考虑到顾客胃口，且为了兼顾不同顾客的不同胃口而准备的“大锅饭”——因为要兼顾，所以不能太咸、太甜、太辣、太酸，只能大众化，不能太风格化。传统大众媒体给予大众的是大锅饭，互联网则给不同的“群”准备了一道自助餐，在这个自助餐厅里，口味相同的人聚在一起自然聊的投机与尽兴。

（二）参与度提升，受众交互意识增强

互联网所体现出的开放性、交互性、共享性和虚拟性等特征改变着人类实践的主体、客体、手段及结果，并为人的主体性发展提供了广阔的舞台，大大提升了人们的信息交互意识。网友可以在这个具有极高参与性与开放性的交流平台上尽情展现自己的才华,自由发布自己的见解,率直地阐明自己的看法，聚合并分享集体的智慧和力量，创新自己的观点，能动地参与信息的交互活动。渠道的便捷、渴望被理解的迫切、分享的喜悦，以及被认同的成就感，促使受众的参与度和交互意识增强。

结合互联网较强的交互性，网友不仅可以主动地获取信息，也可以自愿地上传和发布信息，与他人进行分享和交流。换言之，网友可以直接参与网络传播过程。这也是以传者为中心的大众传播所无法比拟的优势，是网络传播互动性的直接体现。在论坛与聊天室节目中，网友的参与性并不是消极被动的，而是体现了很强的自主性，他们在一定程度上可以感觉到自己在控制媒介的内容与使用,并多多少少独立于来源之外。网络传播在某种程度上赋予参与者某种隐形性、互动性、低成本等因素，使得更多人愿意上网发言，参与节目。虽然传统媒体节目其实也强调受众的参与，但网络论坛与聊天室节目的参与性更为直接、自由和开放，形式也更为多样化，既有电子邮件、即时通信这样的“私下表达”，也包括节目进行中在论坛与聊天室的“公开传播”。受众的深度参与也在一定程度上削弱了知识精英和主流媒体的话语霸权，提升了受众的地位，激发了受众的交互欲望。

（三）匿名表达，受众言论的真实性提高

1993 年 7 月 5 日，美国《纽约客》杂志刊登了一副由彼得·施泰纳（Peter Steiner）创作的漫画。在漫画中，一只狗坐在计算机前的一张椅子上，对坐在地板上的另一只狗说：“在互联网上，没有人知道你是一只狗（On the internet，nobody knows you are a dog）。”这幅风靡一时的

漫画表达了人们对互联网的一种理解，强调用户能够以不透露个人信息的方式（即匿名的方式）发送或接收信息。匿名性可以说是互联网最大的魅力之一，甚至是其蓬勃发展的推动力之一。匿名关系是指两个个体之间交往的结构化形式，双方仅仅凭直接的感知去确立社会认同。使用戈夫曼常用的术语，这是一种置于“前台”的“角色扮演”。在论坛或聊天室节目这个“前台”上，互联网为受众提供了一个平等自由的传播空间，既没有集中管理，也不存在国界，网友可以以任何身份（使用自己的真名、假名、昵称或者匿名）出现在论坛或聊天室中，随心所欲地与他人交流和发表言论主张。这种无拘无束的交流在一定程度上可以起到情绪释放和减压的效果，而“对于那些发表合法的，但不受欢迎言论的人来说，匿名使他们被认出的概率变小，同时也减轻了他们对报复的恐惧”（汪志刚，2006），这使得受众敢于更加真实地表达内心的想法。

（四）传受关系改变，受众主体地位获得提升

传受关系的改变是由互联网传播的双向化决定的。在网络上，信息接受者与信息传播者可以进行直接的双向交流，互联网为双方的直接交流提供了物质保障。这种网络区别于传统媒体的状态被尼古拉斯·尼葛洛庞帝称为“对话的时代开始了”。互联网赋予个人与媒体组织同样拥有使用媒介工具的能力，以及利用广阔传输空间展开及时互动的权利，它是传播历来所追求的平等、开放和尊重个性愿望的极大实现。在网络节目中，对于主持人而言，通过与网友的交流，可以在第一时间亲身了解接受者的反应与想法，掌握信息的传播效果，以便对自己的传播行为做出正确的评价和修正，并能即时解答网友的疑问，加强传播的效果。对于网友而言，除了可以获取自己感兴趣的信息，在第一时间向主持人表达自己的意见，最大限度地利用网络发表自己的见解，还能从主持人、嘉宾或其他网友那里获得新闻背后的信息,并对主持人产生直接的影响。在网络互动中主持人与网友的关系和地位的变化，反映出传统意义上传播者力量的减弱和受众力量的增强。

第三节 虚拟网络主持

虚拟网络主持是人类想象与现代计算机及相关技术的产物，与真人主持相比它拥有极强的信息掌握和调用能力，集合了人们在真人主持身上无法实现的各种审美理想。受众可以根据自身喜好对主持人的外形、容貌、性别、年龄、声音、动作、服饰和表情等提出要求，虚拟网络主持本身就是受众意志的体现。不过，虚拟网络主持也存在一定局限性。例如，由于制作具有高科技含量，因而成本太高；由于技术复杂，因而一般与真人的外形存在差异；由于虚拟网络主持不具备人类的真实情感，因而人格化特征弱；等等。但是，并不能因此否认虚拟网络主持出现的进步意义。它是顺应科技进步的产物，在技术不断更新和发展的今天，除了在手段上可以对虚拟网络主持进行更新外，在传播方式上可以采取与真人主持互相合作的模式取长补短，以适应不同的社会需求。

一、虚拟网络主持的出现

2000 年 5 月，我国首位虚拟网络主持人 Gogirl 出现。随着“5lgo”网的诞生，中国第一个虚拟网络主持人 Gogirl 同时在网上亮相，她是该网站的全天候主持人，是一位热情开朗的中国女孩。她的生日是 5 月 25 日，身高 170 厘米，黑头发、黄皮肤、瓜子脸、细腰身，活现了一位中国古典美女的形象，而一把高高向上梳起的“大刷子”，又让她增添了几分时尚的气息。她热情开朗，爱好卡通片、音乐、读书、上网、聊天和逛街，喜欢坐在咖啡店观察各色人等，是一位喜欢到处走走，有很多故事的中国女孩。她的缺点是有点儿丢三落四，早上起床有困难，有点儿任性，是一位性格立体可爱的北方女孩。当网友和 Gogirl 聊天时可能会听到她嗑瓜子的声音，她胸前的宝石还会随着她的心情变换颜色，她红色的衣服在红色背景的显现下让人心里亮堂。Gogirl 的工作任务主要是：通过 Gogirl 栏目介绍自己的个人信息及对周围事物的看法；通过 Gogirl 酷闻介绍网上最新的一些产品和游玩去处；通过绿色 Gogirl 栏目传播环保信息；等等。Gogirl 的形象设计者是一位马来西亚女孩，她的中国名字叫叶海燕。这个设计的初衷，是出于对中国 80%的男性网友的调查结果。叶海燕认为漂亮的女孩对年轻的男性网友更具有亲和力，而女性网友又易于对同性朋友打开自己的心扉。Gogirl 形象的设计灵感，来自歌手李玟和演员赵薇，Gogirl 既具有李玟西方化的现代气息，又兼有“小燕子”的活泼和俏皮。Gogirl 的诞生为网络主持注入了新的活力，但是不能否认，她的形象离我们所期待的虚拟网络主持人还有一定差距，其功能和作用距离真实的主持人也存在较大差距。

2002 年 5 月 25 日，我国首位网络互动电视虚拟主持人“江灵儿”在第三届中国西部国际博览会亮相。当日，人们打开电视或者在网上观看视频直播时，就会看到成都“西部网链”直播室里一位身穿中国传统旗袍、直发披肩的“女主持人”正流利自如地轮流用汉语、英语、日语向受众直播中国西部国际博览会，她就是江灵儿。江灵儿是在经过了一年多的精心“培训”后，首次露面网上直播中国西部国际博览会的，“聘用”她的网络公司是我国首家网络互动电视网。据该网站的工作人员介绍，这位新上任的“女主持人”不仅善于用多种语言播报新闻，还可以陪网友聊天、参与游戏动画和影视表演等，打破了传统电视节目主持人与观众难以沟通的局面。她的现场主持并不需要人工配音，公司采用了同步语音处理技术，使这位虚拟主持人具有了人工智能的表现力。据她的形象设计者陈大辉介绍，江灵儿是按照重庆、成都等西部女孩的形象来设计的，她最大的技术难度和突破是头发的设计，飘逸逼真的发丝使她的形象更具生命力。陈大辉还说这位具有人工智能的虚拟主持人能根据稿件中的标点符号自动转换语气，并且设计人通过复制不同的动画模板，使江灵儿可以像真人一样做出喜怒哀乐等各种表情。我国网络专家评价，此次江灵儿在成都的出现，标志着我国网络互动电视台已经可以进入实用阶段，并将极大地冲击和促进我国传统的电视行业。

2002年，我国首届虚拟网络春节联欢晚会主持人出现。网易娱乐、文化和女性三个频道联袂推出了“2002 年虚拟春节联欢晚会”，这台晚会是由生动的网络文字、Flash动画、声音和图画等形式组合而成，因此被称为虚拟春节联欢晚会。它的出现对大众传统印象里中央电视台的晚会模式和语言传播方式形成了一次小小的颠覆。晚会的主持人是由几个论坛的版主以虚拟的网络形象通过文字进行主持。主持人分别是娱乐社区站长“骑乌鸦的黑猪”、乱弹广场版主“会飞的猪”、女性视角掌门“散步的鱼”和花想容教室教授“简单的鱼”。晚会主办方是这样介绍主持人团队的：“这是一个空前钩心斗角的主持人阵容，‘双猪双鱼’将如何‘明里抢风头，暗里互拆台’，就让我们拭目以待。”整个晚会过程中，主持人的语言活泼生动，还用括号标注的方式注释出主持人说话时的心理活动或情绪表征，网络娱乐特色鲜明。晚会的节目均通过超链接的形式呈现，有些节目是由 Flash 动画制作而成，有些节目是将传统媒体的节目片段进行改编，晚会节目丰富多样。整个晚会分为万马奔腾贺新年、千般乱弹弹何事、百种心情说风月、十样网络新生活、一份祝福送世界、零点钟声尽欢颜六个单元，每个单元都围绕不同的中心播放不同主题的节目。整场演出表现出主办方丰富的想象力，以及互联网自由开放的网络文化。受众在观看节目的过程中可以参与晚会优秀节目的评选活动，还可以在论坛实时参与讨论，可谓“台上台下其乐融融，欢欢喜喜共度新年”。

二、虚拟网络主持人的特点

虚拟网络主持人主要具有以下特点：①形象完美。从外在形象来看，虚拟网络主持人的形象可以根据受众的要求集成出来并作调整，其声音也可以在电脑的调制下达到几乎完美的效果，而且不用担心会出差错。对于真实的主持人来说，作为生物的人，其形象和声音是与生俱来的，后天的包装和训练较难给其带来质的改变，也不可能在主持过程中避免错误。②知识广博。就记忆及存储调用功能来说，人脑和电脑相比相形见绌。虚拟网络主持人不仅仅具备人们所关注的虚拟脸孔和虚拟性格，而且具有很强的把握新闻信息的能力。即时计算机系统会告诉虚拟网络主持人该做什么、该说什么和怎样去播报各种新闻，虚拟网络主持人可以用搜索引擎在网上搜索世界上最新发生的新闻。③全天候工作。虚拟网络主持人可以 24 小时随时在网上恭候受众。只要拥有上网设备，网络用户就可以随时随地接受信息，此外，网络用户还可以将信息一劳永逸地下载和保存。真实的节目主持人则无法保证任何时间都对受众有所守候。④人格特征弱。作为一个综合素质优秀的主持人，虚拟网络主持人除了初期的制作费及日常的“护理”“调整”费用，其工作不计任何报酬，降低了媒体运营成本。但是，虚拟网络主持人的人格特征较弱，就目前来说，虚拟网络主持人仍限于在提前录制好的新闻类、科技类和资料介绍类的节目中“工作”，由操作人员幕后控制节目进程，而对于一些现场采访和谈话类节目则无法驾驭，更不能灵活调节现场气氛，其实质上只是缺乏话语权的信息播报者。同时，虚拟网络主持人不具备人类的真情实感，对周围世界的认知能力非常有限，缺乏与人类进行心灵沟通的基本条件，人格特征弱。

第五章　网络主持发展丰富期

丰富期网络主持迅速崛起，蓬勃发展。创作主体、创作依据、受众三要素更充分地融入了互联网血液，网络主持的数量、种类、质量都得到了极大的丰富与提升。进入 21 世纪以来，网络技术飞速发展，网络文化兴盛，随着视听新媒体被纳入国家文化和信息产业发展规划，以及“三网融合”步伐的加速，网络媒体发展势头迅猛。中国网络电视台等一批运营企业相继上市，商业音视频网站纷纷开始探索差异化发展道路。同时，“一剧两星”政策的实施，电视媒体收紧版权、实施网络独播等举措，也在刺激着音视频网站加快自制内容的开拓，大量资本涌入互联网自制内容的建设。网络节目经历了从“小成本、粗制作”到“大投入、精制作”的迭代，网络主持的发展步入了新的历史时期。

丰富期，网络主持被注入了更多互联网活跃因子，出现了一批令人耳目一新的网络节目。从 2007 年引起网友广泛关注的《大鹏嘚吧嘚》，到十多年后的今天，中国主流视频网站在一年中上线上百档网络节目，网络主持已经覆盖了脱口秀网络主持、聊天室和网络版面主持、晚会类网络主持、网络访谈主持和网络播报主持等多种主持类型，节目内容涉及娱乐、新闻、财经、教育等有关人们生活的方方面面。2014 年被业内认为是网络自制节目元年，本年度共有上百个网络节目上线，有个别节目的制作精良程度甚至能与电视节目媲美。2016 年，网络节目迎来“大时代”，许多节目完成了“视频网站先播，卫视跟播”的视频网站向电视台的反向输出，也有不少节目开始用视频网站、电视台、制作公司三方联合出品的方式进行制作。2017 年网络节目的质量和数量趋于稳定，网络直播取得较大发展。

在这种背景下，网络主持获得发展良机。《罗辑思维》《奇葩说》等网络脱口秀对 UGC（user generated content，即用户原创内容）的节目制作方式进行了较深入的尝试；《你正常吗》《Hi 歌》等大型网络节目制作费近亿元；汪涵主持的《火星情报局》、何炅等主持的《拜托了冰箱》、窦文涛主持的《圆桌派》等许多网络节目，都拥有优秀的内容制作团队，吸引了众多明星参与；《十三亿分贝》《饭局的诱惑 2》《跨界也疯狂》《美人尖叫秀》等节目进入直播平台；等等。网络节目在形式上不断创新。

丰富期网络主持最突出的特点为“多元”。创作主体身份多元，既有专业人士也有草根网友，既有网站管理员也有普通网友；创作依据风格多元，互联网的众筹理念带来了节目类型、节目定位、传播内容、目标受众的个性化与多元化；受众群体的构成多元，网络节目从年轻人的专属领域，扩展到中年甚至老年群体，受众可以寻求到不同程度的心理满足。下面对丰富期网络主持的具体发展情况进行分析。

第一节　脱口秀类网络主持

“脱口秀”是英文词组“talk show”的音译，英文原意为美国广播电视中一种以谈话为主的节目形式，由主持人、嘉宾和观众在谈话现场一起讨论各种社会、政治、情感和人生话题，一般不事先备稿，通常脱口而出，因而被我国香港和台湾地区的翻译家们形象地译为“脱口秀”。在《简明广播电视词典》中，脱口秀被定义为“通过讨论，对新闻或社会问题进行评论、表达观点的一种形式”。脱口秀节目通常以主持人为核心，一般主持人是固定的，而观众和嘉宾是流动的，每期依内容而变化。

脱口秀与一般谈话类节目的区别主要有两点：第一，主持人是整个节目的核心与灵魂。与其他谈话类节目相比，个性化的语言和鲜明的人物特征是脱口秀主持人所应具备的，强烈的个人魅力和鲜明的个人风格是脱口秀节目不可或缺的要素。第二，“脱口秀”一词暗含脱口而出之意。脱口秀节目要求主持人或嘉宾不预先备稿，所谈内容具有较强的随意性；与之相辅相成的是脱口秀节目应该能够充分地让听众、嘉宾和主持人之间进行深层次的交流，主持人应该能够根据听众和嘉宾的现场反馈组织接下来的节目。

脱口秀的起源可以追溯到 18 世纪英格兰地区的咖啡吧集会，人们在集会上讨论各种社会问题。脱口秀得到真正的发展是在 20 世纪的美国，随着广播的产生及人们对公共集会的热衷，越来越多的民众热衷于通过广播这一新媒介进行讨论，这也催化了脱口秀的诞生。第一档广播谈话节目出现在 20 世纪 20 年代的美国，到了 60 年代，以新闻评论为主的舆论表达成为当时脱口秀的主要内容。

脱口秀节目在我国出现也是始于广播。20 世纪 80 年代末和 90 年代初，广播夜间情感类直播节目开通热线，或就某个话题展开讨论，或随机根据热线内容为听众答疑解惑，这类谈话类广播节目的出现为我国脱口秀的诞生奠定了基础。到 90 年代末期，随着听众对社会热点的关注和文化需求的提高，很多广播谈话类节目脱离了夜间情感类节目的局限，开始占据更加重要的时段和平台，《说事》《聊天》《对话》等节目应运而生。这类节目的形式与以往有所不同，开始具备鲜明的故事性和新闻性，大量出现嘉宾访谈、新闻调查，以及主持人极具个性化的言语表达。这时脱口秀节目所扮演的角色是传统新闻节目的创新和拓展，是新闻报道形式的娱乐化和娱乐节目新闻化的尝试，主持人的地位和作用也显著提高，脱口秀的节目类型逐渐明晰。

我国电视脱口秀节目的“鼻祖”应该是中央电视台 1996 年 3 月 16 日正式开播的《实话实说》栏目，其自开播以来受到全国各地广大观众的喜爱。当时，在其他电视节目中观众看到的多是传统式的播音、朗读和各种表演，《实话实说》栏目则以最自然、最基本，同时又充满机智和幽默的谈话形式，给了大家一个意外的惊喜。主持人崔永元成为该节目不可或缺和无法替代的主要角色。此后，脱口秀节目在我国各地如雨后春笋般兴盛起来。

我国的网络脱口秀节目在广播电视脱口秀节目的基础上产生，是对传统媒体脱口秀节目的继承与创新。

一、网络脱口秀的雏形《大话新闻》

2003 年 11 月 3 日，商业门户网站 TOM 网正式推出一档视频新闻节目——《大话新闻》，主持人林白在 30 分钟的节目时间内以“播报+评论”的方式“说新闻”。对于这次大胆的尝试，林白坦言由于心里没底，在该节目播出之初并未做什么推广，节目首播时只有两位网友在线收看。虽然当时关注的人不多，但是网络评论家闵大洪先生依旧认为“以《大话新闻》为标志，网络新闻（视频）主持人的形态真正出现了”，可见该节目对于网络视频节目的意义。在节目开播后不久，一家名为“文学城”的海外中文网站主动推介了《大话新闻》，使得该节目逐渐引起大批海外中国留学生的关注。随着《大话新闻》的稳定播出，节目以“理性与幽默并重，正义与调侃共存”为口号，逐渐形成了“播报+评论”的脱口秀形式。

（一）主持人拥有决定权

主持人林白在节目中尽情表达自己的观点，抒发自身的情感，并对节目安排拥有决定权，主持人的核心地位得到充分体现。例如，在 2004 年 2 月 27 日的节目开播前的十几分钟，林白突然接到一位好友牺牲的噩耗，这位好友是一位英国女孩儿，在保卫亚马孙雨林的活动中不幸牺牲。林白悲痛万分，同时也被这位亲密朋友和环保战友的行为感染。于是他临时更换了事先准备的内容，在节目中以大量篇幅缅怀这位好友，号召大家为环保尽一份自己的力量。并且他向绿色和平组织提出申请，希望能够被派遣到亚马孙地区。这一期打破常规和全无章法的节目，成为《大话新闻》开播以来最为经典的一期，很多网友为之感动。主持人在脱口秀节目中的核心主导地位也得到了透彻的诠释。又如，在 2005 年 3 月

26日，这一天是著名诗人海子的忌辰，他是林白非常热爱的一位诗人。为了纪念海子，林白在当天的一整期节目中都高声朗诵海子的诗篇。此举在网友中引起强烈的争议，一些网友对主持人在节目中一直朗诵他们并不熟悉的诗歌表示强烈不满，但也有一些网友表示支持林白。网络脱口秀节目的自由性和个性化被淋漓尽致地展现出来。

（二）网络与广播电视互哺

《大话新闻》是第一个成功实现网络与广播和电视互哺的网络脱口秀节目，互哺使节目兼具了互联网新媒体与传统媒体的双重属性，也使得《大话新闻》创下多个第一。

《大话新闻》创下的第一个纪录，即成为我国第一个成功落地传统媒体的网络节目。2004年5月18日，《大话新闻》在中央人民广播电台第四套节目《都市之声》播出，成为我国首个成功落地传统媒体的网络节目，网络对于传统媒体的反哺得以体现，这是我国互联网扩张与文化发展的硕果。从此以后，有越来越多的受众通过电波喜欢上这档节目。不过，一些节目资深网络受众却不为此欣喜，他们不习惯在主持时不喝水的林白，不喜欢看到曾经在网络挥洒自如的林白磕磕绊绊地适应新的设备和环境，不喜欢新的直播间，有些人甚至声称他们宁可选择离开。

《大话新闻》创下的第二个纪录，即成为首个实现网络比传统媒体优先播出的网络节目。随着林白把更多的精力投入广播领域，《大话新闻》从2004年12月到2005年8月成为一档纯广播节目，后又于2005年8月再次回归网络于“天天在线”播出，视频也得以恢复。随后《大话新闻》就出现了一种有趣的节目制作模式：先在网上播出，再将视频版转化成音频版在广播电台播出，网络节目第一次走在了传统媒体前面。

《大话新闻》创下的第三个纪录，即实现了网络、广播、电视的三位一体播出。2006年4月，《大话新闻》又开始了电视版的尝试，其电视版《白话天下》在河北卫视正式开播，《大话新闻》首次实现了网络、广播、电视的三位一体播出。不过，对于《大话新闻》的网络版、广播版和电视版这个“三胞胎”，林白会结合它们的自身特色区别对待。例如，2006 年 6 月《大话新闻》激情四射地投入世界杯的报道中，林白在网络视频版中增加了穿短裤的美女主播，在广播音频版中反复播放黄健翔的经典解说，在电视版《白话天下》里拼命地更换球衣。林白充分考虑了网络、广播、电视三种媒体的传播特点与区别，并发挥它们的特长。2006 年 6 月 30 日，最后一期《大话新闻》结束，林白在总结经验时认为，《大话新闻》还是一档最适合网络播出的脱口秀节目。作为这档节目的灵魂人物，全身心地投入网络节目的制作，保证播出渠道的专一，避免四处出击，或许更能保持该节目的本色以持久地发展下去。

二、文化名人涉猎的播客脱口秀《郑在方便》

我国第一个播客网站——土豆网于 2005 年 4 月诞生；同年，我国最大的播客目录订购网站菠萝网诞生；10 月，雅虎正式进军播客领域，带动了各大知名门户网站相继开展播客业务。当时国内较著名的播客网站有：土豆网、青娱乐网、我乐网、爆米花网、六间房、宽客网络、爱播网、中国播客网、新浪播客等。根据菠萝网统计，截至 2006 年 3 月 20 日中文播客数量已达到 25 000 个（此处统计的播客包括拥有个人频道并至少发布一个节目的用户，没有发布节目仅在网站注册的用户未统计在内），其中音视频节目是播客的主要传播内容。从菠萝网发布的数据来看，2006 年仅发布 1 个节目的播客有 12 757 个，占播客总数的 65.1%，发布 5 个以下节目的播客占播客总数的 92.06%，发布 10 个以上节目的播客只有 350 个，占播客总数的 1.79%（刘瑞生，2006）。2006 年新浪推出播客服务时，排在新浪播客第 11 名的“童话大王”郑渊洁刚录制了脱口秀节目——《郑在方便》，他把节目放到播客上，单日点击量就达到了十几万次。下面以《郑在方便》为例，对播客脱口秀主持进行研究。

（一）主持人语言设计巧妙，戏剧感强烈

有着“童话大王”之称的郑渊洁，通过巧妙的语言设计及营造富有戏剧感的主持场景，将固有“童话大王”的特质与主持人的新身份有机结合，在充满童话奇幻色彩的氛围中播报新闻和点评时事。

据郑渊洁介绍，他之所以从童话大王的身份转变为脱口秀节目主持人，源于在2006年参加了一次《鲁豫有约》。通过这次节目的录制，他发现自己虽然在50岁之前不怎么爱说话，但是也许是参加电视节目开发了自身的表达潜力，他突然兴致大增，喜欢上脱口秀节目。在第三次参加《鲁豫有约》时，他就豪言“要做中国最好的男脱口秀主持人”。于是，《郑在方便》便在新浪播客“闪亮登场”。之所以取名“方便”，是因为他是坐在马桶上用接电话的方式进行脱口秀主持的。每期节目的开始，郑渊洁都佯装接到朋友打来的电话，通过接电话的方式自己同自己聊天，如第一期《郑在方便》就是湖南卫视主持人汪涵“打来”的电话。

节目中主持人的语言幽默戏谑，视角古灵精怪。例如，在第六期《给结婚证加有效期》中，郑渊洁是这样引入话题的：“皮皮鲁有一次到他们学校的传达室打电话，不知是拨了一个零还是两个零就打到别人心里去了。我现在瞎拨一个号，看打到谁那里，说不定就打到你的电话上去了。”接着他拨通电话，说道：“哇！通啦通啦！他心里想什么我听到了！这个人心里说想给他的结婚证加上有效期。什么？还说是郑渊洁提出来的。没错儿，我是在1996年6月的《童话大王》中《舒克和贝塔历险记》的第332集上，借鲁西西的嘴说过。我说所有的证件都有有效期，如律师证、会计证、驾驶执照等，唯独结婚证没有有效期，严格地说没有有效期的证件就是无效的证件。”

在接下来的节目中，郑渊洁阐述了为什么应该给结婚证加上有效期。在节目的结尾，郑渊洁挂掉电话，依旧用他的“郑式语言”说道：“如果你已经结婚了，千万不要在给你的配偶打电话前加拨两个零听到他心里想什么。”最后，他以一个冲马桶的动作，伴随着水流声结束了当期的节目，整个节目充满了想象力与戏剧感。

（二）节目呈现微内容，制作成本低

《郑在方便》节目短小，以制作微内容为特色。每期 4~10 分钟不等，一般只阐述一个话题，信息容量较小，不做太多延伸，以娱乐交流为主，很像是郑渊洁自娱自乐的成果。同时，与传统广播电视节目相比，以《郑在方便》为代表的播客节目传播成本非常低廉。在传统广播电视中，一整套播音设备及播音间等硬件设施的价格对普通个人而言非常昂贵，这也是普通受众较难制作广播电视节目或成为一名广播电视节目主持人的重要原因之一。但是播客跨越了这个门槛，从技术上说，只需要一台连接互联网的电脑、一个麦克风、一个摄像头和一个操作简单的编辑软件就可以了。不仅仅像郑渊洁这样的名人，任何人都可以成为播客。

三、第一个较有影响力的网络脱口秀《大鹏嘚吧嘚》

2007 年 1 月 12 日，搜狐出品的综艺娱乐节目《大鹏嘚吧嘚》和众网友见面。迄今为止，该节目已为网友奉献了 500 多期节目，改版七次，节目累计点击量破 30 亿次，单期访问量过百万次。鉴于该节目在网友中拥有较广泛的影响力，也有人称其为“中国互联网第一档网络脱口秀节目”，主持人大鹏也获封“互联网第一主持人”，并获得《新周刊》“2012 视频榜‘网络最佳主持人’”称号。

（一）主持人定位明确，个性鲜明

大鹏在节目中将自己定位为“草根”一族，他在节目中的形象设计和语言表达都在烘托这一人设定位。这一人设与大鹏现实中的成长经历也有很大关系，大鹏从一名默默无闻的网络歌手到话剧《我要成名》的

主演，从搜狐网一个名不见经传的娱乐编辑到招牌栏目《大鹏嘚吧嘚》的主持人，一路艰辛的奋斗过程使网友们感觉，他就是生活在自己身边的一个再普通不过的男青年。他是一个地地道道的小网友，是一个可以和观众一起探险、猎奇和抒发情感的平凡朋友。这与电视脱口秀节目主持人给观众的感觉有很大不同，电视脱口秀节目主持人虽然外貌普通、穿着也十分朴素，尽管语言表达也力求幽默随和，可是往往留给观众的印象还是高高在上的“名人”。如果说电视脱口秀节目主持人是导游的话，大鹏则更像一位驴友（旅友的谐音），真切、平等地陪伴在大家身边。

主持人的语言风格也在凸显草根人设。大鹏在节目中的语言幽默搞怪、点评麻辣出位，起初普通话还较为纯正，后来为了更“接地气儿”，干脆改成了“东北普通话”，并在节目中结合情景需要使用了大量的俚语和土话。虽然这些风格化的语言也是节目的特色之一，但是从主持人对大众具有语言示范和引导作用的角度，大鹏的语言失范问题就较为严重了：①儿化过多。对于某些日常生活中并没有儿化习惯的词语也进行了儿化处理，如“后背上儿”“制作物儿”“现象儿”“节目儿”等。这些儿化韵虽然没有引起歧义，但是过多的儿化韵聚集给人过于随意和过于口语化之感。②滥用外语词。大鹏的言语中经常掺杂外语词，如“京剧好啊，China Opera”，其中“China Opera”就是京剧的意思；用“在我还是very young的时候”来表达“在我还是非常年轻的时候”；等等。③滥用网络词语。例如，把“人”说成“银”，使用网络流行语，如“伤不起”等。④语音不规范。存在诸如声调、元音发音、平翘舌不分等普通话语音问题。以上这些语言失范现象对于传统媒体主持人而言是硬伤，甚至成为其无法出镜的障碍，但是在网络世界中，由于没有影响正常的收听交流，反而成为节目另类的娱乐元素，成了“嘚吧”的一种风格。有时大鹏那带着浓重东北口音的英语，让人感觉他明明不太会说，却又在假装洋气，在某种意义上使他草根的本质发挥得更加淋漓尽致。

（二）节目风格明晰，呈现网络特征

第一，节目风格明晰与主持人定位相符，追求草根化和个性化。节

目风格与主持人风格是节目个性特征的重要表现，是在节目中表现出来的一种稳定的个性特征，二者相互影响又相对统一。一方面，节目风格的形成对主持人的风格起着制约作用，只有主持人的个性与节目内容和风格相统一时，才会产生良好的传播效果，才会形成风格美。另一方面，主持人的风格也影响节目风格的形成，是节目风格的一部分。尤其是在脱口秀节目中，主持人是节目的灵魂人物，具有鲜明的个人特征，主持人的精神面貌、独特感受和个人情感，通过语言和副语言传递给受众，也必然影响到节目的内容和风格。

节目风格定位草根化。草根化是网络文化的主要特征之一，节目风格草根化是受到网络传播特性影响的结果。由于网络接入的低成本、便捷性、匿名性，以及网络传播结构的分散性和去中心化等特点，网络主体间的平等交流成为可能，传受关系发生变化。每个上网者都能够接收信息、传播信息、制造信息，人人都可以平等参与。这为普通的个人提供了新的话语空间，赋予了其面向他人和公众的话语权利，“将一种傲慢的知识态度还原为一种平等的知识对话，将一种中心主义的自大迷恋还原为平等对话中的新意义产生，将一种过分精英主义的态度还原为普世性的大众文化。网络文化提供了一个可贵的平台，那就是最大可能的平民化、圆桌会议化、多元多种声音化”（陈卫东和韩雪峰，2006）。互联网传播的平等性削弱了网络主持人的精英化特质，强化了主持人的平民化、草根化特征，节目风格也深受影响。《大鹏嘚吧嘚》把主持人大鹏定位为一个普普通通的网友，一个生活中的草根，他身上的许多行为能使网友找到自己的影子。这些行为特点通过节目整体反映出来，节目特点与主持人特点合二为一并融为一体。

节目追求个性化。这也与网络传播特性密不可分。首先，互联网使“点对点”传播成为现实，个体受到充分关注。传统媒介的传播方式是“点对面”，个体只是作为大众中的一员存在，任何一个传媒组织都不会针对某个人的特别需求进行传播。在传统大众传播媒介中，个体的个别需求只能通过个体自己在大众化的信息产品中进行挑选而得以部分满足。而在互联网上，网友则可以更加自由地选择自己喜欢的网站、信息或服务。网络媒介可以根据个体的个别需求提供相关信息和服务，使“点对点”“一对一”的传播成为可能。其次，传受关系的改变为“人人皆媒体”创造了条件，个性化表达受到推崇。互联网传受关系的改变，使得网友可以通过网络表达自己的观点，发出自己的声音。伴随着渴望被关注的心理，个性化的表达成为网友的一大特征。网络语言的产生和恶搞作品的出现都是这一现象的反映。网络传播最大限度地发掘了个体的存在感，个性化表达成为网络文化的一部分。

关于节目风格的个性化有一个经典的案例。2012 年 2 月 27 日，美国 TBS 电视台的著名深夜脱口秀节目主持人柯南，得知一档来自中国的网络脱口秀节目《大鹏嘚吧嘚》抄袭了自己的脱口秀《柯南秀》的片头。柯南在节目中将两档节目的片头进行了对比，并发挥自己作为一名脱口秀主持人的机智和幽默，以诙谐的语言调侃和“嘲讽”了《大鹏嘚吧嘚》的抄袭行为。同时，柯南还模仿了《大鹏嘚吧嘚》中的一些元素，佯装生气地隔空质问大鹏看到自己的节目被抄袭心里的感受如何。在《柯南秀》的戏谑下，《大鹏嘚吧嘚》于 3 月 1 日做出回应，回应方式也同样出其不意，巧妙搞笑。节目组先是删除了原来的片头，将其改为仅有黑底白字的“片头”二字作为新片头。然后，大鹏对柯南和他的节目组表示了歉意，并亲自与节目组的部分工作人员奉献了一段韩国偶像团体“Super Junior”的歌舞《Sorry Sorry》。接着大鹏展开了“报复反击”，“嘲笑”柯南对自己的模仿出现了好几处错误。得到了大鹏的接招，柯南又一次做出回应，在 3 月 5 日的节目中，柯南大打同情牌，主动为大鹏制作了一个全新的片头，并亲自上阵为大鹏搞笑回馈了一支名为《你们无须道歉》的舞蹈。事情一波三折到这里还没有结束，大鹏在两天之后的节目中再次做出回应，不但欣然接受了柯南赠送的免费片头，还更加“变本加厉”地对《柯南秀》进行模仿，甚至“死皮赖脸”地向柯南索要片尾。这一场起初被称为《大鹏嘚吧嘚》“抄袭门”的丑闻，被《大鹏嘚吧嘚》团队无厘头式的自我嘲讽和《柯南秀》团队的幽默大度完美化解，演绎出一部让人赞不绝口的“连续剧”，大鹏也将泼皮、幽默的个性展现得淋漓尽致。

第二，多版块设置，环环紧扣节目定位。《大鹏嘚吧嘚》由多个版块构成，每个版块相对独立，有较为完整的节目内容，符合互联网时代受众的碎片化阅听习惯。节目由“新闻大脸播”、“大鹏要大牌”、“今日五宗最”（包括“最博客”“最热词”“最争议”“最强帖”“最好听”）、“大鹏脱口唱”等版块构成。主持人大鹏曾在接受采访时说，“过去的几年当中，我们每年都会根据大家的喜好进行改版。同时，我们也会借鉴国外的优秀脱口秀节目，这是一个捷径。例如，韩国的一些娱乐综艺节目经常会把人物惊讶的表情放大，让人感到很夸张，戏剧效果很好，我们就对此进行借鉴，制定了‘新闻大脸播’这个版块”。在这个版块中，大鹏西装革履，模仿传统新闻主播的架势，坐在主播桌前为大家播报新闻。由于大鹏经常在节目中调侃自己的脸大，自封“脸盆帮”帮主，于是节目紧密结合大鹏的自身特质，在整个环节中都对大鹏的脸进行了哈哈镜似的放大。大鹏也不忘发挥自身的幽默特质，一改常规的新闻播报方式，伴随较为夸张的肢体动作，以轻松、嘻哈和调侃的语气进行播报。

“大鹏要大牌”并不是大鹏真的“要大牌”，而是大鹏“要”大牌，即大鹏采访大牌明星。其中很经典的一期是大鹏采访一位性格内向的男歌手，这位歌手面对大鹏的热情提问，始终报以几个字的简短回答，表情也较为冷淡，有时甚至只用“嗯”“啊”进行回应。面对这一尴尬的场景，大鹏随机应变，以无言“对抗”无言，节目组也在后期制作时加上了“沉默是沉默者的通行证……”等非常应景的字幕。对于这一次毫无策划和没有彩排的采访，大鹏用他的淡定机敏、敢于调侃，以及张扬自我的个性，再搭配节目组后期制作的字幕很好地化解了尴尬的场景，这凸显了主持人不按常理出牌的个性。这段视频也在网络上引起了不小的反响，大鹏说：“我又火了一把。”

“今日五宗最”是将近期发生的奇闻趣事和新闻八卦按照有趣程度进行资讯播报，并加入主持人的点评。在这个环节中，主持人大鹏的副语言相当丰富，活泼绚丽的服装配饰和化妆造型，轻快搞笑的肢体语言，搭配节目组利用多媒体后期制作的音乐、图片、文字、视频和道具等多种表现手法，营造了浓烈的娱乐及恶搞气氛，使受众带着欢愉的心情接收资讯。

“大鹏脱口唱”版块也是为大鹏量身定做的。主持人大鹏曾经组建过“及格乐队”和“天空乐队”，并在其中担任吉他手兼主唱，发表过《秋天是用来分手的季节》《烂情歌》等单曲，还为周笔畅和柳岩等艺人创作歌曲，可以说是一位小有成绩的音乐人。结合大鹏的这一优势，节目组特地设置了“大鹏脱口唱”这个版块。在该版块中，大鹏有时会推介自己的新歌，有时会自己填词进行“歪唱”，有时会播放和节目内容相关的歌曲，有时会针对某期节目原创一首歌送给网友，气氛轻松活泼，娱乐性强。

总之，节目的环节设置、内容选择及多媒体特效等，都是围绕塑造主持人草根、幽默及无厘头的人设展开的，节目风格与主持人定位完美契合。

第三，充分发挥网络媒体的多媒体特性。传统媒体通常被视为相对独立的单一媒体，尽管报纸或杂志可以搭配图片或插图，电视也可以把图片、声音和文字集合在一起。但从信息传播技术的角度而言，数字媒体，即以比特传输及处理信息的媒体（如计算机、数字电视）才是真正意义上的多媒体。这是因为以数字语言为基础的多媒体技术可以把文字、图形、图像、动画、视频和音频等多种不同的信息符号结合在一起，并通过计算机进行综合处理和控制，完成一系列交互性的人机操作。在《大鹏嘚吧嘚》中，多媒体的应用得到了充分展现。例如，运用音效模拟观众的笑声和掌声，为节目设置的笑点增加感染力；运用网络流行的图片、表情包等弥补有声语言的不足，为节目营造幽默诙谐的氛围并拉近与网友的距离；运用多媒体动画、短视频等，丰富节目的表现形式并增加节目的表现力……这些多媒体手段的融合，从多个方面对受众进行感官刺激，增加了网络节目的科技感并有助于凸显节目风格。

第四，幽默语言以熟知的背景信息为基础。《大鹏嘚吧嘚》的语言趣味性强，主持人大鹏发挥幽默风趣的特长，常常会抖出许多“包袱”。这些“包袱”往往由某个新闻事件衍生而来，需要受众对此事件有事先的认知，了解背景资料，方能体会到其中的乐趣。例如，在第510期节目中，大鹏说到广州恒大足球俱乐部获得亚洲足球俱乐部冠军联赛的冠军时，评论道：“我们中国足球扬眉吐气了一把！当然了，也不是所有的中国人听到这个消息都开心，你比方说汪峰。”此处大鹏“不经意”地把歌手汪峰发布三次消息却每每都被更热点的新闻抢占了版面头条一事进行了调侃。如果不了解这些背景事件，受众便较难抓住笑点，但是如果有所了解，便会因为大鹏的巧妙串联和点到为止的幽默会心一笑。类似的幽默语言在《大鹏嘚吧嘚》中随处可见。

（三）进行分众化传播，凝聚“真”受众

首先，与受众新颖且有效的互动较多。激发网友强烈的参与意识和创作意识，增加新颖与有效的互动，是网络节目生存的法宝。《大鹏嘚吧嘚》始终重视与网友的互动，与网友的交互也为节目注入了生机和活力。《大鹏嘚吧嘚》的互动形式与渠道很丰富：①微博或博客。博客是节目结束后网友与主持人交流的平台，主持人大鹏一如节目中的亲切，对所有网友的留言一一回复，在大鹏的博客中，有不少网友为节目爆料或者提供建设性的意见。②微信或飞信。在每期节目即将结束时，大鹏都会提出一个问题邀请网友通过飞信（或微信）进行有奖问答，飞信简单便捷，最关键的是无须支付任何费用，这吸引很多网友积极参与进来。③搜狐说吧。这里是网友七嘴八舌讨论的地方，作为搜狐的招牌栏目，《大鹏嘚吧嘚》免不了在这里被网友们吐槽。开放自由的网络交流环境，使说吧成为网友和节目组、网友之间交流的阵地。④“脸盆帮”。“脸盆帮”是以大鹏为核心建立起来的粉丝团队，这个团队是节目的强大后盾。他们定期组织活动，或举行庆祝派对，或举办座谈会交流探讨节目的发展方向，很多节目素材都来自“脸盆帮”成员的爆料。多渠道新颖和有效的互动，充分调动起网友的参与热情，使网友在娱乐的同时为节目献计献策并提供爆料。如此一来，不仅节目的素材来源有了保障，在与网友的互动中也固定住一大批收视人群，保证了每期节目较高的点击量。

其次，分众理念得以体现。大鹏曾在一次采访中说道：“其实我从来没有考虑过为什么样的受众去定制什么样的东西，我相信如果你对我的东西感兴趣，你就会追随我。大鹏的作品就是这样的，我不会为了某些用户而妥协，我不会去迎合某些口味，我只会迎合我自己的口味。”大鹏特立独行的创作风格，吸引并凝聚了一批真正喜爱大鹏和《大鹏嘚吧嘚》的受众，也体现了分众化的传播理念。同时，分众理念还印证了网

络时代兴起的“长尾理论”。“长尾理论”由美国人克里斯·安德森提出，他认为由于成本和效率因素，过去人们只关注主流需求而忽视零散的非主流需求，但是这些零散需求的市场份额相加之和甚至比主流产品的市场份额更大，并且数字技术的发展导致成本急速降低，使得开发这种零散的需求可能赚取巨额利润。“长尾理论”很好地解释了分众化传播得以顺利进行与实现的理论依据，诠释了互联网的分众化传播与传统媒体的大众传播的区别。大鹏正是较好地运用了这一点，即使自己主持的节目不能被主流大众群体喜爱，但是总会有散落在主流大众群体之外的零散的受众与自己兴趣相投和审美相符，而这些受众也更易于成为自己的铁杆受众。

四、自媒体脱口秀的代表《罗辑思维》

2012 年 12 月 21 日，自媒体脱口秀节目《罗辑思维》开播，这是一档读书节目，主持人罗振宇以“有种、有趣、有料”为宗旨，以“死磕自己，愉悦大家”为口号，向受众推荐书目和传递知识。用罗振宇的话说，《罗辑思维》是一个要跨越十年的互联网实验，它不仅仅是一个脱口秀、一个自媒体，更是一个有灵魂的知识社群，是一帮自由人的自由联合。从 2012 年开播至今，《罗辑思维》长视频脱口秀已累计播出了 200 多集，在优酷和喜马拉雅 FM 等平台播放超过 10 亿次，在互联网经济、创业创新、社会历史等领域制造了很多现象级话题。下面就对这档节目的网络主持活动进行分析。

（一）主持人是灵魂人物

首先，主持人是节目的灵魂人物。在《罗辑思维》这个社群中，主持人罗振宇由于高大壮实的身形，被网友们亲切地称为“罗胖”。罗胖经常挂在嘴边的，也是他认为这档自媒体节目能够吸引人的根本原因就是他自己这个“魅力人格体”。

主持人作为《罗辑思维》这个社群中的魅力人格体，是为社群中的大众所喜爱的。罗胖认为，在如今这个陌生人社会中，再多的财富或者再高的地位都不如爱你的人重要，“有人爱”才是我们生活在这个世界上的终极追求。这句话道出了自媒体主持人的生存之道，作为自媒体主持人，只有拥有值得被爱的才华与人格魅力，其所经营的自媒体节目才能顺利而长久地运营。不过，爱是双向的情感，如果说每个自媒体和用户之间的距离有 100 步，那么主持人可以完成 99 步，最后这一步不是主持人不愿意走，而是不能走。因为自媒体主持人和受众都拥有选择的权利，主持人必须用这最后一步去筛选自己的受众，受众也需要用这最后一步去选择自己所爱的主持人，主动地向主持人靠拢，这体现了自媒体节目中人的主动性与自由性。

其次，主持人是知识的二传手。在《罗辑思维》的社群中，虽然主持人是灵魂人物，但是网友才是产生智慧的基础与保障，主持人更像是知识的搬运工。罗胖很爱自嘲，常常调侃自己的体形，嘲笑自己的歪嘴，他这个魅力人格体是一个和网友们绝对平等的灵魂人物。罗胖认为，自己之所以可以担当人格核心，并不是因为自己拥有更多的知识或掌握更多的信息，而是因为自己懂得如何表达。中国不乏有思想的人，可是会表达的人却太少。对于传统媒体“内容为王”的口号，在互联网时代已经被瓦解。由于内容是可以通过网络等多种渠道廉价获取的，因此信息本身已经没有太多价值，具备价值的是传递信息的人。例如，作家韩寒的作品我们可以通过网络等多种渠道以非常廉价和便捷的方式获取，可是韩寒这个具有多重人格特质的人才是真正能够产生价值和聚集受众的核心。因此，罗胖只是在充当知识的二传手，过滤掉无用的信息，给渴望获取知识的人提供一个方便的途径。

再次，主持人具备互联网化的思维方式。罗胖是一个具备互联网头脑的人，他热衷于分析互联网时代的特点并推广互联网化的生活方式。从《罗辑思维》的构思到成形，从节目内容到运作方式，罗胖都在尝试抛开传统时代和传统媒体的思维方式，运用互联网思维进行指导。连他的自我定位都是互联网式的：“自带信息，不装系统，随时插拔，自由协作。”做一个既能储备信息，又可以随时插拔的 U 盘，他把这种生活方式称为“U盘化生存”，并建议年轻朋友都达到这样的生活状态。之所以提出如此建议，是因为随着互联网的迅猛发展，我们的社会结构发生了巨大变迁，人和人的协作变得更加自由，每个人都是市场里无数节点中的一个，衡量一个人价值的最公平的评价体系就是市场。因此，不要把自己捆绑在某个组织中，而要做一个独立自由的手艺人。罗胖建议大家都要做一个拥有技能的U盘，虽然没有固定的用处，但它有一个独特的社会节点价值，插到哪儿都可以运作，以一种手艺人的精神同这个社会进行协作，由市场给出一个公道的价格。

最后，主持人的视角独特。很多观众看了《罗辑思维》都会觉得罗胖说的是歪理邪说，他的很多观点确实和大众通常理解的不大一样，但是细细听来又会发现，他只是提供了一种别致的思考角度供大家参考。罗胖说自己也未必完全相信这些理论，他只是在读书的过程中看到这些论述，觉得言之有理，持之有据，便拿出来和大家分享。这也正验证了罗胖对自己的定位—— 一个知识的“二传手”和“搬运工”，并不是“布道者”。

独特的视角起初令人瞠目结舌，但观众又被吸引着继续听下去，想看看罗胖到底“葫芦里卖的什么药”。很典型的一期是罗胖开篇便抛出一个“歪理邪说”——石油是永远用不完的。大部分人都会认为这是诡辩，毕竟石油资源的总量是一定的,随着年复一年的消耗总会有枯竭的一天。可是罗胖从罗塞尔·罗伯茨的著作《看不见的心》中，运用经济学的思维方法阐释了这样的观点：随着一种资源使用量的扩大，它的存量就会越来越少，那么它的价格就会越来越高。价格变高之后，商人就有了两种利益驱动力。一种是大家会有更大的动力投资作研发，让开发这种资源的效率变高，产能变大；还有一种可能是，科学家或者商人因为获得这种资源的代价变得越来越高，便去开发一种替代性资源。因此，无论受到哪种因素的驱动，石油都不会被真正损耗殆尽，而是会随着价格因素和商业动能的不断变化，而不断能动地调整资源构成格局。因为在经济学家的眼里，所有要素之间都存在一种充分互动的关系，而不是固定不变的稳态。类似的“歪理邪说”还有很多，如慈善的恶果等。面对这些令人瞠目结舌的观点，观众往往会在瞬间产生想要反驳的强烈欲望，但是随之又会注意力高度集中地听下去。

（二）节目体现“自由”精神

首先，《罗辑思维》是自由人的自由联合。“自由”一词渗透于《罗辑思维》的骨髓之中，体现在《罗辑思维》的方方面面。无论是主持人、选题、观点，还是与受众的交互，都渗透着互联网的自由精神。例如，在节目开播不久，有些网友对节目及主持人发出了许多质疑，罗胖便专门用了一整期节目回应大家对他的批评与质疑。

> 对我们《罗辑思维》的批评还有一点非常集中，那就是我本人的长相。有人说这个“歪嘴”居然还敢出来说话，下去吧，别给你家人丢人了。还有人说长得像猪一样，还摇头晃脑，怎么好意思出来当主持人？关于长相问题，我真的很委屈。因为我也改变不了，我现在即使从头长也来不及了，我已经四十多岁了，说话方式等都已定型，因此只能说一声“对不起”。
>
> 但是，互联网时代跟传统时代有一点不一样。传统时代，如果电视台请了我作为主持人，你真的可以反对。或者你觉得这个主持人不好，在卖假冒伪劣产品，你可以写信给台长，说“让他下去吧”。可在自媒体时代，我们在互联网环境里制作了一档视频节目，就好比在农贸市场推出了一个包子摊，如果你觉得不好，那么旁边有卖蒸饺的，你可以去他家吃，何必非要抬脚把我这个摊子踹翻呢？说得更严肃一点，你说我长得丑，你能不让我上街吗？
>
> 话又说回来，就算99%的人不喜欢我，那不还剩1%吗？就算99.99%的人不喜欢我，那也还剩万分之一。作为中华人民共和国的一个公民，能以媒体人身份服务万分之一的公民，我已经很满足了。既然这个市场这么大，有人喜欢苍井空，有人喜欢芙蓉姐姐，还有人能接受干露露，那总有人接受我吧。这也是我出来做自媒体的信心所在。

这段回应充分体现了自媒体节目中所体现的互联网的自由精神。对于创作主体而言，做与不做，做什么选题，持什么观点是他的自由，只要没有违背国家相关法律法规，任何人都可以凭自己的意志制作自己的自媒体节目。对于受众而言，喜欢与否，深度参与或冷眼旁观是受众的自由。所有人都可以在罗胖创造的这个知识社区中自由地去与留，自由地表达自己。

其次，《罗辑思维》是经过人格转化的节目。自媒体节目不是一个人的节目，而是经过人格转化的节目。罗辑思维并不是罗胖一个人的节目，它的背后是一个十几个人的创作团队。罗胖说，其实他在2006年前就产生了做自媒体的想法，《罗辑思维》的整个构架是他在2006年前就构思明了的。之所以迟迟不行动，是因为在等待合适的服务机构。终于，在2011年他说服了创新商业与社会化传播者申音，构建起《罗辑思维》。有了后盾，罗胖才可以确保将全部的精力用在读书、思考和分享上，运营不会分散他丝毫精力。因此，自媒体节目并不是一个人的媒体，或是主持人一定要采、编、播合一，而是以主持人的人格魅力为号召，将主持人的人格特征赋予节目，通过具有人格化特征的节目向受众传递趣味与信息。

再次，《罗辑思维》追求多样性。《罗辑思维》的多样性体现在思想的多样性、内容的多样性、互动形式的多样性和推广机制的多样性等多个方面。罗胖认为只有把思想放在一起产生出全新的思想，才符合人类文明近500年来获得巨大进步的根本原因——多样性。面对很多网友对于《罗辑思维》在选题内容上的定位毫无规律这一疑问，罗胖这样回应："我们的节目确实没有规律，《罗辑思维》如果说有什么定律的话，那么只有一个，就是我一个人说。"节目还会采用多种方式与网友互动，如微信平台、有道云笔记的读书心得分享等。网友可以通过有道云笔记向《罗辑思维》投稿，虽然无法播放每一条优秀的内容，但是通过《罗辑思维》推出的分享平台，所有人都能看到其他人的投稿。同时，《罗辑思维》还采用了多样的推广机制，力争把知识、价值的承接和传播打造成一个在商业上可持续的产业链。它除了优酷视频和微信公众平台这两个主阵地外，还包括微博、贴吧、线下活动等多种推广渠道，多种平台间的用户资源共享不仅提高了用户黏性，也有利于活动策划的展开。

最后,《罗辑思维》的节目内容“不值钱”。罗胖曾在《正版进天堂,盗版走四方》一期节目中,表达了自媒体“内容不值钱,人值钱”的理念,即自媒体所传递的信息并不珍贵,甚至任何人都可以通过廉价的渠道自行获取信息,而自媒体中真正具有价值的是传递信息的人。他曾两次发起“史上最无理”付费会员制,以“爱,就供养;不爱,就观望”为名,完成了受众几乎是无偿地对《罗辑思维》的经济供养。这里是要借这两次活动说明,这些付费会员有多少是冲着《罗辑思维》的内容或增值服务去付费的呢?节目所提供的内容在网络上都可以简单便捷地免费获取,而增值服务也并不是实质的优惠,这些会员是冲着罗胖本人去付钱的。所以很多网友表示,这些付费行为并不是完全意义上的付费,因为根本没有交换回什么实际的东西,而是因为享受了良好的用户体验,从而激发的一种自发的“打赏”行为。《罗辑思维》的节目内容并不值钱,罗胖每天推送的60秒语音微信更不值钱,但是通过这些东西建立起来的罗胖与用户之间的牢固的关系是值钱的。所以当罗胖适时地振臂一呼时,立刻就会有上万人积极响应,这也是其魅力人格的体现。

(三)受众成为节目的“供养者”

首先,受众是节目的供养者。罗胖经常提到的一个理论就是美国的未来学家凯文·凯利的“1 000 个铁杆粉丝”理论,即创作者,如艺术家、音乐家、摄影师、工匠、演员、动画师、设计师、视频制作者,或者作家等任何创作艺术作品的人,只需拥有1 000名铁杆粉丝便能糊口。这里的铁杆粉丝是指无论你创造出什么作品,他都愿意付费购买。例如,他们愿意驱车200英里(1英里=1.609 3千米)来听你唱歌;即使已经有了你的低清版作品,他们仍愿意去购买重新发行的超豪华高清版套装;他们会在谷歌快讯里添加你的名字,时刻关注与你有关的信息;他们会收藏售卖你的绝版作品;他们购买你的作品,要你在上面签名;他们购买与你相关的T恤、马克杯和帽子;他们迫不及待要欣赏你的下一部作品……这就是铁杆粉丝。保守假设,铁杆粉丝每年会用一天的工资来支持你的工作,再假设每个铁杆粉丝每年在你身上消费100美元,如果你有 1 000 名铁杆粉丝，那么每年就有 10 万美元的收益，扣除一些适度的开支，剩余的收益对于大多数人来说足够维持生活。但前提是你必须与这 1 000 名铁杆粉丝保持直接联系。他们会直接支持你，他们也许来参加你的居家音乐会，或者在你的网站上购买 DVD（digital versatile disc，即数字多功能光盘）。总之，你要尽可能地保留铁杆粉丝对你的全部经济支持，你也能从这种直接反馈和喜爱中获益。网络连接技术和小规模制造技术就让这种圈子成为可能。

这个理论在《罗辑思维》中得到验证。2013 年 8 月，罗胖的微信听众照例收到来自罗胖的 60 秒语音微信，并在其中听到《罗辑思维》开始招募首批 5 500 名会员的消息。但是，这个招募会员的方式很特别，首批共有 5 000 名普通会员，每人 200 元；500 名铁杆会员，每人 1 200 元。铁杆会员每月会得到《罗辑思维》赠送的一本图书，所有会员可以参与《罗辑思维》组织的活动。罗胖在自己的微信公众号里这样介绍会员特权。

> 《罗辑思维》会员怎么玩？
> 例如，一次别出心裁的读书会；
> 一场别开生面的相亲大会；
> 组织当地的《罗辑思维》朋友圈；
> 众筹一家别有风味的咖啡馆……
> 就这么玩儿。
> （1）你出想法；
> （2）社群出资源；
> （3）罗胖负责忽悠。
> 你需要告诉罗胖：
> （1）你想发起什么活动？
> （2）你想找什么样的人一起玩？
> （3）你想怎么玩？
> （4）完成需要什么样的资源？
> （5）大家为什么跟你玩？
> （6）如何保证不辜负小伙伴的信任？

（7）你过去都有过哪些特殊的经历？

《罗辑思维》微信为你晒方案，每天更新，找到和你志趣相投的小伙伴，一起逛世界。只要你敢想、敢做，任何创意都有实现的可能。如果你组织的活动足够精彩，罗胖很可能会突袭参加。提醒大家一下：勿忘初心。不好玩不做；不极致不做；不分享不做。

由此看来，会员与一般的受众相比并没有太大的优惠或特权，因此这也被称为“史上最无理”的付费会员制。这么无理的会员制会有人愿意接受吗？答案是肯定的。原本计划在 5 天内销售 5 500 个会员名额，结果只用了 6 小时就被抢购一空，最后还增加了 600 个名额，有 160 万元会员费入账。于是，罗胖在当天成为“1 天 160 万”的代名词。2013 年 12 月，《罗辑思维》又招募了第二批会员，一天时间就招募了两万多名会员，4 000 多名铁杆会员，一万多名普通会员，有 800 万元会员费入账。就这样，《罗辑思维》开拓了新型的自媒体盈利之路，不必过多依靠商业广告的供给，而是以受众为经济支撑，罗胖按照自己对互联网时代的理解经营着这个自媒体品牌。

其次，受众是内容的创造者。在《罗辑思维》中，很多精彩的内容都是网友们提供的。《罗辑思维》和有道云笔记合作，使网友们可以通过有道云笔记把自己散碎的思想和零碎的读书心得随时与大家共享，这些知识在一起“发酵”，便会产生奇妙的化合反应。网友们通过有道云笔记从书中摘选出片段，表达自己的感受，这些感受会激发罗胖的思想，而后罗胖再把这些思想的火花通过节目的形式表达出来。用罗胖的话说：“大家是大毛，我仅仅是个嘴。”他认为，知识想要发挥巨大的作用就需要在一起抱团，形成多样性的化合反应，之后人们才会产生奇思妙想。对某个人而言不太重要的知识发现，放到一个正苦苦等待并索求而不得的人那里，可能就会发生奇妙的事情。可谓“彼之砒霜，吾之蜜糖”。

再次，受众形成知识社区。这个知识社区是由罗胖创建的一个为“魅力人格体”服务的社群组织，是一个有灵魂的知识社群。这个社群中的人都具有一个共同的特点：爱智求真、积极上进、自由阳光、人格健全。他们是在罗胖这个“魅力人格体”的感召下，通过互联网聚集在一起。

罗胖作为这个社区的灵魂人物鼓励大家多读书,“读书可以摆脱同时代人的知识交换，进而去和其他时代的人进行知识交换，所以读书是安全而有益的。通过读书我们能够屏蔽掉那些像烟草和梅毒一样的有害物质，而把古人总结的精华为我所用，以实现更伟大的跨越时空的哥伦布大交换。所以《罗辑思维》的志向就是要形成这样一个知识交换的大社区”。

最后，小众化分众传播。据优酷指数 2014 年 2 月 21 日的数据,《罗辑思维》自 2012 年 12 月 21 日开播以来，在优酷平台的播放总次数已超过两百万次，节目受众人群以男性为主，职业主要为白领、学生和公务员，学历主要是本科及以上学历，年龄分布以 22~39 岁为主，这反映出节目的受众群是较为小众且集中的。罗胖认为，未来的组织结构转型，并不是做越来越大的组织。《罗辑思维》的逻辑起点也并不是想做一个多么庞大的组织，产生多么广泛而深远的影响。他的梦想非常简单：如果他的知识能够通过自身和团队的辛勤劳动服务到很少的一群人，比方说十万人，足矣。这种坚持自我的想法使主持人不会一味地迎合和取悦受众，而是具备了一定的独立性，能够在受众形成的社群中扮演灵魂人物的角色。从节目的角度,《罗辑思维》没有必要服务全国所有的观众，只需要“在汪洋大海中取一瓢饮”即可。从受众的角度，他们是被节目内容及罗胖的个人魅力吸引到社群中，只有基本认同罗胖的固有风格和特色，能够通过节目得到一定满足，才会成为《罗辑思维》的受众。正如罗胖所说:“我们真正要做的是一场小众的狂欢，建设一个在求知路上彼此策励的知识社群。”正是这样的节目定位形成了《罗辑思维》小众化和分众化的传播特点。

五、群口脱口秀的前驱《奇葩说》

《奇葩说》是我国首档竞技类脱口秀，自 2014 年 11 月 29 日在爱奇艺网站首播以来，已经完成了四季的播放，总播放量破 18 亿次，多项数据创造了互联网自制综艺节目之最，成为近几年的现象级综艺节目，极具品牌影响力和号召力。

（一）主持人兼具“用户”和“草根”特征

主持人具备“用户”的特征。《奇葩说》由主持人、选手、受众三部分人员构成，节目主持人是以团队的形式存在，包括马东、蔡康永、金星、罗振宇、高晓松及何炅等。《奇葩说》这档多人秀采用的是主持人、选手、受众合力创造内容的模式，受众和选手从被主持人提到的“内容”，变为主动参与节目生产的用户，其地位与作用同主持人同等重要。多方参与内容生产使节目的信息源极大扩充，节目的观点市场变得非常繁荣，这时就需要把关人对这些庞杂的信息进行处理和筛选。主持人作为意见领袖，以其本身更有远见的洞察力和积累时间更长的用户群，更容易受到用户的信赖。于是，主持人成为节目的把关人，并且会与受众和选手一起为节目创造内容。功能和地位的相似，使主持人成为用户中的一员，具备了用户的属性。

主持人具备“草根”的特征。《奇葩说》作为网络群口秀，互动更加充分，讨论更加自由，发言者更具草根性。《奇葩说》中的选手都是经由海选产生，他们像普通用户一样为自己代言，拥有接地气的观点，具有彻底的草根性。同时每个人职业各异，扩大了他们所能够代表的群体的范围。主持人为了更好地融入节目，寻找社群的归属感，其言语行为需要符合节目的社群认同，他们需要像选手和受众一样，体现接地气的态度和行为，表现出一定的草根性。

（二）深度互动和精良制作并存

（1）节目体现深度互动。互联网改变了人们对媒体的使用习惯，每个人都是网络信息的生产者和传播者，这为受众进行深度互动提供了可能。

首先，受众可以在节目播出前充分参与选题讨论。《奇葩说》的每期选题都参考网络投票结果，节目组通过百度贴吧、知乎和新浪微问等热门社区的后台数据，挑选网友关心的、热议的、有争议的和有趣味的话题，在节目中让选手讨论。最终产生诸如“看脸有罪吗”“相亲就该AA（algebraic average，即各人平均分担所需费用）制”“消灭份子钱”等多个与网友生活息息相关的辩题，以总数超过130万次的提及量在微博话题榜位列前茅，搜索量超过55万次。这些辩题超脱形而上的思辨语境，转而以最平常和最亲近的议题与疑问回归到现实生活中，与每一位目标受众建立起真实的情感联系。犀利的观点让网友萌发了讨论的热情，也更容易在社交平台开辟下一个舆论战场。“从群众中来，到群众中去”，源于网友又反馈于网友的选题，形成了激烈的线下互动。

其次，受众可以在节目进行时将自己的想法通过弹幕同步呈现。弹幕通常是指出现于或横穿过网络视频内容的评论性字幕(吕鹏和徐凡甲，2016)。弹幕有多种形式，有用于形式交流的弹幕、用于拟声的弹幕，以及用于填满屏幕的弹幕等，这些花花绿绿的有长有短的弹幕为受众营造了一种虚拟受众同时在场的氛围，可以弥补受众独自观影的孤独感。弹幕模仿了观看传统媒体时，在同一时空中人们聊天的收视状态，是对传统媒体信息获取方式和习惯的回归。它超越了空间限制，满足了多用户在同一时间的交谈需求，具有共时性的特点，构建出虚拟的集体观影氛围。相对于完整封闭的作品而言，弹幕使用户的即时互动成为可能。

（2）节目制作精良。《奇葩说》不仅在表达方式上发挥了互联网交互性强的优点，采取多种手段将互动性发挥到极致，同时在画面内容上从电影和电视等传统媒体中汲取养料，用分屏和动画字幕的手段来丰富画面的呈现方式，体现了精良的制作效果。在视频画面的制作技术上，《奇葩说》体现出对传统媒体视听语言精良制作的回归。节目大量使用了分屏和动画字幕等特技，丰富了脱口秀节目的画面呈现方式。作为辩论节目，节目的呈现空间局限在演播室，人们更多依靠无形的口头语言传播信息，因此仅从镜头内容来看会显得单调乏味。分屏和动画字幕等特技从视觉上打破了一块屏幕的单调感觉，多个画面的移动和闪现调整了视觉节奏，多彩和精致的动画图像与字幕增加了节目的趣味性和喜剧元素。

（3）节目网络特征鲜明。作为一档网络自制节目，除了主持人语言与节目话题具有网络特色，《奇葩说》的舞台设计也处处彰显着网络文化的痕迹。绚丽夺目、充满年轻色彩的背景板，写着网络用语的标语牌，色彩张扬且以舌头为标识的“奇葩说”Logo（商标）等，无一不充满了年轻人所崇尚的网络文化气息。节目对敏感词汇的处理也十分巧妙，它们并没有被全部剪辑，而是用“哔”的声音来代替原声，并在字幕上辅以提示性动画，让观众可以通过视觉传达来理解这些敏感内容。

（三）受众以“用户”身份参与深入互动

在传统的脱口秀节目中，主持人是信息的传播者，受众仅仅是节目内容的接受者而非“用户”，受众的观点和智慧只是主持人口中的“段子”。《奇葩说》则摆脱了主持人播报这种“代言制”的局限性，突破了主持人的“个人秀”，让受众用自己的嘴巴表达自己的观点，形成“多人秀”。这样的用户生产模式能够更广泛地反映受众的观点，展现民间智慧，提升受众参与感，使受众真正参与互动中，形成选手们在节目中辩论，受众在网络上深入互动的优良互动模式。

六、其他网络脱口秀主持发展状况

丰富期的网络脱口秀主持发展迅速，其他较有影响力的网络脱口秀主持如下。

（1）《小六砖头铺》。2009 年 12 月 31 日，人民网制作的《小六砖头铺》开播，该节目犀利尖锐的批判风格，体现了具有官方背景的网络媒介的民本化转变。

《小六砖头铺》的主持人小六是一个活泼可爱又干练的女孩，她的表情纯净阳光，主持风格亲切清新。她戴一副红色边框的眼镜，衣着简洁大方，说话语速略缓慢，好像在和观众聊天一般，总能使人心情舒畅。节目开始时，小六总是拿着小草莓棒站在砖头铺前向大家问好，用略带东北口音的普通话向观众介绍节目的主要内容。主持人青春、阳光、活泼的主持风格赋予了节目轻松诙谐的基调，这与许多新闻评论类节目庄重严肃的风格形成了鲜明的对比。

《小六砖头铺》的栏目导语是“思想有多远，就能拍多远”，节目风格真实犀利，强调思想的深度与先进性，体现出真实精神。不同于许多新闻评论类节目“以正面宣传为主”的做法,《小六砖头铺》不讳疾忌医，也不隔靴搔痒或点到为止，而是从现实社会中择取黑暗点一一指给观众看，言辞犀利，对危害社会、损害公众利益的人和事不留情面。某博客曾略带夸张地说，让小六这样的主持人再发展下去，世界就要“毁灭”在她的手里。其中似贬实褒，从一个侧面反映出该节目敢于质疑、敢于批评的精神。《小六砖头铺》能从观众的立场和感受出发发表评论，以轻松调侃的方式抨击阴暗面，指斥不公，实属难能可贵。

《小六砖头铺》依托人民网的强大背景，能够及时获得比较宝贵的音视频资料，与许多个人或商业机构制作的网络节目相比，画面内容较为丰富，质量较为精良，综合运用多媒体凸显出较高的艺术性。节目注重后期包装，音响配乐均专业细致，经常运用动画和图表进行辅助表达，整体观赏性较高。

（2）《麻辣书生》。2009 年 11 月 3 日，以“通俗而不低俗，风流而不下流”为节目宗旨的网络脱口秀节目《麻辣书生》在中国传媒大学博士生公寓录制并播出。主持人林白是中国传媒大学播音系博士研究生，同时也是资深媒体人。林白以一种接近于电影《大话西游》中周星驰的语调和话语方式，以夸张、戏谑、幽默和调侃的语气对所选的新闻进行评论。评论的节奏较快，并注意语流的抑扬顿挫，评论有较强的娱乐精神，但又不沉湎于低级的搞笑。节目话题的选取紧扣时下的网络舆论热点，每期节目标题常采用带有一定“煽动性”的字眼，评论尺度总是游走于禁忌边缘却又能巧妙地转回正轨，节目中新闻之间的衔接设计巧妙，使节目具有连贯性与整体感。该节目深受学生群体的热捧。

（3）《什么脱口秀》。2010 年，由有着“江苏口才帝”之称的“90后”青年蓝志制作并主持的《什么脱口秀》，以“主流与非主流的结合，‘90 后’的幽默+‘90 后’的深刻”为自我定位，录制节目近 90 期。蓝志自创的“90 后”独特的幽默方式和奇妙深刻的精炼快侃，使节目总有令人意想不到的原创笑点和奇妙深思，该节目收视人数近 1 800 万人。

（4）《山寨新闻》。截至 2010 年 3 月底，由酷 6 网推出的自创性新闻评论节目《山寨新闻》播放次数突破 1 亿次。酷 6 网是视频行业中第一家打造原创栏目的视频网站，《山寨新闻》作为其明星栏目，很受网友喜爱。该节目每天播出一期，每期时长 15~20 分钟。主持人“西葫芦”的扮相搞笑，语言幽默，其自命为山寨村村主任，并以一身农民装扮示人。他主播台上的物品也极具乡村特色，如红布包裹的麦克风、特色收音机等。“西葫芦”通过通俗易懂的语言，以轻松调侃的状态解析时下热门话题和焦点事件。节目除了播报最新网络新闻并分享观众留言外，还有“西葫芦”的本色演出。他以娱乐小品的方式将当日的热点话题进行全新演绎，以此对话题进行深度挖掘。《山寨新闻》不拘泥，不做作，从赵本山式的农村幽默化角度谈论当下社会热点，由此收获了一批忠实粉丝，这些粉丝以上班族、白领和大学生群体为主。

（5）《女子王求》。2010 年南非世界杯期间，PPTV 网络电视推出了一档脱口秀直播节目《女子王求》。这档节目与球赛直播建立连带关系，节目视频与球赛转播视频被安排在同一网页，网友可以通过网络视频直播的方式进行收看。节目每期会安排一名男主持人和两位女嘉宾进行轻松搞笑的脱口秀，美女嘉宾风格多样，足以吸引网友的眼球。节目的话题内容不是天马行空，而是就某一网络热点新闻事件或人物展开，用相关的明星八卦和嘉宾隐私等较为“劲爆”的小话题进行拓展，满足网友的“窥秘”心理，以此调动网友互动的积极性，提高其对节目的关注度。但是如此的以“色”诱众和节目语态的“娱乐至死”，使节目略显轻佻和肤浅，传播信息的深度和涵盖广度较低。受众方面，PPTV 网络电视借助其掌握的世界杯球赛视频转播权这一珍贵资源，把《女子王求》和球赛转播视频放在同一网页，并以具有引导性的宣传方略进行造势，巧妙地将收看球赛转播的球迷转化为节目受众。

（6）《晓说》。2012 年 3 月，一档名为《晓说》的网络脱口秀节目引起不少关注，主持人高晓松是我国著名音乐人。该节目每期一个热门话题，由主持人自由发挥，说历史、评人物、聊八卦、论文化、谈热点，“打造视频化的‘高晓松专栏文章’”是节目的创办初衷。高晓松在节目中充分展示个人学识，整个节目带有高晓松式的北京侃爷风格。

从网络脱口秀主持的发展过程可见，网络脱口秀从最初体现较强的草根性，侧重关注娱乐内容，到近年来呈现出专业化趋势，涉及政治、经济、文化、教育等多方面内容；从最初采用整合梳理网络信息并配以即时点评的传播方式，到近年来不再局限于整理网络热点新闻，而开始向深度评论拓展，网络脱口秀主持已经改变了以往小投资和小制作的草根制作模式，而采取了高投入和大制作的专业化运作流程。

第二节　晚会类网络主持

目前我国的晚会类网络主持主要为各种网络春晚主持。说到春晚，大家都不陌生，每年春节各大电视台都会举办春晚，“守着电视看春晚”似乎已成为人们度过除夕的仪式。众多春晚中大家最熟悉的当属相伴中国老百姓三十余载的中央电视台春晚（以下简称央视春晚）了，它已经成为国人年夜饭不可或缺的精神大餐。然而随着互联网的普及，受众的品位日益提高，需求日趋多元化，央视春晚已从万众期待发展到被媒体热炒和被人质疑的处境。许多观众，尤其是年轻观众已不仅仅满足于传统春晚，而将目光转向了元素更具民间色彩且更具娱乐性的网络春晚。

一、网络春晚应运而生

网络技术的成熟和网络用户的高黏度为网络春晚的发展提供了可能性，网络媒介极大的开放性和媒介融合的特征也使网络春晚自身的实现形式和操作模式多种多样。近年来许多网络春晚在网友中引起了强烈反响。

2006 年 1 月 26 日，由新浪网、中国网、大河网、网库黄页等四家网站联手主办，koook 音乐网承办的“2006 全球华人网络春晚”播出，这是我国首届真实的网络春晚。我国第一个虚拟网络春晚是 2002 年由网易娱乐、文化和女性三个频道联袂推出的“2002 年虚拟春节联欢晚会”。“2006 全球华人网络春晚”的主持人由谢娜和迟帅担任，所有节目都从网上征集，是一次毫无星味却又精彩纷呈的网络盛宴。

2007 年山东广播电视台龙视天下传媒集团举办了“全球华人春节联欢晚会”。晚会将网络元素与春晚元素相结合，将时代背景及网络红人与时尚歌舞相结合，将电视播出与网络播出及网络互动相结合，既是对传统春晚的沿袭，又是对传统春晚的颠覆和挑战。晚会主持人有辛凯、阿速，以及英语主持人婷婷等八人。

2008 年 2 月 4 日，新浪播客春晚火热开幕，借助宽频时代的契机，这场播客网络春晚高举“第一台真正让你大笑的春晚”的旗帜，本着“真正让你全程爆笑，最多美女帅哥激情演出，人气明星最集中”的宗旨，吸引了近 200 位明星，尤其是多位网络红人参与，给大众带来了一场符合网友喜好的播客春晚。本次播客春晚共奉献了六场分晚会，分别是“主晚会”“搞笑春晚”“动漫春晚”“美女帅哥原创春晚”“音乐春晚”“盘点 2007”。2008 年新浪播客网络春晚是 2008 年鼠年春节前后影响最大的网络活动之一。

2009 年 1 月 25 日，“2009 山寨春节联欢晚会”在大年三十 21：09 通过网络进行直播。这场以“向央视春晚叫板，给全国人民拜年”为口号的“山寨春晚”的主持人由郭金荣、李嗷嗷、王红、常越，以及一位可爱的小主持人王逸飞担任。他们以轻松、调侃、唠家常似的方式进行主持，尽量使“山寨春晚”的主持风格有别于传统春晚。晚会现场设在北京通州一个未投入使用的酒店，所有演员均为无报酬自愿参加。虽然硬件设施比较简陋，但是“山寨春晚”却并不山寨。由于媒体的关注和自身的运作，“山寨春晚”在很短的筹备期内就有近千个节目报名，并得到了商家的支持，筹备者老孟也因此声名鹊起。

2009 年 1 月 29 日，由中国第一钢琴门户网站——星夜钢琴网策划主办的“2009 中国网络春晚”于 18：00 成功播出。由于星夜钢琴网的 Logo 牛正好与牛年吻合，因此特以 Logo 牛作为这场春晚的主持人，并将男女卡通形象分别命名为星星和夜夜。两位卡通主持人十分吸引眼球，他们的主持贯穿全场，整场晚会共更换了三套服装，可谓是这场春晚的亮点之一。两位卡通主持人会依据所播报节目的风格切换主持形式，以不同的方式或搞笑或严谨地为大家引出精彩节目。晚会开场时两位卡通主持人模仿中央电视台《新闻联播》的主播正襟危坐，在随后播报小品节目时又摇身变为相声演员说学逗唱。星夜钢琴网及网络春晚协办方酷6网、PPLive、admin5站长网、中国站长网、落伍者及炎黄网络等网站都同步直播了这场春晚，网易、搜狐、腾讯、新华网及猫扑等国内知名网站也争相报道了此次活动。

2010年2月6日，由北京电视台、新浪网和中国移动通信集团公司共同打造的“首届北京电视台网络互动春节联欢晚会”与众网友见面。这场被称为“中国首届由网友决定节目、演员、导演和主持人的网络春晚”选择了在电视、网络和手机三大平台共同播出，从大年初一到初七连续播出七场。首场联欢晚会由春妮、刘婧、曹阳和龚宁等担任设在北京电视台第一会场的主持人，由赵宁和董路担任设在新浪网第二会场的主持人。

2010年2月15日，由第一视频等网站主办的“‘风景这边独好·春网开元’网络春晚”播出。晚会采取网络专题与视频直播相结合、演播室直播与场外多场景直播相结合的方式，白天的活动主要以民俗展示和网友互动为主,晚上的现场网络春晚则是将11个机位的画面和主画面同时放到播出界面，网友不仅可以在各机位镜头之间自由切换，从不同视角欣赏界面，还可以切换到后台观看演员化妆、吃东西及候场等花絮。节目同时设有互动区和聊天室，网友可以边看晚会边交流，为网友们营造了集体观影的效果。这场网络春晚由曹云金、李菁、沈星、杨冰洋和尉迟林嘉主持。

同年2月，天涯社区主办的“第四届天涯春晚”吸引了众多网友，一度造成网络堵塞。主持人由龙吟和萝卜碎碎碎（网名）担任。南海网、华声在线和搜房网等网络媒体也加入网络春晚的队伍中，推出各具特色的节目。由于2010年有众多传统媒体与网络媒体推出网络春晚，因此2010年被称为“网络春晚元年”。

2011 年 2 月 3 日，首届中央电视台网络春晚拉开帷幕。从大年初一至初六，每天 19：30 由中国网络电视台播放。春晚既请到了网友们投票选出的最希望出现的明星，如韩庚、龚琳娜、梁静茹、陈小春和伍佰等，也选取了许多知名网络红人，如商场的保安、报刊亭老板、上班族、服务生、环卫工和送水工等草根达人，六场网络春晚每场都由来自中央电视台的两位主持人担任主持，可以说是空前盛大的一次网络春晚。

此后，网络春晚逐渐成为各大网站和网络电视台每年的例行节目，形态从传统综艺晚会向主题晚会转变，专业化程度逐年攀升。创作主体的主持形式丰富多样、主持风格活泼幽默、主持语言简洁生动，但是规范性和艺术性较传统春晚而言还略显欠缺；创作依据方面，网络春晚的草根气息浓郁、节目原创性强、制作成本较低；受众方面，网络春晚充分体现众筹理念，内容大多直接来自网友，网友的实时互动“吐槽”是网络春晚的“必备节目”，受众融入度高。下面以新浪播客春晚和“山寨春晚”为例进行详细分析。

二、新浪播客春晚网络主持

2008 年 2 月 4 日，由新浪播客举办的网络春晚火热开幕。这场春晚由六台分晚会组成，分别是“主晚会”“搞笑春晚”“动漫春晚”“美女帅哥原创春晚”“音乐春晚”“盘点 2007”，网友可以在新浪网首页屏幕下方点击分晚会的名称进行切换，并可以在屏幕右方选择已播出的节目进行回放，还可以进入评论实时分享心得并对节目进行有奖投票。

（一）创作主体：活泼有余，专业不足

这六台分晚会各有特色，主持风格各不相同。总体来说，主持人具备以下共同特点。

首先，语言表达生活化。主持人的语言简单活泼，没有太多华丽的辞藻与复合句，以简单句为主，多为生活用语，语言生动，不拘一格。

同时，语言表现出“去专业化”倾向，语音语法的规范性及语音发声的艺术性较弱。例如，在“搞笑春晚”的分晚会中，当网络人气武术美女“猫耳宝贝”的开场节目结束后，两位主持人丛松和甯珈进行了开场主持并同“猫耳宝贝”进行了一段互动。下面截取一部分对话进行分析。

丛松：在这个辞旧迎新的时刻，我代表新浪播客，向全国各族人民、香港同胞、台湾同胞、澳门同胞……

画外音：导演，我抗议我抗议！

丛松：严肃点，严肃点，直播呢。

画外音：让这个胖子下去，我们要换美女主持！

甯珈：大家不要着急，每隔一会儿我们就会请一位才艺双全的美女来做我们的嘉宾主持。

画外音：别废话了，现在就请美女主持吧！

丛松：请工作人员先把这个捣乱分子请出去。现在我们就有请我们的第一位美女嘉宾，她就是在网上火得一塌糊涂，集美貌与武术于一身的“猫耳宝贝”！欢迎！

……

丛松：其实我今天和“猫耳宝贝”共同主持这个节目，心理压力是非常大的，因为她毕竟是全国武术冠军，我说话的时候会非常谨慎，万一说错哪句话……后果很严重。

甯珈：看来你很紧张。

丛松：对，对，是这样的。但是作为一名男士，像我的体格这样健壮的，其实是不用担心的。

甯珈：你那个不叫壮，叫胖。

猫耳宝贝：你这都是虚肉。

丛松：这是肌肉啊。要不我们去比试比试？

猫耳宝贝：好啊！

丛松：回来听消息吧！

（两人退场“比试”）

在以上主持环节中，两位主持人的对话很像日常生活中的熟人聊天，增进了网友的亲近感。画外音和嘉宾主持人等多种声音形式的融入，使主持人群体语言更加丰富且多元，也使网友更容易融入聊天的场域。但是，主持人语言的规范性较差，语言的艺术性较弱，缺乏从生活化的人际交流语言到符合大众传播要求的主持人艺术语言的升华，并存在普通话语音不标准、唇舌力度不够、流利度欠缺及吃字等问题。从主持人语言的规范性与艺术性角度而言，整体语言面貌不佳，较难起到示范作用。

又如，“主晚会”的四位主持人大左、王莹、小璇和于文在开场时，没有华丽的辞藻与恢宏的开篇，而是以简单活泼的语言和副语言向众网友问好，两句简单的“新年好！新年好！”之后便直奔主题，开始向大家介绍这场播客春晚的看点。与传统电视春晚的主持人相比，网络春晚主持人的专业功底相对薄弱，时而出现不必要的停顿或失误。再如，当主持人A请主持人B介绍播客春晚的看点时，主持人B答道：“的确这样，额，的确是这样……”紧张的情绪造成了语言的拖沓、表达的零碎和态度的迟疑。对语言的艺术性进行衡量，主持人的用字用词不够准确恰当，缺乏意境美；声音音色不够清醇，节奏顿挫含糊，欠缺韵律美。总体而言，与传统媒体主持人存在一定差距。

其次，主持形式灵活化。晚会既有多人报幕式的主持形态，又有双人坐在沙发上聊天式的主持形态；既有嘉宾参与式的主持形态，又有嘉宾独立客串的主持形态；既有真实主持人的主持形态，又有虚拟主持人参与的主持形态。例如，在“搞笑春晚”中，每一个主持环节都邀请嘉宾进行客串主持，武术美女“猫耳宝贝”、翻唱作曲达人慕容萱、网络恶搞鼻祖胡戈及音乐才女嘉恋等都客串了主持人，“后舍男生”还将表演形式融入了主持创作。“盘点 2007”环节中出现了虚拟主持人小马，小马歪戴棒球帽，大红色毛衣搭配亮蓝色外套，说着一口并不标准的普通话，表情也很夸张，非常调皮可爱，就像是网友身边的活宝大男孩儿。

最后，气质风格草根化。草根化是互联网的显著特征，在互联网引发的“众媒时代”，主持表现形式的“众”、创作主体的“众”、传播结构的“众”和传播平台的“众”，使得媒体内容的生产门槛降低，人人都可以成为传播者，很多主持人来自民间，因此创作主体的气质与风格体现出草根化特征。受众可以从主持人身上看到自己的影子，与主持人之间的距离感缩小，亲近感倍增。但是，低门槛也导致传播者素质的良莠不齐。这六台分晚会的主持人就存在着普通话不标准、语言表达不流畅、在镜头前过于紧张拘束及副语言琐碎多余等问题。不过，面对草根主持人的不专业，大多数网友的态度却很包容。因为网络春晚就像是一群老朋友的自娱自乐，大家以参与其中为乐，是否专业并不是最重要的。就像在社区、公司和班级开办联欢会一样，大家通常不会对主持人或节目质量有过于苛刻的要求，这些来自身边的邻居、同事和同学们精心编排的节目，虽然在表演时有些许瑕疵或失误，但是大家反而觉得很真实搞笑。互联网带给网友的就是这种社群体验，从主持人到表演者都是网络上大家熟悉的“陌生人”，网友对他们自然不会像对待专业主持人或者明星那样苛刻，而是以平等的心态去欣赏和参与。

（二）创作依据：低成本，主众筹

首先，节目制作成本较低。相较于电视台的春晚，新浪播客春晚没有豪华的明星阵容，有的只是呼声很高的网络红人；没有音、声、光俱佳的华丽舞台，有的只是简单的室内演播室，甚至是平常的生活场景；没有明星大腕专门为晚会录制的节目，有的只是来自电视和网络等多种渠道的人气极高的作品集合；到场演员虽然没有隆重高端的礼服，却身着老百姓日常的生活服装，使网友感觉自然无距离。节目素材除了网络红人专门为晚会制作的原创节目，其余大部分节目是通过对已有作品进行编辑与剪辑的二度创作。这些作品有些来自传统媒体节目，如韩庚在湖南卫视的舞蹈表演、李玉刚在中央电视台的歌曲表演《贵妃醉酒》；有些来自歌手的MV（music video，即音乐短片）作品，如李宇春的《N+1》、张靓颖的《我们说好的》；有些来自网络拍客的作品，如在2007年迷倒900万名网友的爱笑的外国小男孩儿的短视频、“后舍男生”演唱的《恭喜发财》等。

其次，节目来源体现众筹精神。节目来源的丰富性不仅实现了晚会的低成本制作，同时也体现了互联网的众筹精神。通过众筹将网友与节目联系在一起，弥补了传统媒体节目单向制作、渠道单一、缺少互动的不足。同时，网友也不再是单一的节目接受者，而是节目真正的参与者、演绎者和制作者。每一位参与节目制作的人都能感受到自己的存在，整个节目的互动性得到强化。

最后，节目制作体现个性化传播特点。六台分晚会分别从音乐、搞笑、动漫和综艺等不同角度入手，每台分晚会的节目形式都是以超链接的形式供网友点播。网友可以像享受自助餐那样选择自己一个人的春晚节目，对自己的春晚进行 DIY（do it yourself，即自己动手做），充分体现了个性化的传播特点。

（三）受众：观众即创作者

网络传播促使传受关系发生改变，播客春晚利用“万众皆媒体”的新思维，充分发挥网络新媒体的互动传播优势，使网友真正融入节目中，使受众成为节目的重要组成部分。首先，节目组通过征集与投票等方式邀请网友评选出最受欢迎的节目作品，可以说播客春晚的节目直接反映了 2007 年最受网友关注的事件、歌曲、视频和人物。其次，网友通过 UGC 平台及电子邮件投稿等多种模式，将自己的原创节目内容发送给节目组，节目组再将网友的自制节目内容予以深加工，如此一来优质且精美的节目便呈现在大众面前。例如，网络红人慕容萱创作的歌曲《大事记 2007》，嘉恋演唱的歌曲《蜗牛》，司文演唱、徐琦作词的《2008 精品男人》，网友侯总制作的电视购物广告节目《治脱发广告》等，都是网络红人和网友的原创作品。晚会还邀请了人气网络红人到节目录制现场表演节目或客串主持。这时，网友就成了信息的传播者，而不仅仅是接受者。同时，网友还可以参与节目的评论并参加观众最喜爱的节目评选活动以赢得奖品。多渠道的交互使受众有机会成为创作者，身份的切换使受众的参与度与主导性提升。

三、“山寨春晚”网络主持

2009 年 1 月 25 日，“2009 山寨春节联欢晚会”在大年三十 21：09 通过网络向全国网友直播。这场“山寨春晚”有两个引人注目的标签，一是“山寨”，二是“老孟”。

老孟的真实姓名为施孟奇，是这台“山寨春晚”的创始人，他是一名四川进京务工人员，由于这场“山寨春晚”声名鹊起，成为草根精神的代言人和一个挑战权威的文化先锋。谈到举办这场“山寨春晚”的初衷，老孟说起因其实很简单：“我的家乡是四川，过去我一个人在北京过年的时候，窗外是万家灯火的团圆场面，而自己一个人在出租屋里，那种寂寞的感觉没经历过是体会不到的。我想和我有同感的人一定有很多，那么对于这些人来说，春节期间就成了一年中最黑暗的几天。如果把这些人凑到一起，大家开个 Party，即使是吃方便面，那也是什么口味的都有，大家可以热热闹闹。”这就是老孟举办“山寨春晚”的初衷。不过由于媒体的关注和老孟的运作，本来只是一场联欢会的“山寨春晚”，场面越做越大，并与澳亚卫视中文台合作转播，还一度被媒体炒作成要与“央视叫板”。

说到山寨一词，人们最初使用它来形容假冒的电子消费产品，如山寨手机、山寨笔记本电脑等，这些电子产品的共同特征就是它们的品牌标志和原版的几乎一模一样，如 Sumsung（原版为 SAMSUNG）、Nckia（原版为 NOKIA）等。后来这个词的应用越来越广泛，一切非官方的不规范的东西都可以被称作山寨，甚至连“明星脸”也难逃被山寨的命运。不过，“山寨春晚”却并不山寨。老孟说，之所以起名“山寨春晚”，原因非常简单：“开始想的就是一帮朋友凑到一起，大家表演一些节目，组织一个小型的联欢会，再录制下来，通过网络与家乡的人有一个互动。所以我给这个联欢会取了‘山寨春晚’的名字。”山寨一词在老孟的眼中，看重的是其草根含义，有自然、朴质和积极的正面意义。

（一）创作主体：来自民间，专业性有限

这场春晚的主持人由郭金荣、李嗷嗷、王红、常越、李虎，以及一位小主持人王逸飞担任。晚会开场后几位主持人以一段原创的顺口溜在欢快的气氛中描述了中国老百姓这一年来生活的酸甜苦辣。整场晚会中主持人的语言多从“小人物”的视角出发，不讲空话，只论生活，语言活泼搞笑。例如，在对喜剧歌舞《属我最牛》报幕时，两位主持人是这样对话的。

李　虎：你知道今年最火的春联是什么吗？

郭金荣：不知道。

李　虎：告诉大家！上联是“你你你你你牛”，下联是“他他他他他牛”。

郭金荣：诶，这横批我知道了，“属我最牛”！

不过总体而言，主持人的主持风格和表现形式与传统媒体主持人差别不大，只是语言相对活泼轻松。并且，由于“山寨春晚”是群众自发参与表演的，所有演职人员都不是专业人士，因此主持人的专业性并不是太强，甚至是比较业余的。

（二）创作依据：草根性凸显，贴近网友生活

“山寨春晚”最大的特点是弘扬草根文化，贴近网友生活。草根是基层的、一般民众的，以及来自民间的意思，是与主流文化和精英文化相对照的，借以指代大众文化和平民文化。不过，草根并不同于普通的大众平民，他们是大众平民中具有一定社会责任感和历史使命感的群体，因而草根文化的含义相较于大众文化和平民文化更为丰富。这个特殊的群体具有一定的政治意义、丰富的生活智慧和鲜活的生命力，这些特征构成了草根文化的本质力量。在这场轰轰烈烈的“山寨春晚”中，除了某些企业为演职人员提供的休息间、棉被及音响等必备品之外，连赞助费都没有。所有演职人员都是自发且无报酬地进行演出，都是凭着一腔热情在筹划这场与众不同的“山寨春晚”。“山寨春晚”共收到了全国各地网友送来的 1 000 多个节目，并得到了众多网友的支持与热捧。“山寨春晚”充分发掘立足于民间及散落在民间的艺术，这种独立创意与贴近百姓的文艺创作和表演方式，与广大网友的心灵需求具有高契合度，是草根文化在“山寨春晚”中的体现。虽然整场晚会的专业性并不高，但是它充分体现了大家共同参与的精神，使在外打工的异乡人在新春佳节时感受到被关爱和被重视的温暖。

（三）受众：自娱自乐，参与度高

“山寨春晚”像是一场自娱自乐的春节晚会，演员、主持人和工作人员等都是来自各行各业的务工者。他们由于春节时无法回家与家人团聚，而自发地相聚在一起，凭着一腔热情，使出浑身解数表演节目，自娱自乐。因此，很多受众既是演员又是观众，他们既是晚会的创造者又是晚会的欣赏者。除了演职人员，还有很多和他们有着相同心境的网友通过互联网观看了晚会直播。由于有着相似的经历和相似的感受，网友们对晚会的内容感同身受，心灵的共鸣使他们感觉自己就是晚会大家庭中的一员，融入度和参与感较高。

第三节　其他各类网络主持

一、聊天室和网络版面主持

交互性强是互联网的显著特征，网络聊天室和论坛作为最能体现这一优势的互动平台之一，聊天室和网络版面主持在丰富期得到较大发展。

2008 年 6 月 20 日，在《人民日报》创刊 60 周年之际，中共中央总书记、国家主席、中央军委主席胡锦涛来到人民日报社考察工作。胡锦涛在人民日报社主办的人民网“强国论坛”工作平台通过视频直播同广大网友进行了在线交流。主持人刘红则从每隔 5 秒刷新一次的、累计共 1 546 条的网友提问中，挑选了“平时上网吗？”“上网干什么？”“能否听到网友们的意见和建议”这三个问题对胡锦涛同志进行提问。虽然因为时间紧，只有 22 分钟，胡锦涛同志只回答了几个问题，但体现出中央领导从战略高度对互联网发展和应用的重视。互联网不仅成为中央领导同志的一种“在线生活”方式，也成为了解民情、听取民声、体察民意、汇聚民智的一个重要渠道。此次活动在广大网友中引起强烈的反响，短短几分钟，中国各大新闻网站上百亿次页面流量流向人民网，亿万名网友通过网络“目击”胡锦涛同志与网友的在线对话，此次活动被网友们兴奋地称为“幸福网事”。

继此次活动之后的2009年2月28日全国“两会”前夕，中共中央政治局常委、国务院总理温家宝通过中国政府网和新华网进行了与全球网友的在线文字与视频交流。这次活动中，温家宝总理身着休闲装，在两家网站的联合直播间内轻松地与全球网友进行了长达两小时的在线交流。活动开始后主持人向大家简单地介绍了这次活动，并邀请温总理向网友们打招呼。活动进行中，主持人不时挑选网友的发言分享给总理和其他网友，还会帮助总理挑选网友的问题请总理回答。网友们的提问和留言涉及多个方面，不仅有医疗、教育、就业、住房和“三农”等民生问题，还有金融危机与经济形势，国际关系与对外交往，甚至还包括总理有趣的生活细节。这次活动共收到数十万个帖子的提问和留言、数万名手机用户的信息反馈，活动反响强烈，网友直呼“再续幸福网事”。

除了党和国家领导人参与的聊天室节目，媒体人和草根群众参与的聊天室和网络版面主持也发展兴旺。例如，2005年4月20日，电视节目主持人李静携手新浪UC，在新浪UC视频聊天室推出国内第一档网络视频聊天室互动栏目——《静距离》，这是由电视节目主持人在网络中开设的音视频节目。UC是由新浪UC信息技术有限公司开发，融合了P2P思想的开放式即时通信的网络聊天工具。《静距离》在普通电视访谈及网络在线聊天的基础上，增加了网友的互动和参与，广大网友可以通过进入新浪 UC《静距离》视频聊天室，踊跃“上麦”直接参与。新浪 UC为用户打造了一个由主持人、嘉宾和网友组成的三方互动的网络节目，借助聊天室这个平台，网友可以充分地表达自己的想法，与主持人和嘉宾进行深入互动，真正地参与并影响节目进程。下面就以第2期节目《网恋靠谱吗？》为例对聊天室和网络版面主持进行分析。

（一）主持人行为社群化

聊天室和网络版面主持人在节目中的主持风格往往平易近人，很像是论坛或聊天室这个社群中知心、温和的家长，其身份定位、行为方式、语言表达等具有社群化特征。在节目中，主持人通过文字和音视频等互动手段激发受众个体间的交流互动，利用网络互联性，突破时空限制将分布在各个角落的零散受众有机整合。受众由于共同的兴趣聚集在一起，个人意愿在较为充分的交互中得到宣泄与关注，从而获取了社会认同和归属感。这使得网络聊天室节目就像一个相亲相爱的家庭社群，而主持人就是这个社群的家长。在《静距离》中，主持人李静就充当了知心大姐姐的角色，带领聊天室中的网友畅聊人生，开解心怀。

主持人李静是电视节目《非常静距离》《超级访问》《情感方程式》等知名栏目的主持人，作为第一个“触网”的传统媒体主持人，李静曾兴奋地表示：“网络和电视主持真的有太大差别，在电视里我只需面对嘉宾一人，问题很多都是规定好的，没有什么挑战性和互动性。但网络就不同，我要面对的是几百名甚至几万名网友，不同的问题随时会出现，而且马上就会有反馈，除了跟嘉宾互动，还要和大量网友互动，太有节奏感，太刺激了。”

在第2期节目中，主持人李静略施粉黛，身着一件亮色休闲T恤，与嘉宾并排坐在电脑桌后方，以一句具有网络特色的问候轻松地开始了节目：“大家好，欢迎收看《静距离》第2期节目！首先我们请各位网友为我们第2期节目献花！”同时李静对身边的嘉宾解释，“‘献花’就是鼓掌的意思”。接着，李静向网友们介绍嘉宾：“看过《情感方程式》的观众都知道，我旁边的这位就是节目的嘉宾，著名心理学家金韵蓉老师，金老师好！”并抛出了这期话题：“今天我们要和网友们讨论一个和大家密切相关的话题，也是大家最感兴趣的一个话题，叫网恋靠谱吗。”李静结合自身传统媒体主持人的身份，利用自己在传统媒体积累的知名度和受众基础，邀请自己主持的电视节目《情感方程式》的常约嘉宾——心理学家金韵蓉，并自然地和网友们“套近乎”，把自己定位为网友们的老朋友、《静距离》这个大家庭的知心姐姐，这种平等的意识、平和的心态，以及平民化的定位使网友感到非常亲切。

在接下来的节目中，围绕着这期话题，李静集主持、评述、采访、互动于一体，充分发挥一个网络聊天室主持人的作用。例如，节目刚开始，李静作为主持人率先创造谈话氛围，调节谈话情绪，鼓励各位网友向自己暗恋的网友告白，她将挑选一些精彩告白在节目中替网友宣读。此话一出，许多网友就开始"摩拳擦掌"，聊天室的气氛很快活跃起来。在节目进行过程中，李静会结合谈话进程，控制话语权，展开即兴点评。又如，在一位网友和大家分享了他的网恋经历，并悲观地认为网恋不靠谱后，李静发表了自己的见解："我身边就有通过网恋而成功结合的朋友，我认为网恋只是恋爱的一种形式，其实并不是网恋本身不靠谱，而是恋爱的两个人是否靠谱与适合。有时即使你爱上了一个发小，一个知根知底的人，可是他还是可能在感情中欺骗你；有时可能只是在网上认识的一个人，可是他却是和你度过一生的人……"

在整期节目中，李静敢于表现自我的个性，将自己与整个节目融为一体。她的特立独行、率真、俏皮，将《静距离》营造成能够使大家敞开心扉坦诚交流的空间。针对或隐秘或犀利的话题，李静的点评真诚且大胆，因而网友在她的感染下都乐意袒露心声。网友把《静距离》当做一个在知心姐姐李静的带领下，可以深度交流内心，可以共同答疑解惑的温馨社群，如果离开了李静，《静距离》也就在网友心中失去了坐标。温馨、温暖、温情的节目氛围与相对封闭而隐秘的对话环境，使网络聊天室节目的传播环境体现出社群化特征，使主持人具备了社群化色彩。

（二）节目风格平民化，尺度开放化

节目风格具有平民化特点。节目多关注世俗人生和平常人的生活，因而较易引起网友共鸣，激起网友参与聊天的欲望。《静距离》在话题策划方面，力求贴近生活，选择对受众真正具有吸引力的话题，激发受众的发言热情。例如，针对聊天室网友多为中青年这一现象，《静距离》策划了"网恋靠谱吗？""当爱情遭遇友情""大话剩女时代"等话题，这

些话题都是年轻人身边真实而又敏感存在的问题，是困扰很多年轻人的实际问题。话题决定了节目的基本内容，影响了节目的风格形成，“接地气”的话题促成了节目风格的平民化。

节目尺度较大，具有开放性。作为网络聊天室节目，互联网的开放性和匿名性与聊天室的私密性相结合，使得无论是话题的选取，还是语言的把握，都较传统媒体更为开放和自由。

（三）受众参与节目内容生成，归属感强

第一，受众参与节目的内容生成。在《静距离》这档网络聊天室节目中，网友不仅可以在聊天窗口通过文字和图片等方式与主持人和嘉宾进行交流，还可以在“网友互动提问”环节通过视频与主持人和嘉宾进行“面对面”的交流。深度、透彻、多元的交互，使受众参与成为节目内容的重要构成部分。《静距离》中的网友互动已不再像传统媒体节目中仅限于热线电话和信箱等有限而简单的互动参与，而是可以直接即时地对主持人和嘉宾形成反馈，进而影响节目进程，创造节目内容。

例如，在第 2 期节目中，李静向嘉宾发问：“您认为网恋和其他恋爱的方式有什么最大的不同？比方说像一见钟情或是书信传情等。”嘉宾回答：“我觉得书信传情和网恋在性质上会比较类似，都是没有看到对方本人。这和传统式的恋爱相比，也就是那种年轻男女面对面的谈恋爱，在本质上最大的区别是，也许你觉得这个人书写得很好或者信写得很好，但是当他真正坐在你对面的时候，也许看到他吃饭的样子或是坐姿，你就会很讨厌他。可是当你看不见他的时候，仅凭他的语言或是文字，你也许会很喜欢他。我觉得网恋在直观感受的方面可能会薄弱一点。”这时马上有网友指出网恋和书信传情并不相似，而是存在差别。于是嘉宾在稍后的节目中立刻做出回应：“我刚才看到一位网友说，网恋和书信是不太一样的，因为网恋能够看见对方，听见对方的声音，它比书信来得更直接。但是我觉得它毕竟不是两个人真正在一起。例如，两个人一起去看电影或逛街等。总之，它毕竟不是一个很现实的东西，这是我觉得网恋会让人担忧的地方。”这个节目片段展现出聊天室节目中主持人或嘉宾

随时会获得网友的即时回馈，并需要对此做出反馈。

第二，受众的归属感明显增强。网友通过直接影响节目进程与创造节目内容，主人翁意识获得提升，归属感增强。例如，第 2 期节目中有一位网友说："我觉得网恋是美丽的，只是走入现实生活之后需要我们共同努力。"借由他的观点，主持人和嘉宾展开话题，各抒己见。嘉宾对此观点非常认同，认为"网恋当然可以，因为这是交朋友的一种方式，但是我们不要把网恋的时间拉得太长，应该试着到现实生活中去相处"。主持人则将这位网友的观点进行了进一步的深化与延伸，提出："可是为什么有些人可以在网上谈恋爱，可是却不敢见面，不敢进入现实生活中呢？"在这个例子中，网友的思路对节目进程产生了极大的影响，他的发言内容成为节目的一部分，该网友也成为节目内容的创造者之一。由于受众的参与度大大提升，观点被充分重视，因而受众从"被喂食者"转变为内容生产者，归属感明显增强。

二、网络访谈主持

访谈类主持也是网络主持中一种常见的主持形式，丰富期有大量的访谈节目与网友见面。例如，2007 年 5 月 22 日开播的《凤凰非常道》系凤凰新媒体原创，由凤凰新媒体出品，凤凰宽频策划制作。节目遵循凤凰新媒体的定位，将主流受众锁定为 20~40 岁（核心受众为 25~35 岁）具有大专以上文化程度的白领和工薪阶层。节目整合了电视与网络两大媒介，将传统电视媒体的单向传播和新媒体的互动传播优势相结合，发挥网络人际传播优势，营造出不间断和原生态的思想对话环境。节目主持人由何东担任，何东一向以"刁钻"著称，是著名的"麻辣"娱记、主持人、撰稿人和评论员。他在节目中不仅充当营造"谈话场"的角色，还会深入地参与嘉宾的谈话，与嘉宾共同成为节目的主导。此外，何东还特意开设博客"凤凰非常道"与网友进行交流，拉近自身与受众的距离。

各大网站也都在这一时期陆续推出了自制原创网络节目。例如，腾讯视频出品的高端访谈节目《大牌驾到》，主持人华少在节目中展现了自身的幽默特质。杨锦麟携手腾讯视频制作的网络节目《夜夜谈》，其定位是一档综艺脱口秀访谈节目。主创将演播室搬进酒吧，一改死板的电视制作模式。轻松自在的节目氛围让嘉宾更容易表现出真性情，不矫揉造作，说真话，讲真事儿，谈的都是真情实感，聊的都是社会热点。主持人杨锦麟与不同时代和不同背景的嘉宾碰撞出意想不到的智慧火花，节目话题涉及政治、娱乐、社会、两性、名人等多个方面，具有十足的文化氛围。又如，搜狐视频推出的访谈节目《先锋人物》，是搜狐视频打造的具有人文关怀、深度解析、展现真实及不同视角的一档具有“80后”特质的访谈节目。主持人李响思维敏捷，洞察力强。搜狐视频制作的《明星在线》，每期都会邀请人气较旺的娱乐明星畅谈工作与生活，该节目的主持人由黄锐和于莎莎等担任。

除此之外，还有很多依据重大活动制作的专题访谈节目，如 2008 年北京奥运会期间，出现了很多围绕奥运会展开的专题性网络访谈节目。例如，2008 年 7 月 14 日开播的《搜狐北京播报》，是由搜狐公司董事局主席兼首席执行官张朝阳主持的一档以展现奥运会赛场内外的幕后故事，独家对话名人明星、焦点冠军为主题的网络访谈节目。节目形式灵活，内容多样，时而走上北京街头采访群众的奥运感受，时而走进演播室访谈嘉宾们的奥运故事。因其新颖的风格，张朝阳这位兼职主持人被北京媒体评论为“最热辣坦率的 CEO 主持人”。

2008 年 8 月 4 日至 8 月 30 日，电视节目主持人胡紫薇在奥运会期间和搜狐网合作了一档名为《奥运紫薇星》的网络访谈节目。节目于每天 14：30 准时开始，时长达 3 个小时。在首期节目中，胡紫薇连线清华大学教授点评了裸奔事件，畅聊了奥运火炬手的故事等。节目以“我参与，我快乐”为主题，还涉及了星座运势和明星八卦等内容，为此在胡紫薇的嘉宾名单中还出现了一位星座专家。节目刚一上线就获得了很高的点击率，但是网友的意见褒贬不一，有的网友对胡紫薇的复出表示鼓励，但也有人认为这档节目都是在“瞎聊”，没有深度。不过胡紫薇本人对这档节目充满了期待，她在博客中写道：“网友可以不离开我们的节目主页，即可与画中人实现丰富多彩的互动……希望这是一档活泼的招人喜爱的视频互动节目。”

2008 年 8 月 6 日，北京广播网推出《我与奥运共辉煌》视频访谈节目。北京广播网作为北京电台的网站，率先开启了广播节目在互联网上的视频制作播出。节目中邀请的嘉宾都是北京电台奥运报道组的领导及派驻奥运会的注册或非注册记者。节目通过他们工作中的所见所闻从另外一个角度关注并理解奥运。节目从 2008 年 8 月 6 日的第一场直播，到 2008 年 8 月 26 日的总结性访谈，历时 20 天，共播出 21 期，播出总时长近 10 个小时。这档节目的主持人蔡明可、纪佩佩和马琳玮成为北京广播网最早的网络视频主持人。

网络访谈节目中的创作主体往往个性犀利，所选话题与言语风格也力求平易近人与率性自在。创作依据丰富多样，别出心裁，如在“两会”特别节目《超级专车》中，主持人在嘉宾散会赶往下一站的途中，将其邀请到节目组专车上进行访谈，把“热乎乎”的信息第一时间“端”到受众面前，凸显了节目设置的新奇性与网络时代信息传播的即时性。受众的主体地位提升，很多节目尝试了 UGC 模式，通过微博和微信朋友圈等设置互动、征集问题、提炼观点，增强了受众的参与感，也使节目内容更加丰富，更靠近热点前沿。

三、网络播报主持

在丰富期各种类型的网络主持纷纷产生，播报类网络主持作为一个主要类型，在视音频领域得到了较好的发展。

例如，2013 年 3 月 1 日，知名传媒人杨锦麟与腾讯公司合作，在腾讯视频独家开设时事评论节目《天天看》，主持人由杨锦麟和袁苑担任。节目是一个比较严肃的社会文化评论类节目，话题涉及中国社会生活及国际问题的各个方面。节目每天一期，设有“单挑爆红人”“锦麟约架”两个子栏目。“单挑爆红人”由主持人袁苑进行播报式的评论，其语言犀利，直奔主题并且语速较快，将近期发生的多个社会事件进行串联播报评论。“锦麟约架”由杨锦麟担任主持人，他在每期节目中会就某一个社会话题展开评论，如“中国足球路在何方”“留守儿童谁来爱”“星座歧视困扰中国求职者”等，他的观点独特，评论时口若悬河，像在表演快速版的评书。《天天看》每期的流量都在 120 万人次以上。

除了网络视频播报，网络电台也是制作和集合网络播报节目的主要阵地。例如，2004 年国际在线中文网专门设置了网络电台部，招聘了主持人并开辟了专门的 BBS 讨论区，成为第一批脱离无线广播而独立制作在线广播节目的网站。节目以音乐为主，目标受众是大学生和公司白领等互联网上的活跃主流人群。网络电台将节目设计成“娱乐+音乐+资讯+主题创意单元”的结构，开设了一批比较受年轻网友喜爱的网络广播节目，如 2005 年 6 月 28 日开播的面对单一受众群的《上班 e 族》，主持人芳棠从“职场全攻略”“办公室故事”“魅力上班族”三个版块跟网友畅谈职场人面对的问题和应该掌握的技巧。

2005 年 5 月开播的“中国青少年广播网”（www.vocy.cn，2018 年 6 月改版后更名为“中国青少年广播影视网”），其宗旨是“传播时代之声，共建青春舞台”，是汇聚全国校园广播站、网络媒体、电视台及广播电台优秀节目的展播平台。网站建有“全国高校广播联盟”，已加入联盟的高校广播站达 420 家，网站主要设置团情八点半、教育咨询、影视、音乐、游戏和读书等专栏。其中，《团情八点半》自开播以来，每天播报全团重要新闻，受到广大青少年的欢迎。

2005 年 12 月 20 日，青檬网络电台（www.qmoon.net）成立，它是由北京广播网与共青团北京市委员会合作开办的纯公益性网络电台。作为国内第一家以大学生群体为受众的网络电台，青檬网络电台针对的主要人群是北京市的 100 多所大中院校的 80 多万大学生。它以“娱乐青年、引领青年”为目标，以“张扬绚丽的青春梦想，创建和谐的网络家园”为理念，以“给你听、听你的”为办台宗旨，针对每个栏目建立了各自的论坛版块，主持人可以和听众进行听说与网上互动。青檬网络电台拥有一批优秀的播报类节目和年轻的主持人队伍，如《音乐第一咖》的主持人麦蓬、《音乐响乐派》的主持人温暖、《青檬流行歌曲榜》的主持人白雪、《音乐活力汇》的主持人爱子濠等，他们都是使青檬网络电台保持年轻活力的保障。

2006 年 6 月，由北京广播网和中国国际广播电台等 4 家媒体联合发起的在线广播联盟创建了音频门户网站——听世界网站。其中的听世界网络电台有多个原创电台栏目，多为播报类节目。例如，以“播报互联网上最新鲜最热门话题，让你了解天下稀奇古怪的新鲜事”为主题的《听天下》（主持人阿楠）；以替网友传递感情、表达爱意、送上祝福、寄托思念为主题的点歌类节目《声音传情》（主持人若然）；以为广播剧爱好者朋友们介绍目前网上最新、最好听的广播剧为主题的《广播剧时间》（主持人阑世）；以介绍知名网络小说网站一周排名情况并进行点评为主题的《网络小说连连看》（主持人相萌）；以点评加推荐最新热门的网络游戏和单机游戏等为主题的《网游点评榜》（主持人梁靖）；等等。

除了由网站机构制作的播报类网络主持人节目，近年来的考拉 FM、喜马拉雅 FM、荔枝 FM 及凤凰 FM 等手机电台，在集合国内外众多电台频道的同时，也催生了一批用户制作的自媒体网络播报节目。

网络播报类节目中创作主体的身份多种多样，专业的网络电台 DJ、大学生主播和普通的播音主持爱好者都可以制作并上传自己的节目，互联网的众筹理念得到体现。节目定位与受众群体较为准确且具体，创作主体可以根据关注度、点击量和留言等及时了解受众情绪并调整节目内容，进行比较精准的分众化传播。

综上所述，丰富期网络主持主要具有以下特点。

（1）创作主体是节目灵魂。网络主持人既是引导舆论的“意见领袖”，也是节目的把关人，其与节目融为一体，节目风格即为主持人个人魅力的展现。他们跳出“意义化”和“符号化”的宏大叙事方式，用“接地气”的话语体系、叙述风格和表现形式，“润物细无声”地传递价值观，依靠自身魅力吸引志同道合的受众。

（2）创作依据特征鲜明，个性突出，符合分众化传播的需求。例如，《大鹏嘚吧嘚》的节目定位草根化，主持形式、动漫音响和节目版块等都围绕主持人的草根形象展开；《晓松奇谈》作为一档文化类脱口秀，演播背景、图片选取和言语风格都营造了“风流才子”戏说古今的文化氛围；《奇葩说》无论是话题设置，言语风格，还是舞台服饰都紧扣“奇葩”一词展开……灵活多样的创作依据，体现了互联网个性、自由、开放的传播特色，满足了受众的个体化和小众化需求。

（3）众筹理念促使受众主体地位显著提高。包括众筹在内的“维基模式”是网络思维的精髓所在，在很多网络节目中，受众对热点事件或现象的关注和讨论丰富了节目的信息来源、角度和素材，受众甚至可以成为节目的经济供养者，可以决定节目的去留。读书类脱口秀《罗辑思维》的主持人罗振宇就坦言，众网友才是内容的提供者，他只是为大家设置了一个内容交流平台，“汇天下英才为我所用”，充当一个集群众智慧于一身的知识“二传手”。同时，他开辟的“史上最无理的付费会员制”，创造了 6 小时销售 5 500 个会员名额并入账 160 万元的纪录，使受众真正反客为主，开拓了以受众为经济支撑的自媒体运营之路。

第六章　网络主持语用状况

第一节　网络主持人的语言使用情况

近年来，在各大网络平台的强势布局下，大量资本入局，传统人才转型，网络主持人节目的内容质量得到质变提升，市场表现与电视节目比肩。对于网络节目而言，良好的主持人语言不仅有助于主持人展现人格魅力，更有利于网络主持人节目摆脱为追求点击量而一味猎奇媚俗的怪圈，提升节目的传播力、影响力、引导力和公信力。以下将侧重于把网络主持人的语言放到互联网媒介语境及其相关关系中去研究，运用语言学和传播学理论，通过对典型话语现实的分析揭示网络主持人的语言特点及规范问题。

一、网络主持人的语言及语用特征

（一）网络主持人的语言特征

语言系统分为语音、语义、语汇（词汇）、语法四个子系统，其中词汇和语法都包含语音和语义两个方面，尤其是语义和词汇存在很多交叉现象。综合考虑网络主持语言所表现出的显著特点，下面从语音、词汇、语法三个方面对网络主持的语言特点进行分析。

1. 语音

语音是语言的本质，是语言的词汇和语法所寄托的形式。网络主持人的语音具有以下特征。

（1）个性特征鲜明。网络主持人的语音具有鲜明的个人化色彩，不同主持人对于同一个音的张嘴程度、舌头前后、延长时间及用劲大小等都有细微的差别，即从语音自然属性的角度进行描述，人人都有自己的发音特点。由于传统媒体主持人多为经过专业训练或严格选拔的、具有普通话一级水平的专业人士，因此不同主持人的语音差异相对较小。而网络主持人的人员构成多样化，既有广播电视主持人也有普通网友，既有内地主持人又有港澳台主持人，身份和地域的差别使其语音受到个人发音习惯及方言的影响较大，表现出鲜明的个人特色。

（2）规范性较低。网络主持人的语音表现参差不齐，有些主持人甚至不能熟练和流利地运用普通话，主持人的语音呈现“口语化”“去专业化”的倾向，对音声和韵律等声音形式方面的美感追求较低，有时会出现声调调值不准确，口腔控制力度不够，元音发音口型较扁，个别辅音混淆，吐字归音不到位，儿化韵把握不正确，多音字误读不规范等问题，总体而言，语言的规范性较弱。互联网开放、民主和自由的文化特征形成了极具包容性的网络生态环境与创作环境，相对于“县级以上（含县级）广播电台和电视台的播音员、节目主持人应达到普通话一级水平（此要求引入广播电影电视部颁布岗位规范，逐步实行持普通话等级合格证书上岗）”的规定，目前暂未出台针对网络主持人普通话的硬性要求，对网络主持人的选拔与资格认定也尚未形成完善与科学的评价标准。而且网络主持人的身份多元，“人人皆媒体”势必影响语音的规范性。

2. 词汇

词汇系统指的是语言中词汇的分布形式。根据属性特征，词汇可分为基本词汇和一般词汇、古语词和新词、口语词汇和书面语词汇、标准语词汇和方言词汇，以及本土词汇和外来语词汇等。网络主持人一般多使用口语词汇、新词、标准语词汇和本土词汇。与传统媒体主持人相比，网络主持人的词汇使用还具有以下特点。

（1）对网络流行语的使用。网络主持人在语言表达与词汇选择上呈现网络化和流行化特征。网络流行语作为以互联网为载体而广泛传播的反映现实社会生活的鲜活的语言形式，在以网络空间为基本创作环境的网络节目中较常出现。例如，《吐槽大会》中的“吐槽”一词本身就是一个网络流行语，《吐槽大会》节目组从节目的内容策划及制作生产，到主持人与嘉宾的用词和观点都以网络独有的“吐槽文化”为切入点，运用大量的网络热词制造槽点与笑点。网络主持人对于网络热词和流行语的使用，是为了融入新生代网友的话语体系，以引起网友共鸣并收获更多的点击量，是为了体现互联网思维，塑造接地气的人格形象。网络流行语在某种程度上丰富了主持人的话语空间，增添了幽默调侃的意味。

（2）对大尺度词汇的使用。网络主持人有时会使用俚语或俗语，甚至不雅词语等大尺度词汇。主持人对于大尺度词汇的过度使用，加剧了网络污文化的形成，会对青少年受众造成不良影响。究其原因，既受到主持人自身为了体现互联网思维，以便融入网友的话语体系并收获更多点击量等主观因素的影响，又受到诸多客观因素的影响，如互联网开放自由的制作环境，网络受众个性化与私密性的观赏习惯，以及网生代受众对网络文化与内容尺度的诉求和偏向性等，都为网络流行语和大尺度词汇的产生、传播与接收创造了条件和动力。

3. 语法

语法是语言的结构规则，语法系统是语言符号的组合规则系统。网络主持人语言的语法特征主要有以下几方面。

（1）简明化。受到互联网语境及受众接受规律的影响，网络主持人的语言在语法方面以简明化为首要特征，主要体现在多用陈述句、短单句、简单复句和常式句等方面，单句的句法成分较少，复句的层次不多，举例如下。

我们可以进入游戏了。（《饭局也诱惑》第 2017-09-13 期）

这是主语和谓语均无修饰限制的短单句。

①这件事必须如我所愿，②差一分一秒都不行，③一定要按照我脑子里的意愿完完全全地实现。(《圆桌派（第三季）》第三集）

这是一个不复杂的复句，分句②和③是对分句①语意的阐释说明。

语法应用的简明化，适用于移动互联网时代的传播需求。在移动传播时代，受众生活在碎片化的场景之中，多屏和跨屏的媒介使用习惯越来越多地融入人们的生活。简洁明了和短小精悍的语言适配移动化的使用场景，能够在有限的片段时间内“粘住”受众，使受众高效率地抓住语意。

（2）灵活化。网络主持人的语法使用表现灵活，这种灵活性主要体现在多用非主谓句、省略句和倒装句等。举例如下。

为何？(《饭局也诱惑》第 2017-09-13 期）

这是由单层短语加标点符号构成的句子，是一个非主谓句。

真洗脑。(《吐槽大会》第 2018-02-04 期）

这是一个省略主语的句子。在特定语境中，为了语言使用的经济，在不引起误解的情况下,主持人说话时往往会省略一些不言自明的部分,运用承担一部分语义内容的符号形式表达完整的语义内容。本例中，主持人在评论嘉宾的一小段唱词“嘞哦嘞，啦哦啦”具有洗脑功能时，结合上下文语境，为使对话显得简洁清晰，省略主语。

称号你别乱送。(《吐槽大会》第 2018-02-04 期）

这是一个倒装句。为了突出宾语所表达的意思，本例将宾语“称号”前置，更凸显了主持人极其不满意嘉宾送给他的称号的心情。

语法应用的灵活化与网络主持人的语言接近日常口语状态有很大关系。主持人的语言具有口语的灵活性、通俗性、生动性和简洁性，口语化的语言是主持人亲和力的表现手段之一，也形成了语法的灵活化特征。

（二）网络主持人的语用特征

语用学是语言学的分支，研究主持人的语言应用特点，对于主持人的话语重构及提升主持人语言表达技巧具有重要意义。语用学以语言环境、语用原则、言语行为、话语结构和语用预设等为主要研究内容，以下将从这些维度对网络主持的语用特征进行分析。

1. 语言环境

语言环境是制约语言运用的一个重要因素，是言语交际能够顺利进行的重要条件。语言环境决定了语言代码的本质，语言环境不同，词汇、语法和语音都会发生变化。网络主持人言语行为的实现受到语言环境的制约，主持人应具备语言环境意识。语言环境有广义和狭义之分，狭义的语言环境是言语内部的上下文或前言后语；广义的语言环境还包括言语外部的交际场景和社会文化背景。语用学中所说的语言环境，一般是广义的语言环境。网络主持的语言环境主要具有以下特点。

（1）社区化。网络主持人身处网络言语社区之中，因此语言环境具有社区化特点。"言语社区"指的是一个讲话人的群体，其内部的某种同一性构成了与其他群体之间的差异而区别于其他类似群体（徐大明，2004）。一档网络节目通常可以形成一个独立的言语社区，因为其符合以下条件：第一，节目的生态系统可以形成一个社区。以《火星情报局》为例进行说明，节目的所有参与者，包括主持人、嘉宾和观众形成了一个非区域性社区，他们之间通过各种线上或线下活动而具有高交互性。第二，节目参与者的语言能力和语言使用与现实中有较大不同。例如，《火星情报局》的所有参与者在自主、开放、包容、多样和创新的互联网环境中，形成了网络特色鲜明的独特的语言风格。第三，节目参与者对于语言的使用遵循共同的准则，语言态度具有趋同性。例如，《火星情报局》中任何人都可以畅所欲言，舌战群儒，善于创造新词汇、新用法及提出最新奇而有趣的提案的人还会被推崇为王牌特工。由于网络节目符合言语社区的测量指标，形成了一个言语社区，因此网络主持人的语言环境具有社区化特点。

（2）自由化。语言环境的自由化是网络主持人区别于传统媒体主持人的重要特点之一。网络主持人有时会谈论大尺度话题，讲述"荤段子"，使用网络词汇和字词等，这些现象或许不符合广播电视用语规范，但是却被互联网环境包容。这是由于互联网去中心化、开放性和自由性等文化特征为网络节目营造了较为宽松的创作环境，网络主持人可以畅快地表达观点、随性地选择用词用语，以及自由地塑造个人形象。

（3）多元化。语言环境的多元化是自由化的必然结果，自由化的语言环境营造出多元的话语空间。在自由化的语言环境中，每一个人、每一种声音、每一种观点都有容身之地，一档网络节目可以包含多层次的文化元素，不同的网络节目能够形成迥异多样的言语风格。

2. 语用原则

语用原则包含合作原则和礼貌原则，是保证会话顺利进行的基本条件。然而在网络节目中，主持人会经常有意违背语用原则，以营造意想不到的艺术效果。例如，以《奇葩说》（第 2016-04-23 期）为例。

马　东：严肃认真地讲，如果你们两个都天性解放拼起来的话，还真不一定（能保证）谁输谁赢。（眼神望向范湉湉）你是天性解放，（转而指向张绍刚）他是完全没有底线。

马　东：（正襟危坐准备宣读广告）谢谢我们……

张绍刚：（暴力打断）舒服了吗你？

马　东：（做出委屈的表情）瞧见没有，每当我要说广告的时候，（手指向张绍刚的方向）他都拦我一下。

张绍刚：（假装非常生气）因为我想到广告天天给你挣钱，恨！

马　东：（向张绍刚抛出橄榄枝，请求一起念广告）咱俩一块念，来，争取念完。

张绍刚：（恶狠狠地）休想！

在这段主持人马东与嘉宾张绍刚互相打趣的对话中，马东首先违背了礼貌原则，用带有嘲讽性质的言语“完全没有底线”形容张绍刚，反而显示了交谈双方的关系亲密。在马东邀请张绍刚一起宣读广告时，受话人张绍刚不想继续发话人马东提出的话题，便突破了合作原则，回答了与话题无关且有悖于交谈目标或方向的话“休想”，故意拉开了话题与语言环境的距离，引得受众哄堂大笑。

网络主持人为了制造幽默、个性、夸张和无厘头的节目效果，时常会有意突破固有的交际原则，这些突破像是主持过程中的“调料”，适时应景的一句嘲讽或玩笑不仅不会使人反感，反而可以体现出交谈双方的关系亲密，营造幽默和谐的节目氛围。

3. 言语行为

言语行为需要符合社群认同。根据言语行为理论，我们说话的同时是在实施某种行为。每个网络节目都是一个由主持人、嘉宾和受众构成的社群，具有独特的节目风格与语言环境，主持人需要通过调整自身的言语行为完成构建社群认同的行为。

在网络节目所构成的社群中，社群成员拥有共同的兴趣，具有强烈的群体参与感，他们在互动与分享的过程中形成了鲜明独特的话语风格。主持人作为想要进入这个社群的个体，若想被该群体接受以融入该场域，只有不断地调整自身的话语行为。例如，主持人马东在主持《文化访谈录》时的言语风格是严肃而深厚的，高晓松在主持《晓松奇谈》时的言语特征是理性而淡然的……然而，在《奇葩大会》中为了寻找社群的归属感，主持人需要调整话语行为而构建新的社群认同，正如主持人蔡康永所言，“要像网友一样说话”。这里所说的言语行为不仅指有声语言，还包括各种有意义的符号行为，如个人穿着和行为方式等副语言。《奇葩大会》中主持人往往身着配色艳丽跳跃的服饰，头戴奇异夸张的发饰，充分彰显了“奇葩”本色，这与他们在其他节目中的表现截然不同。

4. 会话结构

对会话结构的研究可以从两个方面入手：一是对会话整体结构的研究，即从整体上看一个完整的会话过程是怎样构成的；二是对会话局部构成的研究，即研究不同参与者的发言之间的联系。

1）会话的整体结构

作为一个整体，网络主持人的会话在结构上呈现出如下特点。

第一，语言结构体现中心化。节目中主持人的语言通常围绕一个中心展开，整期节目会被串联成一个主题突出的完整系统。一档网络节目通常包括多个环节，各环节中主持人使用的语言不尽相同，如开场语、衔接语、点评语、交流语、评述语和终结语等，它们都有独特的功能和特点，但是为了节目主题的集中与明晰，这些结构语通常都围绕一个中心展开。例如，在《你说的都对》中，每期节目都会有一个核心主题贯穿始终，如“我好像过了一个假年”“网络社交潜规则”等。主持人言语会围绕这一核心议题展开，它们是主持人打趣调侃和深度评论的重点，决定了当期节目的走向。互联网思维具有发散性和去中心化的特点，容易造成节目主题分散及众人各抒己见、七嘴八舌的“混乱”场面。主持人作为节目的把关人必须具有大局意识与核心意识，从全局把控节目主题和各节目要素之间的关系，通过优化语言结构将节目串联成一个中心突出的完整系统。

第二，语句排列具有关联化。网络主持人在语言环境的制约下，将句子、语段和话题按照一定的逻辑语义关系串联在一起，使节目内容具有逻辑性和整体感。语句排列的关联化是实现语言结构中心化的具体手段，包括句子、语段、话题都是相互关联的。由于互联网传播具有多元化、松散性和碎片化等特征，受众面对的是轰炸式和狂欢式的信息资源，受众思想处于浮躁和浅接受的状态。这就需要主持人帮助受众点明主题、明确思路和建立联系，加强信息点在受众认知和心理的烙印，达到真正的有效传播。

2）会话的局部结构

第一，对“轮流说话”的把控体现主导权。网络主持人往往通过恰当把控“轮流说话”体现自身的主导权。在会话结构中，轮流说话（turn-taking）一般遵循 A—B—A—B—A—B 的常规公式，话语从开始到结束，受支配的最小单位是会话中的一个话轮（a turn）。一个话轮中止后，另一个话轮又可以开始，这个单位的终止就是可以变换说话人的位置，叫做“转换关联位置”。网络主持人往往通过准确把握转换关联位置，实现操控发话秩序、拓展节目深度，以及控制节目进程与节奏的效果。在互联网生态系统中，无论是主持人还是嘉宾，往往都勇于、敢于、乐于表达观点，常常出现百家争鸣和各立门派的局面。面对如此活跃和多元的话语空间，网络主持人通过恰当把控“轮流说话”体现自身的主导权。

第二，“插入语列”的使用遵循极小量准则。网络主持人对插入语列（insertion sequence）的运用，遵循信息原则中的极小量准则。极小量准则是指只提供实现交际目的所需的最少的语言信息（何兆熊，2000），即“尽量少说”。话题操作的典型格式是一问（question，Q）—答（answer，A），但是网络节目中的主持人会话是灵活多变的，会话常会被有意或无意地打断，相邻语对中会出现插入语列或旁插语列（side sequence），此时会话模式就变成了 Q [（Q_1—A_1），（Q_2—A_2），…，（Q_n—A_n）] A。插入语列可以充当应答语的前提或条件，或是一个从提问到解答的话轮。主持人常通过多重内嵌插入语列，使对话内容深化并增添情趣。主持人在运用插入语列时，往往只提供最精简的语言信息，如使用单句或名词独立成句，给人“四两拨千斤”的感觉。之所以遵循极小量准则，是由于受众在面对互联网传播空间所充斥着的庞大的信息量时，对信息质量的诉求急剧提高，任何冗余繁杂的信息都会降低受众的接收效率，因此主持人需要通过简明精悍的言语“秒杀”受众。

5. 语用预设

语用预设具有共知性和适切性，其包含共有知识和适合性两个方面。预设是指一个说话人在谈话中的某一给定时间里预设 P，仅当在他的语言行为中，他倾向于这样行动：好像他认为 P 当然真，也好像他假定他和他的听众一样地认为 P 当然真（季安锋，2015）。语用预设的恰当运用可以加深语言内涵，使主持人的语言经过玩味后令人回味无穷，达到启发受众思考及引起共鸣的效果。

（1）共有知识加深了语言内涵。主持人的幽默语言之所以能够发挥良好的效果，达到最佳的交际目的，是由于幽默的背后有交际双方都可理解和可接受的背景知识做支撑。这种知识既可能是现实世界的知识，也可能是信念世界的知识（如小说中的人物关系和情节），或是一种普遍的规律。例如，罗振宇曾在《奇葩说》（第 2017-04-21 期）中这样介绍自己：

“我是上辈子到月宫去偷看谁洗澡，下辈子管他什么三生三世，只愿意回高老庄的罗振宇。”

这句自嘲式的自我介绍之所以令众人捧腹，是因为交际双方有如下共同认知：首先，大家都认同罗振宇的自我定位。罗振宇曾多次公开自嘲“胖”“愚钝”，这些特质与猪八戒有相似之处，是他为自己贴上的身份标签，是他展现给受众的自我意识。自我意识是对自身在特定交际语言环境中的身份构建，这种身份是该语言环境中的身份，身份与语言环境相互依存。在以幽默语言进行自我介绍的语言环境下，罗振宇的自我意识得到了受众的认同。其次，大家都知道猪八戒调戏嫦娥的典故。最后，大家都熟知热剧《三生三世十里桃花》，并且该剧的男主角作为嘉宾就在现场。如果受众不知道或不明确上述信息，交际就无法顺利进行，幽默效果会大打折扣。

（2）适合性条件使语言交际得以顺利进行。主持人的语言要恰当得体，交际能够顺利进行总要满足一定的条件。例如，《火星情报局》（第2017-08-05期）中，主持人汪涵被问道：“您认为哪位特工最好？”汪涵回答：“最好的特工就是刚才被我嫌弃而踢出局的那位，因为我现在又后悔了。”这句话之所以成立，需要满足下列条件：①有一位特工被汪涵嫌弃并被踢出局；②那位特工是最优秀的特工；③汪涵现在后悔了。假如这些条件没有满足，交际就无法正常进行。预设是语言对语言环境的一种要求，即一句话S以P为预设，当且仅当S在隐含着P的语言环境中才得以被恰当的表达。

（四）结论

通过分析网络主持人的语言及语用特征我们发现，语言环境是形成主持人语言特点与风格的关键因素。从传媒语言环境的角度，互联网创作环境是支持与制约网络主持人语言的根本要素，决定了主持人的言语风格与尺度，是形成网络主持人与传统媒体主持人语言区别的关键。从节目语言环境的角度，综艺类、新闻时事类、法制类、财经类及教学类等不同的节目类型的受众层面、结构与需求具有自身特点，节目主持人的语言应顺应受众的心理需求与节目定位。因此，在网络的语言环境制约下，主持人的用词、语法、语用原则、言语行为和语用预设等方面体现出网络化、灵活化、社群化、幽默性和大尺度等特点，同时，语音规范性较弱。对于网络主持语言特点的探究，有助于主持人发现自身的语音问题，提高用语用词的规范意识，在追求幽默效果及个性风格的同时，通过理性使用语用策略，增加言语内涵。

网络主持人对语言的良好把控与灵活运用，有助于突出互联网传播优势、展现主持个性、增强节目趣味及提升点击量，是生产优质内容，培育积极健康、向上向善的网络文化，营造清朗的网络空间的有效途径。同时，网络节目的主要受众为青少年群体，提高网络主持人的语言能力，对于青少年一代的“网生代”受众具有重要的示范意义。目前，我国有专门针对广播电台和电视台主持人的普通话水平要求，国家新闻出版广电总局等相关管理部门曾多次号召中央电视台等媒体避免使用外语和缩略词，广播电台和电视台在选拔主持人时也有较为明晰的语言评价标准，但是却没有针对网络主持人的语言评价标准与具体要求。加强对网络主持人普通话使用的监管，制定针对网络主持人的语言评价标准，加深对网络主持人语言策略的研究，提高网络主持人的语言能力势在必行。

二、网络主持人的语言规范问题

（一）网络主持人语言存在的问题

1. 存在的问题

为了便于对网络主持人语言规范进行更细致及更有针对性的研究，以下选取晚会类、脱口秀类和访谈类三种较具代表性的网络主持人节目，对其主持人语言存在的问题进行分析。

1）晚会类网络主持语言规范问题举例

以《2011 年首届中央电视台网络春晚》（以下简称《网络春晚》）第一场为例。《网络春晚》从大年初一至初六在每天 19：30 由中国网络电视台播放，引起了众多网友的广泛关注。六场晚会共有 10 位中央电视台的主持人担任主持，由于平时的身份是电视节目主持人，因此他们的语音正确率较高，发声要领应用较灵活，语言表达较准确，语言规范程度较高。不过，仍然存在一些不规范现象。

（1）语音发声问题。表6-1是对《网络春晚》主持人存在的语音发声问题的概括。

表6-1　《网络春晚》存在的语音发声问题

类型	例子	不规范现象	原因	出现时间
声调	前仰后合	将“后”发成阳平	应为去声	00：15：16
	路见不平，抡车相助	将“抡”发成阳平	在表达手臂用力挥动时应该为阴平	01：03：35
元音发音	达人	发“达”时，元音“a”不够圆润	口腔的横向开度偏大，口型较扁	00：20：54

（2）语言表达问题。“唱一首刘德华给我听听”（02：06：24），主持人想要表达的是“唱一首刘德华的歌给我听听”，“一首”修饰的是“歌曲”而不是一个人，此为词语搭配不当问题。

（3）网络语言的使用问题。主持人对网络流行语的使用较为突出，如“神马”“泥”（00：07：02）、“鸭梨山大”（00：08：16）、“你们懂得”（00：08：28）、“凡客体”（00：08：50）、“浮云”（01：22：20）、“萌”（02：07：36）、“雷”（02：07：40）、“顶”（02：07：46）、“悲剧了”（02：07：50）等，其中对“给力”一词的使用多达8次。

2）脱口秀类网络主持语言规范问题举例

以搜狐网制作的《大鹏嘚吧嘚》在2011年推普周（全国推广普通话宣传周）期间的节目（第391期）为例进行分析。《大鹏嘚吧嘚》是国内门户网站首档娱乐脱口秀节目，自2007年1月创办以来已为网友奉献了500多期节目。主持人以其独到的“鹏氏”语言，在“歪搞斜唱”中传播信息及体现价值。他在语言规范方面有哪些不足呢？

（1）语音发声问题。表6-2是对主持人大鹏在第391期节目中存在的语音发声问题的概括。

表 6-2　《大鹏嘚吧嘚》存在的语音发声问题

类型	例子	误读	原因	出现时间
声调	没有派的嘛	将“派”发成阳平	应为去声	01：01
	质量	将“质”发成上声	应为去声	08：59
	好多人	将“好”发成阳平	应为上声	18：01
	比较多	将“较”发成上声	应为去声	18：32
元音发音	导演	发“导”时，对字腹元音“a”的发音不够清晰，有从“d”直接过渡到“o”的嫌疑	应为“dǎo”	01：52
	弄一大油桶子	将“弄”发成了“nèng”	应为“nòng”	19：34
儿化韵（总计 19 处）	后背上	将“后背上”说成“后背上儿”	不符合日常儿化习惯	04：07
	制作物	将“制作物”说成“制作物儿”	不符合日常儿化习惯	06：38
	现象	将“现象”说成“现象儿”	不符合日常儿化习惯	18：00
口腔控制	复杂的表情	发“复”时，几乎听不到	口腔控制力度不够，发音不够清晰有力	02：23
平翘舌不分	邹静之	将“邹”发成“zhǒu”	应为“zōu”	01：35
	这还算好的呢	将“算”发成“shuàn”	应为“suàn”	11：23
	改做成	将“做”发成“zhuò”	应为“zuò”	19：35
归音	杨澜	发“澜”（lán）字时，趋向于“lái”	字尾归音不到位	02：32
	只能演演戏去	将“去”（qù）发成“qi”	字尾弱收不到位	03：55
刻意模仿对规范语言有损害的口音和语调	这是我从艺四十周年来，看过最好的剧本之一	主持人说了一段“洋腔怪调”的中文	故意模仿外国人说中文时的语调	05：25
	你说这是为何呢	京剧唱腔的形式	主持人模仿京剧的唱腔	09：46
多音字的误读	我唱得是梅派啊	将“得”说成“di”	应为“de”	00：50

（2）网络语言的使用问题。节目主持人也少量使用了网络流行语，如“伤不起”（12：15）、“银”（18：54）、“亲”（20：17）等。

（3）外来语的使用问题。表 6-3 是主持人使用外来语的情况。

表 6-3 《大鹏嘚吧嘚》存在的外来语的使用问题

类型	例子	误读	出现时间
英文重复描述中文	京剧好啊，China Opera	China Opera 即“京剧”	00：35
	人家是特别的时尚 fashion	fashion 即“时尚”	10：43
英文直接代替中文	在我还是 very young 的时候	希望表达“在我还是非常年轻的时候”	01：55
	这不是俏江南的 Logo 吗	希望表达“这不是俏江南的标志吗”	04：13
	over 了	希望表达“结束了”	11：36

（4）方言问题。“咦！你这是弄啥呢？”（19：27），由于是介绍一位河南朋友的事情，主持人在此处模仿河南话，属于方言问题。

在《大鹏嘚吧嘚》中，主持人常以一种夸张、戏谑、幽默和调侃的语气对新闻进行评论，主持时表情和动作丰富，语流变化明显，甚至是较夸张的抑扬顿挫。主持人试图以嬉笑调侃的方式切中要害并点明主题，以娱乐精神传达媒介内容，凸显了“鹏氏”特点。同时，主持人整体语言面貌与大部分传统媒体主持人相比存在一定的欠缺，较多时候口腔控制力度不够，发音不够清晰有力，并且语言相对随意，多次出现外来语。

3）访谈类网络主持语言规范问题举例

以新浪网推出的《新浪微博秀》为例。该节目由两位主持人主持，节目中会邀请一位明星嘉宾进行交流。主持人会不定时地分享网友的微博，并随机选择网友的微博内容进行评论，整个节目的气氛轻松活泼。同样以 2011 年推普周期间的节目（第 25 期）为例。

（1）语音发声问题。表 6-4 为《新浪微博秀》的主持人存在的语音发声问题。

表 6-4 《新浪微博秀》存在的语音发声问题

类型	例子	误读	原因	出现时间
舌面音（总计 42 处）	一两件	发“件”时略有尖音	舌面音“j”趋近于“z”（总计 12 处）	00：45
	关门之前	发“前”时有尖音	舌面音“q”趋近于“c”（总计 9 处）	00：57

续表

类型	例子	误读	原因	出现时间
舌面音（总计42处）	心意	发“心”时有较明显尖音	舌面音“x”趋近于“s”（总计21处）	01：09
口腔控制	好人	发“人”时，几乎听不到	口腔控制力度不够，发音不够有力	00：37
	成为王者	发“王”时，接近于“máng”	口腔控制较弱，没有叼住字头	18：30
前后鼻音不分	纳的布鞋	将“纳”（nà）发成“là”	“n”“l”不分	40：14
音节连读	知道	发“知道”时，将两字连读为“zhāo”	语速较快，停顿过短	46：57

（2）语言表达问题。表 6-5 为《新浪微博秀》的主持人在节目中存在的语言表达问题。

表 6-5　《新浪微博秀》存在的语言表达问题

类型	例子	误读	原因	出现时间
用词不当	我们打歌	主持人希望表达“我们点歌”	“打歌”一词在不同的民族与地区有不同的含义，多指男女在结婚时跳的一种自娱性舞蹈，有芦丝、笛子和三弦伴奏，边跳边唱。与所要表达的意思不符	15：09
语气不当	现场啊，拜托，鼓一下掌好不好	从文字表面看是乞求的语气，在表达时是命令和不耐烦的语气	主持人说这句话的目的是请现场观众鼓掌，欢迎嘉宾为大家清唱歌曲，若改为善意与动员式的语气会更恰当	15：15
停连	陈翔吧网宣说	“陈翔”与“吧”之间做了较长时间的停顿，对句意表达不准确	希望表达的意思是“‘陈翔吧’的网宣说”	18：23

（3）网络语言的使用问题。主持人在节目中使用了少量网络流行语，如“hold 住”（09：35）、“盖房正缺砖，欢迎多拍”（30：54）、“伤不起”（32：10）等。

（4）外来语的使用问题。表 6-6 为《新浪微博秀》的主持人使用外来语的情况概括。

表 6-6 《新浪微博秀》存在的外来语的使用问题

类型	例子	误读	出现时间
英文重复描述中文	一个新的 new arrival	意在表达“一件新到的商品”	03：13
英文直接代替中文	地下 P3	主持人可能希望表达“地下三号停车场”或“地下三层停车场”	00：28
英文直接代替中文	who cares，没有人看	希望表达“谁在乎呢”	06：30
	作为一个 talent	希望表达“作为一个才艺”	21：46
英文直接代替中文	我从 B3 上来的	希望表达“地下三层”	27：18
	这才是很明确告诉她 No	希望表达“很明确告诉她不”	33：29
缩略词的使用	出了新的 EP	“EP”是“extended play”的缩写，意为“小专辑”	14：47

（5）方言问题。“八月十五有没有在屋”（19：19），主持人用甘肃天水话为受众示范“中秋节有没有在家”这一句的说法，属于方言问题。

（6）与网络相关的专业词汇的使用问题。由于节目主持人与网友有较多的实时互动，因此出现一些与网络相关的专业词汇，如“悬浮窗”（17：39）、“拉黑”（25：05）、“右上角的叉”（46：59）等。

在《新浪微博秀》中，主持人以近似日常聊天的方式主持节目，不仅要与自己的搭档及嘉宾进行交流，还要时刻关注网友的微博，并选择符合现场气氛的微博与众网友分享。

2. 调查结果分析

通过对三种网络节目主持人语言存在的问题进行总结得到以下数据，如表 6-7 所示。

表 6-7 三种网络节目主持人总体语言规范问题分布情况 单位：次

节目	语言问题						
	语音发声	语言表达	网络语言	外来语	方言	与网络相关的专业词汇	总数
网络春晚	3	1	18	0	0	0	21
大鹏嘚吧嘚	34	0	3	5	1	0	43
新浪微博秀	34	3	3	7	1	3	51

为了更客观地对三种网络节目进行横向比较，笔者选取了相同时间段内(即有主持活动的前20分钟)的相关数据进行统计，如表6-8所示。

表6-8　相同时间段内三种网络节目主持人语言规范问题分布情况　单位：次

节目	语言问题						
	语音发声	语言表达	网络语言	外来语	方言	与网络相关的专业词汇	总数
网络春晚	3	0	10	0	0	0	13
大鹏嘚吧嘚	34	0	2	5	1	0	42
新浪微博秀	18	3	1	4	1	1	28

1）三种网络节目主持人总体语言规范问题数据分析

结合表6-7数据,《网络春晚》的主持人所使用的网络语言占该节目全部语言失范现象的85.7%，其中主持人主动使用网络语言和被动使用网络语言（即晚会环节名称设置中含网络语言，或网友微博留言中含网络语言）的情况各占一半；语音发声和语言表达问题共占19%。《大鹏嘚吧嘚》主持人语音发声问题最为突出，占该节目全部语言失范现象的79.1%，其中有55.9%是有关儿化的使用问题，14.7%是有关声调问题，剩下的是关于平翘舌不分、口腔控制及元音发音等问题；外来语的使用占11.6%；网络语言的使用占7%。《新浪微博秀》的主持人同样是语音发声问题较多，占该节目语言失范现象的66.7%，其中有88.2%是舌面音问题；外来语的使用次之，占13.7%；语言表达、网络语言与网络相关的专业词汇的使用各占5.9%。由此可见：

（1)《网络春晚》的主持人由于平时的身份为传统媒体主持人，播音主持业务素养相对较高，普通话语音面貌整体较好，因此在语音发声和语言表达方面的问题较少。对于网络语言的使用，一部分是主持人主动地使用，一部分是被动地使用。主动地使用网络语言也许是主持人为了突出网络特点，体现与电视节目的区别而有意为之。这从侧面反映出传统媒体主持人主持网络节目时还不能充分把握和利用网络传播特性，更多的是停留在形式上的靠近和播放环境的转变。被动地使用网络语言首先是由于晚会在某些环节的设置上直接采用了以网络语言命名的情况，如“给力温暖”“给力幸福”等。这提醒媒体人制作网络节目时，要更加充分地发掘网络特质，更准确地发挥网络优势，而不仅仅是追求名称或形式的网络化。其次是主持人在分享转述网友评论时，有些网友使用了网络语言，主持人将内容进行播读，如“其他版本都是浮云”。这间接体现出互联网的交互性。它使传受双方的交流增强，使信息的形成过程发生改变，信息不再是依赖某一方发出，而是在双方的交流过程中形成的。没有信息传播的控制者，只有信息传播的参与者。

（2）《大鹏嘚吧嘚》的主持人语音发声方面的问题最为突出，占全部语言失范现象的 4/5，其中儿化韵过多是该节目主持人的明显问题。虽然这些儿化现象并没有引起歧义，没有改变词语所要表达的意义，但是过多的儿化聚集使主持人语言更接近老北京方言的特征，其中有一部分是日常生活中没有儿化习惯的词语，如“制作物儿”“节目儿”“后背上儿”，这违反了普通话儿化的要求，以至于整体语言面貌给人以过于随意和口语化之感。该节目的语言表达问题不多，这可能与主持人的语言表达方式就是“嘚吧”，即轻松和口语化，网友对其语句和语法的规整性并不敏感有关。该节目中，主持人以草根民众的视角观察世界，将草根文化这一网络精神彰显得较为透彻。主持人将自身定位为一个真实存在的小人物，常用调侃的口气戏谑发生在“大人物”身上的事情，因此其语言具有鲜明的平民化特征。他的普通话存在方言痕迹，口语特征明显，对外来语的使用多半表现出“明明不太会说，却又假装洋气”的状态。

（3）《新浪微博秀》的主持人语音发声方面的问题占全部语言失范现象的 2/3，其中舌面音方面的问题比较明显。虽然只是个例，却反映出网络节目主持人的招收门槛偏低，主持人的语言面貌有待改善，播音主持业务素养有待提高。对于 3 处网络语言的使用，有 2 处是主持人主动地使用，1 处是主持人在分享网友微博时转述的微博内容。关于外来语的使用问题，主持人时不时地出现中英文混用现象，使部分网友造成了理解障碍。同时，由于该节目较前两种网络节目与网友有更为充分的微博互动，因此主持人语言中出现一些与网络相关的专业词汇，通俗地说就是微博达人之间的“行话”，这对于有些只观看节目而不了解微博的网友也许会增加理解难度。

2）相同时间段内三种网络节目主持人语言规范问题数据分析

通过表 6-8 数据可得出，在同样的时间段内，《大鹏嘚吧嘚》和《新浪微博秀》的语言失范现象总数分别是《网络春晚》的 3 倍和 2 倍；具体到语音发声问题，分别是《网络春晚》的 11 倍和 6 倍；具体到外来语的使用问题，《网络春晚》中没有出现，而《大鹏嘚吧嘚》和《新浪微博秀》在 20 分钟内分别出现了 5 处和 4 处；关于方言的使用问题，《大鹏嘚吧嘚》和《新浪微博秀》均出现 1 次，《网络春晚》使用率为零。这充分反映出网络主持人的语言规范意识和播音主持业务素质与传统媒体主持人还存在一定差距。对于网络语言的使用问题，《网络春晚》分别是《大鹏嘚吧嘚》和《新浪微博秀》的 5 倍和 10 倍。同时，主持人使用的网络语言有 3/5 以上为 2010 年以前的网络词汇，如“给力”“雷”“神马”等，而《大鹏嘚吧嘚》和《新浪微博秀》的主持人基本使用的是 2011 年产生的较新的网络流行语，如“银”（即“人”）、“亲”（淘宝体）、“hold 住”等。这反映出传统媒体主持人虽然客串为网络节目主持人，但是并没有真正抓住网络节目的精髓与特质，更多的还只是流于使用网络语言等对表面网络特色的追求，而真正的网络主持人由于相对充分地结合了网络特性，反而对网络语言没有刻意地使用。

（二）网络主持人的语言失范原因

以上根据三种不同的网络节目类型对网络主持人的语言规范问题进行了分析，那么，除了受到节目类型影响外，网络节目主持人出现语言失范现象还有哪些共同原因呢？

1. 客观原因

1）网络环境影响

主持人的语言表达必然受到传播媒介的影响。一方面，互联网的自由开放性使其与传统媒体相比，赋予了普通公民传播权，即所有上网的人都可以发布信息，信息的传递是双向交互式的，不区分发布者和受众。这为网友、内容提供商及互联网服务提供商都创造了创新、竞争和自由表达的开放环境。但是，这也使信息获得和发布的门槛大大降低，各种质量的信息杂存，语言规范性降低，网络语言盛行。网络主持人置身于网络环境之中势必受到周围语言的“熏陶”，语言规范性会受到影响。同时，网络的交互性与匿名性使网友的表达意识、参与意识和交流意识表现得更强烈，在与主持人互动的过程中，网友的语言会对网络主持人的语言表达产生直接影响。例如，主持人在分享网友的微博或评论时，如果网友使用了网络语言，或是语言表达不规范，主持人就可能由于复述内容或发表风格相同的回复而忽略了语言表达的规范。

另一方面，互联网将人们传统的线性思维方式转化为非线性思维方式，即超文本化的思维方式。传统思维一般是直线的和单向的，是遵循时空顺序并沿着一定逻辑方向发展的。而超文本化的思维方式则是非平面的、无中心、无边缘、跳跃的，这导致了人们思维的开放化、多样化与发散化。有些网络主持人认为语言中出现中英文混用、网络语言和方言等是体现此种思维的一种方式。其实这样做是没有把握网络传播实质的，只是下了表面功夫，是以牺牲语言的规范为代价的。

2）选拔标准宽泛

网络主持人是伴随着互联网的发展和计算机技术的提升应运而生的新事物，其发展还处于自发的摸索阶段。关于网络主持人的选拔和资格认定标准还没有形成完善科学的评价体系。目前各大网络门户和网络公司招聘网络主持人时，多从学历、形象及语言交际能力等方面提出笼统的要求，主要以主观意向为准。例如，一般对于学历的要求是大专以上或不限，对专业不作明确限制，外在条件多为“形象气质好”，播音主持业务能力多为“声音甜美，普通话标准”，并没有形成具体清晰和专业性高的硬性要求。这是导致网络节目主持人语言素质参差不齐，相较于传统媒体主持人仍显不足的原因之一。对于传统媒体主持人，目前我国有《播音员主持人持证上岗规定》（2001 年发布），《广播电视编辑记者、播音员主持人资格管理暂行规定》（2004 年发布），《中国广播电视播音员主持人职业道德准则》（2004 年发布）等文件，中央电视台 2015 年还修订了《播音员主持人管理办法》。这些文件对播音员和主持人的责任、品格、形象、语言，以及人员选拔、资格认定、日常管理等方面都做了较为详细的规定。其中，对于播音员和主持人的语言从语音、表达和语法等方面做出了论述，要求播音员和主持人持证上岗(《中华人民共和国广播电视播音员主持人证》)，并且明确规定其普通话水平要达到国家《普通话水平测试实施办法》规定的标准。这些都从很大程度上保证了传统媒体主持人的语言规范水平，是值得借鉴的。

3）对象层次多样

这里包含两个方面。一方面是网络主持人以“一对多”的形式进行传播。由于互联网的虚拟性、互逆性、即时性、海量性和全球性，主持人不仅要照顾节目现场，顾及网友，还要处理网友与现场的互动。很多时候，网络主持人需要一边与嘉宾交谈，一边和网友沟通，还要为网友与嘉宾的互动搭建桥梁，以“一对多”的形式进行传播，比传统媒体主持人“一对一”的传播形式面对的对象更多，不确定性更高。例如，在《新浪微博秀》中，主持人要时刻关注网友的微博留言，网友可以对节目现场进行实时评论，表达各具特色的想法。主持人要有选择地对网友留言做出即时判断，并进行点评发挥，可谓“一心多用”，创作空间更大，难度也更高。

另一方面是网络主持人交流对象的多元化。党政机关事业单位人员、企业公司人员、学生、工人、农民、个体户和自由职业者……各种职业、各种年龄和各种经历的网友都可以随时匿名与网络主持人进行零成本的互动。网络主持人要兼顾所有不同身份网友的各种言论，对象的复杂性分散了主持人的精力，使其不仅将心思集中于语言的表达及对节目进程的掌控，还要关注时刻更新的微博，并挑选符合节目主题的微博与众网友分享，同时加以评论，这从客观上增添了网络主持人语言规范的难度。同时，交流对象的多样性使网络主持人较难兼顾所有的网友群体。例如，在《新浪微博秀》中，主持人更多地考虑了文化程度较高的网友，从而出现了中英文混用的现象，这可能会对一些工人、农民、个体户和自由职业者造成一定的理解困难；在与嘉宾的交流中，主持人使用了“EP”一词，该词对于歌手和歌迷可能并不陌生，但是对音乐唱片了解不多的网友就只能猜测它的意思了。培养主持人多层次的对象感，切实站在网友的立场上考虑问题，设想和感觉各种对象的存在和反应，从感觉上把握网友的心理是解决由于对象的多样性而产生的语言失范问题的方法。

2. 主观方面

1）规范意识缺乏

缺乏语言规范意识，将规范的语言误认为刻板，将语言失范与语言的个性化相混淆，是网络主持人易犯的错误。有些网络主持人没有意识到互联网传播是一种社会行为，虽然其具有人际传播的特征，但是归根结底还是大众传播，是媒体与大众之间的公开交流，网络主持人肩负着推动全社会实现语言文字规范化和标准化的示范责任。

2）网络规律把握不当

网络主持人应当充分发掘网络特性，正确利用网络传播规律，使网络节目成为传播可信信息，传递主流价值观，积极推广规范语言文字的强大阵地。不能将网络主持与传统媒体主持的区别误认为只是对网络语言的使用，对言语底线的挑战，以及对个性化价值观的展现。例如，利用互联网信息传递的双向性和交互性强这一特征，主持人可与网友进行真正充分的互动，给予网友更多表达自己想法的机会，提高他们的参与性，使他们切实感受到自己也是节目的一部分，是信息的创造者而并非仅为受众。同时，主持人应当抓住互动的机会，向网友推广规范的语言文字和积极健康的核心价值观，在自然亲近的交流中潜移默化地感染网友。又如，利用互联网超文本化的思维方式，主持人应激发自身开放、多样和发散的思维模式，将其渗透于对信息的编排和对语言的组织上，体现网络思维的跳跃性及网络语言的活泼性。

3）播音主持业务素养参差不齐

网络主持人的播音主持业务素养参差不齐，也是造成其语言规范性较低的重要原因。例如，在《新浪微博秀》中，主持人将“知道”两字连读为“zhāo”；在《大鹏嘚吧嘚》中，主持人在说“大家脸上那个复杂的表情”时，“复”字几乎听不到，在表达“你们只能演演戏去”这句话时，将“去”（qù）发成了“qi”；在《新浪微博秀》中，主持人在发舌面音时，由于舌尖略向前，抵到了上下牙齿中缝，可听出较明显的尖音。

这些现象都是由于主持人的语音发声不达标造成的。有些人误认为互联网宽松的创作空间对主持人的语言要求较低，事实上则不然。

互联网环境中的播音主持活动对播音员和主持人的业务素养提出了更高的要求。首先，由于网友的主体部分是具有一定受教育程度的中青年人，他们一般生活节奏快、思想活跃、思维敏捷及理解力强，同时学习和工作压力大，常常希望能在短时间内放松心情及缓减压力，并获得尽可能多的信息，因此往往需要网络主持人拥有较快的语速。其次，受互联网阅读习惯的影响，网友已经逐渐形成了飞速浏览，通过链接不停跳跃，只阅读标题和短文等阅读习惯，而不是像在纸媒和广播电视媒体中对长文章和长节目的阅读和欣赏。阅读方式的转变带来思维方式的改变，体现在网络节目上就是节目短小精悍，主持人思维转换快速，语言富于变化。最后，电子传播设备和网络传输技术的局限性使主持人的声音在传输过程中存在损耗，为了保证信息传播的有效性，主持人必须具备过硬的业务素质。

（三）影响网络主持人语言规范的因素

1. 对用声的要求

网络主持人借助电子传播媒介传递信息，对其声音的要求是：①准确清晰，即吐字合乎规范，字音标准，语音具有较高的分辨率，即使在杂音环境中也能听清楚。②圆润集中，即节目主持人要有较好的声音音色和较高的吐字技巧，并且声音集中，易被接受。③朴实流畅，即语言接近生活中的讲述，且发出的每一个字和每一个音节都要融汇在语流中。

2. 对表达的要求

（1）规范性。互联网作为一种大众传播工具，主持人的语言对广大受众起着典型示范和榜样作用，是一种强势语言。这必然要求语言的规范，语言越规范，传播越广泛。播音员和主持人是运用有声语言来传播信息与文化的，做到“清楚明白”是最起码的要求。如果观众听不清主持人说的是“明星”还是“民心”、“不幸”还是“不信”，那将是语言传播的悲哀。

当然，这里的语言规范不止体现在语音规范及普通话规范，还体现在从整体上把握语言规范系统，包括语音、词汇和语法的规范，语言表达样式的规范，语言内部技巧和外部技巧的规范，语言和副语言（体态语）运用的规范，等等。有些主持人只把规范的标准定在不读错字音、把握好词语的轻重格式和保持语句的规整上，以为做到这些就完成了播音规范的任务。还有些主持人一提到语言规范，就把规范与语言表达的“活”对立起来，结果使语言表达呆板。中央人民广播电台播音指导方明曾说，“好的播音，应该让人‘听清字儿，听懂事儿，听出味儿’”（姚喜双，1993）。

（2）对象感。对象感就是播音员和主持人必须设想和感觉到对象的存在和反应，必须从感觉上意识到受众的心理、要求、愿望和情绪等，并由此调动自己的思想感情，使之处于运动状态，即要做到“目中无人，心中有人”。网络主持人只有透彻摸清了网友的收视心理，充分了解潜在的受众对所表达内容可能产生的反应，语言才会更有针对性，更贴切。

（3）分寸感。网络主持人作为网络节目制作传播的最后一环，代表着群体观念。这个群体中包含着制作团队和网站，有的代表了党和国家。如果网络主持人不能认识到这一点，只是狭隘地认为自己只是愉悦网友的“小我”，而忽略了网络传播的广泛性和迅捷性，就很容易失去对网友进行正确引导和示范的职责。网络主持人在进行创作时往往比传统媒体主持人有更大的空间和自由度，但是，网络主持人应当明白这种自由是有度的，必须对网络舆论的边界和底线了然于胸，在任何时候都要把握好“分寸感”，掌握好“度”，绝不随心所欲，信口开河。

（4）感染力。网络主持人的语言表达应具有亲切感和鼓动性，以同网友平等的身份，用饱含深刻思想与真挚感情的语言，向网友传递新鲜、易懂、真切和可信的信息。只有这样，才能以网友乐于接受的方式，起到信息传播、舆论引导和感染鼓舞人的作用。

（四）促进网络主持人语言规范化的对策

1. 加深网情认识，提高规范意识

互联网的发展和计算机的普及对人们的生活产生着越来越广泛与

深刻的影响，伴随互联网发展应运而生的网络主持人也会迅速发展起来。作为网络窗口的网络主持人拥有公共话语权，是进行大众传播活动的人，其语言对广大网友具有引导和示范作用。据统计，截至 2017 年 12 月，10~39 岁的网友占整体网友的 73.0%，其中 20~29 岁的网友占比最高，达 30.0%。这说明大部分网友为中青年人，随着时间的推移，他们将逐渐成为社会支柱力量，其语言也将成为社会主体语言，他们的语言规范与否将会对未来社会语言发展产生很大的影响。同时，随着互联网的进一步普及，上网的人数会持续增长，网友的成分也会日趋多样化。第 41 次《中国互联网络发展状况统计报告》显示，与 2016 年 12 月相比，60 岁以上高龄网友群体的占比有所提升，互联网继续向高龄人群渗透。这对网络主持人的语言规范提出了新的要求，这种规范既要适应网络虚拟社区的语言环境，也要适合大众化。并且，网络主持人队伍的壮大及影响力的增强，还会波及传统媒体主持人，对传统媒体主持人的语言带来冲击。因此，网络主持人要肩负起引导和示范职责，正确利用网络特性，更好地传播规范语言。如果网络主持人将具有私语性和口语化特征的小众语言转变为具有公共性和书面语特征的大众话语，就不可避免地会产生一些负面影响。例如，造成网络外群体的视听困难，对青少年日常用语习惯带来负面影响，影响现代社会语言生活的健康发展等。总之，网络主持人的语言规范是不容忽视的问题。

2. 完善法律法规，加强行政监管

政府应积极运用政策、法律法规和技术手段加大对媒体语言规范的监管和调控力度。法律方面，在严格遵守《中华人民共和国国家通用语言文字法》及相关法规的基础上，将媒体语言规范写入《中华人民共和国国家通用语言文字法》或相关规定，从法制建设方面为媒体语言规范提供保障，逐步引导媒体语言从不规范到规范的转变。发布针对网络主持人的职业道德、资格管理和岗位要求等规定，将对网络主持人的各项要求落到实处，使各大网站和网络公司在招聘网络主持人时有据可依。政策方面，将语言使用情况纳入对网络平台的考核指标，对语言规范和起到良好示范作用的网站或节目，政府应实行扶持、优惠或奖励，对有较多语言失范现象的网站或节目予以处罚。可将内容健康积极和语言规范生动的网络节目安排在黄金时段播出，使较多的网友直接参与互动，受到规范语言的熏陶。

3. 制定行业规范，健全自律机制

改革和健全行业制度和自律机制，各大制作原创网络节目的网络门户应主动承担起大众传媒的示范职责。网站内部应该在制作、审查和播出等重要环节实施严格的审核把关和“责任到人”制度，并对自身语言产品可能产生的结果进行评估与预测，做到不仅要考虑传播力，还要考虑影响力。相关部门应建立网络语言规范使用的监测机制，完善网络语言规范使用的管理制度，并组织专家学者和一线工作者加强对网络语言规范的研究，形成网络语言规范使用与研究群体之间的良好协作关系。研究者需要到实际生活中观察语言、搜集材料、发现规律及研究特性，提供对新增网络用语规范性的鉴定结果，确立规范标准，为一线从业人员提供切实可行的标准规范。2016 年，《现代汉语词典》（第 7 版）发行，为大众提供了新的语言规范依据。然而对于网络主持人来说，这样的更新速度与互联网的发展速度并不匹配，有些已经在网友中频繁使用的网络词汇并不能及时确定其规范性。因此，需要专业权威的研究机构以更短的周期对可纳入规范语言系统的网络新词和新语进行更新，为网络主持人及传统媒体主持人提供及时可靠的依据。同时，网络主持人自身也要具备较好的道德操守、全面的人文素养、严谨的职业作风和强烈的社会责任感，自觉地提高自身的语言能力，从源头上把好语言规范关。

4. 加强培训交流，提高队伍素质

网络门户可定时组织网络主持人进行学习，以培训的形式对网络主持人的语言能力进行提升。例如，对网络主持人进行岗前培训，向即将成为网络主持人的人员传授具体的语言规范要求，帮助其树立科学明确的语言规范观，并定期进行强化培训，交流总结工作中出现的语言不规范问题，有针对性地切实解决语言不规范问题。增强网络主持人的法制意识，使其切实遵守《中华人民共和国国家通用语言文字法》，积极推广普及普通话，不使用对规范语言有损害的口音、语调、粗俗语言和行话；用词造句要遵守现代汉语的语法规则，要语序合理、修辞恰当、层次清楚，避免滥用方言词语、文言词语、简称略语或生造词语。还应为网络主持人提供更广阔的交流平台，开辟网络主持人之间、网络主持人与传统媒体主持人之间、网络主持人与专家学者之间交流学习的多种渠道。例如，召开网络主持人座谈会，让网络主持人互相交流主持经验；让网络主持人到传统媒体中担任主持人，增强其语言规范意识，让传统媒体主持人到网络节目中担任主持人，增添其语言活力；让专家学者与一线网络主持人交流，由其直接向网络主持人传达语言规范的必要性，并了解一线工作者的困惑，解决研究与实践脱节的现象。对于当前网络主持人总数较少，且一部分是兼职的传统媒体主持人或网站工作人员这一现象，努力培养专业的高素质的网络主持人队伍，是有利于网络主持人队伍管理，促进其语言规范，提高队伍素质的重要途径。

第二节　网络节目的字幕应用情况

字幕作为网络节目传播符号系统中不可或缺的组成部分，与电声和画面相互配合，互为补充，是彰显节目个性，弘扬网络文化的重要途径。字幕既是语言文字符号，可以明确传达许多画面与有声语言难以表述清楚的含义，又是艺术表现符号，可以通过对画面进行修饰达到增强节目效果的作用。可以说，在传媒竞争日益白热化的今天，更体贴入微的字幕表达为网络节目赢得受众并提升传播力贡献了不容小觑的力量。

2017 年 6 月国家新闻出版广电总局印发的《关于进一步加强网络视听节目创作播出管理的通知》强调，各类网络视听节目必须规范使用国家通用语言文字，严格按照规范写法和标准使用国家通用语言文字的字、词、短语和成语等，不得滥用谐音、生造滥造词义、肆意曲解内涵，不得使用不规范的网络语言和错词别字。各网络视听节目服务机构和网络视听节目制作机构要加强网络视听节目名称、台词、字幕和配音等使用语言文字的管理，防止不规范使用国家通用语言文字的节目上线播出。

字幕作为体现网络视听节目是否规范使用国家通用语言文字的重要阵地，对其类型与作用、语言与表达特征进行探索对于网络媒体增强规范意识，提高传播效率，提升自身水平具有重要意义。

一、网络节目字幕的类型及作用

（一）声画协同字幕

声画协同字幕是指伴随着电声和画面同步使用的字幕。声画协同字幕既可以是对电声的真实展示，也可以是对电声的加工与提炼。例如，记录主持人与嘉宾交谈，以及出镜记者和受访者交流的同期声字幕。

（1）声画协同字幕可以弥补声音语言有声无形的缺憾，弥补由于周围噪声、电声传播折损等因素造成的传播效率降低。例如，在 2015 年 9 月 16 日第 599 期《大鹏嘚吧嘚》的“大鹏耍大牌”版块中，由于主持人杨小 P 主要从事编剧等幕后工作，并不是播音主持专业科班出身的主持人，因此其普通话水平与吐字发声能力欠佳，加之嘉宾是加拿大籍演员夏克立一家三口，他们的普通话混合了英语、粤语和闽南语的发音习惯，对受众的有效接收及信息的高效传播形成了障碍。此时，同期声字幕就发挥了很大作用。首先，字幕不仅可以帮助消除语言障碍，加强各地区、各民族受众群体对节目内容的理解和认知，还可以满足特殊目标受众群的收视需要，如聋哑人和学习汉语的外国人士等。其次，字幕避免了由于现场环境（噪声）等客观因素而造成的信息传播障碍。在主持人访问过程中，夏克立的女儿夏天开心地玩逗着自己的布娃娃，并不时发出笑声，这时字幕可以弥补由于外界声音干扰较大而使传播效果折损的局限性。

（2）声画协同字幕可以修饰有声语言，规范语言传播。字幕可以通过一定的调整与修饰，弥补传播者有声语言中残缺的部分，消除冗余的部分，或是将方言或外语翻译为普通话，方便受众的理解和接受，以促进语言规范。例如，人民网《新闻 15 分》中，被采访对象使用方言表达“大儿”，字幕将其翻译为“大儿子”。又如，《晓松奇谈》的《扒一扒美利坚9——种族歧视蝴蝶效应》一期中，“海明威干脆就隐居起来了，不和你们这些人来（往）……又跑到非洲去了，safari（狩猎）去了”。字幕对主持人有声语言中缺失的部分进行了补充，并对英语进行了翻译。

（二）声画空缺字幕

声画空缺字幕是指只与电声或画面一方配合使用的字幕。

（1）“画外音”字幕传递声画潜台词，增添趣味性。这类字幕往往是对节目中的电声或画面进行解释说明的有机补充，如事件发生的时间、地点、人物身份、人物表情或心理活动等。这类字幕会在信息量极为庞大的声画当中脱颖而出，助力受众第一时间抓住传播者最想要传递的信息。例如，在《奇葩说》的“高学历女生做全职太太是浪费吗？”一期中，主持人蔡康永发言后，场内观众报以掌声和欢呼声，此时字幕模仿观众心理，打出“好爱康永哥”，让人觉得观众们都“萌萌哒”。又如，反方队友范湉湉论述完自身观点后用了一个反问句“你们认为应该吗？”，此时字幕配合她的语气将“应该吗”放大并逐字迸现出来，更加凸显了她强烈的质疑语气，也为紧张的辩论增添了几分诙谐。

（2）注释性字幕普及基本信息，体现完整性。在很多网络节目中会运用注释性字幕介绍相关知识、基本剧情、演出情况、演员情况、声音或画面来源等。例如，在优酷视频《聚焦》的“聚焦李冰冰：我太笨，所以就笨鸟先飞吧”一期节目中，当李冰冰讲述自己的从影故事时，节目截取了其在出演电影《天下无贼》时的视频画面，并在屏幕右下方标示出电影的基本信息。此类字幕作为声画空缺字幕的典型代表，不仅体现了网络节目制作的严谨性和信息呈现的完整性，也符合受众接收信息碎片化和多屏化的互联网传播特点。

（3）整屏字幕凸显信息重要性，体现权威性。整屏字幕是一种典型的仅与电声配合使用的字幕类型，在新闻节目中常用它代替画面再现政策法规的原文。例如，人民网《一说到底》的第160期“网络文艺的黄金时代何时到来？”中，就将中共中央政治局审议通过的《中共中央关于繁荣发展社会主义文艺的意见》进行了整屏呈现。当整屏字幕将文字新闻作为画面主体全部呈现于荧屏之上时，文字符号较非文字符号传递的信息更具说服力的优势就显现出来，整屏文字的正式感使受众感受到所传递信息的重要性和权威性。

（三）独立字幕

独立字幕是指独立发挥作用，而不与电声和画面配合使用的字幕。此类字幕可以很好地完成时间的推移、地点的转移、画面的切换，还可以发挥主持人的功效推动节目进程等。例如，在搜狐视频《极速攻略》2015年8月31日的节目中，在讲述关于某项体验项目的背后趣事之前，屏幕上就出现了“极速项目体验——高跷踢椰子”的字幕，以此字幕承上启下，完成节目画面与情节的转换。

网络节目的独立字幕中有一种特殊的字幕形式——弹幕。弹幕通常是指出现于视频内容之上并横穿视频内容的所有评论。弹幕可以用于交流、模拟声音、填满屏幕等。五颜六色、长短各异的弹幕为受众营造了集体观影的热闹场景，减轻了受众独自观影的孤独感。随着弹幕的兴起，网络节目很好地把交互这一特性发挥到极致，不仅有现场观众的互动，还有实时播出平台的弹幕互动，加上两微一端[微博、微信、APP（application，即应用程序）]的助力，线上线下实时同受众进行互动，互联网的强交互性获得了全面的开发。

以“90后”为代表的网络受众大多乐于及时表达和分享自己的观感和意愿，网络主持创作主体利用弹幕连接受众和节目内容，增强受众的现场感和交流感。通过弹幕增强网络节目的交互性主要体现在两个方面。

（1）实现了受众与受众的交互。在传统的电视节目中，受众只能与同一空间中共同观看节目的人群进行交流，并且由于关注点可能不同，这样的交流是极其有限的。而在网络节目中，受众会看到大量的弹幕从视频中飞过，使视频观看者感受到其他受众的在场性，自身的安全感得到保障，孤独感减少。在这一虚拟交流的过程中，作为弹幕使用者的受众获得了跟传统大众媒介不同的媒介体验与快乐。

（2）受众生成弹幕的过程即参与节目内容生成的过程。网络节目中的弹幕由用户自行解决和生产，可以说，“作为受众个人生产的弹幕，它事实上是将受众自身和外界的事物纳入弹幕内容之中，由此而生产出膨胀的视频内容与受众个人经历所融合的变体”（吕鹏和徐凡甲，2016）。使用弹幕的受众将评论覆盖于节目内容之上，这一过程不只是简单地对节目进行了修改或改进，而是生成了全新的内容。弹幕所做出的对特定画面的“解释”，在帮助其他受众了解画面含义的同时，也在一定程度上强化了其他受众对某一方面的认同。因此，弹幕也强化了受众与受众之间的联系。

二、网络节目字幕的语言特征

网络节目字幕作为网络语体的一个重要组成部分，对国家通用语言文字具有示范和引导的功能与职责。以下从语言规范的视角，从文字、词汇、格式三个方面对网络节目字幕的语言特征进行分析。值得指出的是，此处所列举的网络节目均在探索互联网思维及促进网络音视频发展方面有着突出贡献，也赢得了诸多受众的认可与喜爱，笔者只是针对节目字幕提出一些值得探讨的问题。

（一）文字使用随意化，严谨性有待加强

（1）文字的呈现方式繁多，使用随意化。字幕中的文字有时会真切地反映有声语言，有时会隐晦地反映有声语言，有时会以戏谑的网络表达方式反映有声语言。例如，对于有声语言中的不雅字眼，有些节目字幕对其进行了隐晦的表达。例如，在《奇葩说》2015 年 9 月 18 日的节目中，当主持人与嘉宾的对话出现某不雅词语时，字幕显示“你一直以×丝男士自居，那今天的题目你会选择哪边？”，以隐讳号代替了粗俗的文字。又如，在《奇葩说》2017 年 6 月 16 日第四季总决赛的开场环节，为了凸显决赛的紧张感与隆重感，屏幕中央出现了“how bling bling 的一期”的字幕，以中英文混用的方式为决赛焦灼的气氛增添了一丝诙谐。总体而言，目前网络节目的字幕呈现方式比较随意，图形、符号、

中英文等多种样式都会出现在字幕中。

（2）随意化引发不规范现象，严谨性有待加强。繁多的文字呈现方式体现了互联网天马行空、集各种表达于一身的网络文化，但同时较多的文字差错又反映了网络节目对字幕的制作不够严谨，错别字、多字、漏字及中英文混用等不符合现代汉语规范的现象时有出现。例如，《娱乐猛回头》2015 年 9 月 14 日的节目在说到四位中国籍韩国人气组合成员参加国内真人秀节目时，网络用字直接出现在字幕中，“他们哪一位不是没见过几百个机位滴银”，将“的”写成“滴”，“人”写成“银”。又如，《中国游戏报道 2015》“S5 比赛新版本辅助或将崛起 GTA（grand theft auto，即偷车大盗）与巫师”一期节目中的漏字现象，“重装战士是在上一次的版本更新提出来的概念”，将“更新时”的“时”字遗漏，造成字幕语句不通顺。再如，《偶滴歌神啊》第三季第 12 期的节目中，当主持人邀请嘉宾解答了观众的一个问题后，字幕打出了“原来乳齿”（正确的字幕应为“原来如此”）四个字，这是对平翘舌不分的错误发音的调侃，也是对规范语言文字的亵渎，会对青少年产生不良影响。

（二）词汇运用网络化，大众性有待加强

（1）网络词语和网红事件缩略词时有出现，词汇呈现网络化。网络节目中的字幕用词具有鲜明的互联网特征，大量网络词语和网红事件缩略词在字幕中运用。例如，《综艺大嘴巴》2015 年 9 月 1 日的节目中，谈及某档真人秀节目里明星纷纷秀恩爱的现象时，使用了“明星花式虐单身狗”的字幕。“花式虐狗”是从“单身狗”一词衍生而来的网络热词，形容情侣们变着法子秀恩爱，并不顾忌是否对周围的单身人士造成心灵创伤。又如，《优酷全娱乐》2015 年 9 月 30 日的节目中，在对陆川导演的电影《九层妖塔》的电脑特效提出赞扬时，使用了“俺们终于可以撇开五毛钱特效，看到国内顶级 3D（3 dimensions，即三维）片了”，其中“五毛钱特效”一词指代的是近期我国很多电视剧的特效制作越来越粗糙一事，是由网红事件衍生出的缩略词。对于受众而言，若了解这些词语的网络渊源或事件背景，便更容易感受到节目语言蕴含的层层乐趣。

（2）谨慎使用网络化词汇，避免误用和滥用词语，提倡使用符合语用规律的大众化词汇。充满网络特色的字幕是一把双刃剑，当深谙网络文化的受众对节目中或形象，或幽默，或犀利的字幕词汇津津乐道时，对网络背景知之甚少的受众可能会对“花式虐狗”“五毛钱特效”之类的“梗”不明就里。因此，在发挥网络娱乐精神的同时，兼顾更广大受众群体的感知和理解能力，以严谨的态度斟酌字幕用词，选择更具大众化的词汇，是拓展受众群，提高传播效率的重要途径。

除了过多使用具有网络特色的词汇，当前的网络节目字幕还存在误用词语和滥用外语及缩略词汇等不规范现象。例如，《吴晓波频道》2015年9月30日的节目中，主持人在谈论韩国的流行文化产业首先瞄准的是我国的“80后”“90后”市场时，字幕使用的是“巴九灵（890）”，词汇的误用影响了受众对于句意的理解。又如，《创新讲堂》第13集中，嘉宾在谈论某“互联网+物流”型公司的“线上到线下”（online to offline，O2O）的商业模式时，字幕用“O2O”这一外语缩略词汇表示，对不懂英语或是不了解此商业模式的受众造成了继续理解下文的障碍。因此，合理选择网络特色词汇，科学规范使用缩略词，尽量选择遵守并符合语用规律的大众化词汇，是减少理解障碍及提升信息接收率的有效方法，也更符合语言规范的理念。

（三）格式应用情绪化，理智性有待增强

（1）标点使用无规则，段落运用欠规范，格式展现情绪化特征。字幕格式主要包括标点符号和段落格式两个方面。网络节目字幕对于标点符号的使用十分混乱，主要凭借创作主体的个人喜恶确定，标点的使用时有时无，大多数时候不使用标点，而只是以空格隔开，有时在创造主体希望起到强调作用时会即兴使用标点。例如，《偶滴歌神啊》2016年8月11日的节目中，主持人谈到自己在意大利的一段用餐经历时，部分字幕是“我有一次去意大利在‘姨塔梨’吃那个Boston龙虾”。这段字幕中，不但标点符号的使用时断时续、时有时无，而且出现了中英文混用，以及对英文词语极其不规范的音译。

网络节目字幕的段落格式主要是针对整屏字幕。由于整屏字幕多用于较为严肃的场合，如党政部门的政令或法规、重大会议的决议或新闻、领导人讲话、重大讯息公布，以及涉及数字或结论性信息的报道等。因此，整屏字幕更要遵循汉语书写的段落格式要求，无规则及不规范的格式不仅影响人们的理解，还会使信息的重要性和权威性大打折扣。例如，《问医百科》2015 年 3 月 16 日的节目中出现的整屏字幕如下所示。

小结：

强迫症缓解方法—顺其自然，不刻意去克服它；为所当为，做自己该做的事；找专科医生就诊，接受正规治疗；

强迫症缓解方法—森田治疗；

强迫症是可以治愈的。

第一段和第二段的结尾处都使用了分号而不是句号，对于破折号的书写也不正确。这些格式的不规范在一定程度上会导致受众质疑信息的正确性与权威性。

（2）理性运用格式，提升细节品质。标点及段落格式的情绪化使用，既有认识问题和态度问题，也存在对标点符号及段落格式用法掌握不好的问题。语言文字规范化和标准化是我国语言文字工作的重要任务之一，标点及段落格式的规范使用当然涵盖于其中。我国网络媒体经过 20 多年的发展，已逐渐完成了从边缘媒体到主流媒体的过渡，加强网络媒体的规范化意识，提高对细节的要求，对于形成积极向上的网络文化，加速网络媒体的主流化进程将起到推动作用。

三、网络节目字幕的表现特征

节目字幕不仅可以传递信息，弥补有声语言，而且字幕位置、字幕出入、创作元素等艺术表现形式还会对荧屏效果、趣味情调、节目特点和艺术风格等产生影响。以下将从字幕位置、字幕出入、创作元素三个方面对网络节目字幕的表现特征进行探析。

（一）字幕位置相对固定，服从于整体画面

字幕位置，即文字在屏幕上出现的位置。妥当处理字幕与画面的位置关系，对于信息传递并保持画面美观至关重要。当前网络节目的字幕位置相对固定，屏幕上的字幕一般占据如下位置，如图 6-1 所示。

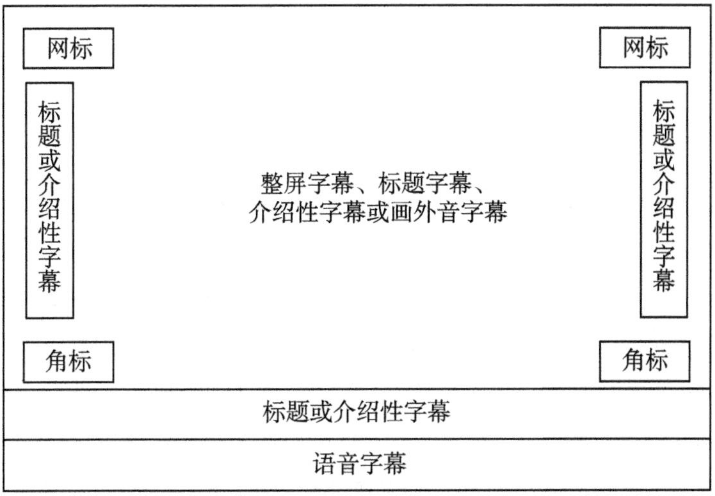

图 6-1　网络节目字幕位置分布

一般而言，屏幕的左上角或右上角为网标（网站的标识）；屏幕的左右两侧为标题或介绍性字幕，介绍性字幕主要是介绍画面中的人或物；画面中间为整屏字幕、标题字幕、介绍性字幕或画外音字幕，画外音字幕常用以表达节目中电声或画面的潜台词，如人物表情或心理活动等；画面中左右两侧下方往往是角标出现的位置，如节目符号或看点等；处于屏幕下方与语音字幕上方的一般为标题或介绍性字幕；屏幕的最下方为语音字幕。由于网络节目中进行有声语言创作的人员身份多种多样，普通话水平和吐字发音能力参差不齐，因此大多数网络节目都有语音字幕。

字幕的位置主要服从于整体画面的美感，尽量避免字幕之间相互遮挡、字幕遮挡重要画面或一帧画面中字幕过多等导致画面不和谐或使信息传播受损的现象出现。例如，在《时尚江湖》“郎朗周杰伦橘子情缘”

一期节目中，3 分 42 秒至 3 分 45 秒出现的网标与标题字幕互相遮挡；在《爱奇艺爱电影》“头脑特工队”一期节目中，1 分 45 秒至 1 分 48 秒出现的节目的原创字幕与被引画面中的固有字幕相互遮挡；在《综艺大嘴巴》2015 年 9 月 3 日的节目中，8 分 18 秒至 8 分 23 秒出现的一帧画面中字幕过多的现象，不仅影响了画面构图，使画面看起来杂乱无章，还致使受众不知从何看起，难以从凌乱的画面中获取信息。

（二）字幕出入花式繁多，顺应于感知规律

字幕出入主要包括字幕的显示时间和出入方式两个方面。其中，字幕的显示时间又包含了字幕的出入时间与停留时间两个部分，字幕的出入时间与设计的特技方式有关，字幕的停留时间则要考虑字幕的用途和受众的视觉感知规律。出入和停留的时间要合理分配，特技出入的时间过长会分散受众的注意力。字幕的出入方式是指字幕以何种运动方式出现在屏幕上，常见的字幕出入方式有滚动、滑入滑出、淡入淡出、硬切和翻转等。

在网络节目中，依据不同的节目风格和语言环境，字幕出入的效果多种多样。在较为严肃和正统的新闻类、社教类、纪实类等节目中，字幕显示的时间一般与有声语言和画面内容同速推进，出入方式也较为简洁；在娱乐类和生活服务类等较为轻松欢快的节目中，字幕的出入方式则更加活泼多样。但是，不论字幕的显示时间和停留方式如何变幻，字幕的出入归根结底要符合受众的阅读需求，顺应受众的感知规律。字幕显示的时间过短，其添加就失去了意义；时间过长，会使受众产生视觉疲劳，影响节目进程；字幕出入的方式过于花哨，会分散受众的注意力；过于单一，会降低画面美感，导致受众厌倦。

（三）创作元素协同合作，服务于节目风格

字幕是由众多元素构成的有机体，除了字幕位置和出入效果，字幕文字的色彩、字体、大小、字间距等元素的创作，也都关乎着字幕内容

的表达和节目效果的呈现。

字幕在色彩的选择上，主要体现了字幕色彩搭配的醒目，包含字幕色彩与画面背景形成反差和字幕色彩符合节目风格两个特点。在字体的设计上，有宋体、楷体、隶书、黑体、魏体等，以及各种展现想象力的艺术字，种类繁多。其中，宋体、黑体、楷体等字形较为端正的字体在新闻类节目中出现较多，给人以严肃、庄重之感；行书、隶书、草书等在娱乐类或艺术类节目中出现较多，给人以活泼、灵动、优美之感；变形体、儿童体等艺术字在少儿类节目中出现较多，给人以快乐、自由之感。字幕的大小和间距是一对相对的概念，与字幕的用途、位置、颜色、字体都有关系，一般而言，屏幕下方的语音字幕大小和字间距较小，而标题字幕、画外音字幕的大小和字间距较大。

诸多创作元素协同合作，与节目整体风格相符才有可能达到字幕表达的“信”“达”“雅”。当前，由于过于追求画面的艺术性而忽略了字幕的传播意义，创作元素设计不当的问题时有出现。例如，在 2015 年 10 月 23 日的《优酷星益动》中，0 分 50 秒至 0 分 54 秒呈现的字幕与背景对比不够醒目，白色的语音字幕完全被淹没在五颜六色的画面之中而不易被认清；字体选择不当或字体的设计过于艺术化而不易被辨认，如使用圆胖的艺术体字幕造成文字笔画过粗，易使受众错认；字体大小和间距选择不当，字幕的字与字之间距离过近，使得所有文字都挤在一起，影响阅读效果。

综上所述，当前网络主持人节目字幕的语言与表现形式正处于探索与发展阶段，呈现体系有待完善。字幕的设计没有既定的原则或规则，制作人员基本是按照节目的内容需求与个人的审美取向进行字幕创作，从而容易造成各种影响受众观看质量的问题。目前，网络节目对于字幕的应用主要体现在服务节目表达的层面，对于树立语言规范使用榜样，推广国家通用语言文字，弘扬积极向上的审美理念意识尚浅。

字幕是网络主持人节目语言的主要组成部分之一，是网络主持创作依据的重要要素，在语言发展过程中起着创造和引领流行语言现象的作用，对国家通用语言文字也发挥着示范和引导功能。“互联网+”时代的到来，预示着网络媒体向主流媒体靠拢的局面已经逐步扭转为主流媒体主动向网络媒体敞开大门，网络媒体跻身主流媒体之列。在这种形势下，以主流媒体的姿态建立既规范又美观的字幕创作体系、树立语言文字规范意识、主动承担树立语言文字规范使用榜样的责任，进一步提升自身传播力，网络媒体才不负时代的要求与重托。

第七章　网络主持的发展特点与发展动因

第一节　网络主持的发展特点

一、创作主体：主导性与专业化程度逐渐增强

（一）主导性是基本属性，且程度不断深化

节目主持人肩负着操作和把握节目进程、直接进行传播活动的职责，主导性是主持人自诞生之日起就具备的基本属性。随着互联网自由、个性的传播理念不断融入网络主持创作，网络主持人的主导性逐步加深。酝酿期网络主持人承担的职责较单一，大多只参与主持一个环节，是话筒荧屏前“出头露面”的专业人员，甚至被误解为“背稿机器”，主导性有限。

初始期网络主持人在节目中往往具有多重身份，主导性扩大。网络主持人多由节目组的工作人员兼任，参与节目的制作过程，同时履行管理员和主持人的职责，甚至前者的比重更大，这一客观现实决定了其具

备较强的自主性。

丰富期网络主持人是节目的灵魂人物，主导性获得全面提升。这是由于：一方面，人格驱动成为创新支点。互联网开放自由的传播特点，给每个人提供展示自我和传播个人思想的阵地，对人的个性解放起到巨大作用，拓展了网络主持人主体性发展的张力。丰富期以主持人为魅力人格体聚集受众的创作模式流行，许多网络主持人成为节目的灵魂人物，是推动节目运作的人格核心。另一方面，新型媒介环境对主持人的时代要求提高。“融媒体”时代，新媒体利用技术、资金、体制和机制上的优势，吸引了众多优秀的媒体人，客观上提升了网络主持人的行业水准，主持人的主观能动性提高。同时，受众对于主持人的期待越来越高，有思想、能创新、拥有鲜明人格化特征的主持人才有望博得一席之地。

（二）专业内涵具有时代特征，专业素养总体呈上升之势

酝酿期的网络主持是传统媒体主持的网络传播形式，网络主持人的专业追求侧重于良好的声音、姣好的形象、生动的语言，而对于网络文化的了解和网络技术的运用鲜少涉及。初始期植根于互联网环境的网络主持产生，对于主持人的专业要求侧重于熟练运用多媒体、善于维持网上交流秩序、果断处理突发状况、妥善处置违规行为等。由于处于互联网第一代知识中，此时的网络节目品质不高，通过制作边缘另类、解构权威、恶搞娱乐等节目搏出位的情况时有出现，主持人的专业素质参差不齐。丰富期网络主持迎来了互联网第二代知识，高品质的网络主持人节目出现。创作主体在满足了受众放松消遣等低级需求后，开始追求增加自我实现等高级需求。身处媒体融合的大背景中，网络主持人不仅逐渐掌握了互联网传播的特点及优势，还受到传统媒体主持人主持专业技能的熏陶，素质更加全面，专业化程度得到较大提升。

二、创作依据：交互式传播与分众化理念贯穿始终

（一）交互性是网络主持的核心属性和始终如一的追求目标

互联网的出现改变了人们单线接受信息的模式，使传播行为参与者之间的互动大大增强。具备互联网基因的网络主持，以交互性为核心属性，主要体现在以下方面。

第一，交互方式多元化。人机交互、跨屏互动等基于技术手段的交互方式拓展了交互空间；创作主体与受众之间的传播与反馈、受众与受众之间的分享互动拓宽了交互范围；网络平台、“三微一端”（微博、微信、微视频、客户端）互动平台扩充了交互渠道。

第二，交互程度深入化。UGC 的生产方式增加了交互深度。例如，弹幕作为 UGC 的典型代表，可以使用户在观看节目时产生互动。使用弹幕的受众将评论覆盖于视频内容之上，这一过程不只是简单地对视频节目进行修改或改进，而是生成全新的内容和意义，这种高互动性的参与感和消费性很强。又如，受众通过微博、微信、知乎等平台生产的大量评论，不仅可以激发“网生代”受众的自主性和参与度，这些评论通过二次传播还可以对节目的点击量产生巨大影响。这些高互动、无缝对接的多样化用户体验，使不同属性的用户感受到差异化的交互形式，交互进一步深化。

（二）以分众化为代表的互联网思维不断深入

分众化传播理念是极具代表性的互联网思维，符合“融媒体”时代新型媒介环境对传播的要求，对网络主持创作依据的影响贯穿于网络主持整个发展过程。酝酿期网络主持虽然具备较多大众传播的特质，但是上传网络前将传统媒体节目再分类并依据受众喜好再编辑等二度

创作，都体现了分众化传播思想。初始期基于社群组织建立的聊天室和论坛网络主持，通过话题预告吸引网友参与，形成一个有着共同诉求、共同兴趣的社区群，群中的“群交互”与大众传播的“众传播”形成鲜明对比，更直接地体现了分众化理念。丰富期在数据可视化的时代背景下，创作主体利用大数据技术进行用户的行为特征和内容偏好分析，更精准地进行节目定位和内容选择，以用户需求为核心，向分众化传播大步迈进。

三、受众：主体地位显著提升，个体性与群体性博弈共存

（1）受众的主体地位不断提升。酝酿期网络主持受众在节目中参与度有限，多为场内交流和热线电话等有限的互动方式。初始期受众交流成本降低，可以较大程度地参与节目话题讨论，其意见可以影响节目进程和走向，受众的主体地位得到很大提升。丰富期受众的互动参与性从多渠道得到加强，节目加入了弹幕、评论、献花、投票等更多及时反馈的深度网络互动方式；受众投票可以决定选题和嘉宾，甚至节目规则和流程；受众可以直接对节目进行内容及经济供养；等等。受众的多元互动投入被调动，多层次需求得到满足，“受众”已转变为名副其实的“用户”，其主体性获得实质性提升。

（2）受众的个体性与群体性博弈共存。在互联网新技术的支持下，网络节目受众拥有了更多收视自主性和选择性，形成了受众收视行为的零散化和碎片化，也形成了受众个性化和定制化的观赏特点与需求，受众的个体性得到强化。网络主持人通过吸引众多志同道合的个体受众，将碎片化受众进行重聚，个体的个性化收视行为被转化为虚拟空间的群体行为。创作主体既要尊重受众个体的自我存在感，又要考虑受众群体的收视需求，受众的个体性与群体性博弈共存。

第二节 网络主持的发展动因

一、网络主持发展内因

（一）创作主体具备追求进步的主动性

（1）主持人的自身能力提升。第一，网络主持人的学习能力提升。互联网时代，网络主持人的计算机网络使用能力、超文本能力、网络信息选择能力必须与时俱进并紧跟时代步伐。互联网高度的开放性、虚拟性、交互性等特性，为网络主持人的全面学习能力、自主学习能力、创新学习能力和终身学习能力的提高创造了条件。第二，网络主持人的实践能力提升。实践能力是指在实践中探索发现并解决问题的综合能力。互联网提供的多元而开放的学习与交流渠道，为人们在理论学习层面、操作层面、网络交往层面的多元化实践能力的提升创造了可能。随着网络技术、计算机技术和虚拟现实技术等信息技术的发展，网络虚拟实践能力逐渐成为一种十分重要的基础能力，网络主持人在互联网空间中不断进步，实践能力获得提升。第三，网络主持人的创新能力提升。互联网是一个超级虚拟空间，为人类的创造性活动提供了前所未有的平台，使许多在现实物理空间不可能实现的创新，在网络虚拟空间成为可能。作为实现创新的新的增长点，互联网对于网络主持的主持风格、节目形式、与受众的交互方式等方面都营造了巨大的创新空间，以计算机网络操作能力和虚拟现实能力为基础的网络创新能力成为网络主持人创新能力的重要组成部分。

（2）主持人掌握的信息素材充沛。互联网拓展了信源，信息获取渠道的多元化使网络主持人掌握了更多的信息素材。信息历来是人类社会发展的关键性因素，谁最快地掌握了最重要的信息，谁就掌握了行动的主动权，就会成为竞争中的优胜者。在传统媒体占主导地位的时代，信息主要被控制在强大的媒体手中，而互联网的产生和发展，从根本上消除了这一障碍。每个人都拥有获取信息的权利与能力，这是由于网络信息传播具有以下特征。

第一，网络信息传播具有平等性。在网络出现以前，大众接受的信息一般都要经过“信息过滤器”的“过滤”，经过信息制造者和发布者的加工处理并附带强烈的目的性和主观色彩，这使得信息的传播带上“垄断”的色彩。互联网的出现有效地消除了“信息过滤器”，打破了少数人对信息的“垄断”，使人们能够平等地享有互联网范围内的所有信息，同时也使自己的信息能与别人共享。

第二，网络信息传播具有自主性。网络使信息接受者不再只是被动的信息受用者，而成为具有自主性、主动性的信息选择者和欣赏者。人们可以根据自己的意愿寻找并捕获符合自己需要的信息，可以自由地利用信息。

第三，网络信息传播具有及时性。互联网能够快速高效地传输所有数字化的信息，人们可以随时在网上发表自己的思想观点，且排版与发行合二为一，信息的发送和接受可以同时在瞬间完成，真正做到即时。

第四，网络信息传播具有超时空性。在数字化网络社会里，由于互联网的开发与应用消除了时空的距离，地球成了“地球村”，“秀才不出门，便知天下事”在今天成为现实。综合互联网的传播优势，网络主持人以内心的创作冲动为动机，发挥自身探索信息的主观能动性，利用互联网获得即时、一手、丰富的信息素材，为主持创作活动创造了动力。

（3）主持人对实现人生价值的追求。主持人欲借助新媒体平台达到自身能力的最优化配置、获取声望的最大化及完成职业生涯规划的内在动力，促使网络主持不断发展。例如，一些传统媒体精英由于在传统媒体的发展遇到瓶颈，同时意识到网络媒体具有大好的发展前景，希望可以投身网络媒体展示更真实、更洒脱的自己，从而选择跳出传统媒体转战网络媒体，以实现自身的人生追求。这一内在动力促使网络主持人不断完善自我、寻求真我及展现本我。

（4）主持人的创作冲动提高。对真相和自由的渴望，促使主持人的创作冲动提高。求真是人的科研本质和发展要求，网络文化的兴起不仅使人对世界和自身的认识与改造达到前所未有的深度和广度，更使自然资源、社会资源和思想资源在全球范围内得以合理有效地配置与开发，为人类的科学发展提供了可能的条件。它把人的有限思维与存在互联起来，克服了个体的有限性和片面性，为每个人的知、情、意、真、美和自由且全面的发展打下了基础。同时，互联网的开放性、自由性、民主性还促进了人类自主意识的觉醒和确立，促进了人类的思想意识和行为方式的自主发展，使创作主体有了进行自由创作与表达的冲动与可能。

（5）新生力量的加入。网络媒体发展初期，由于传统媒体权威性、公平性和保障性的形象在人们心目中根深蒂固，因此网络媒体在人才吸引与聚集方面处于劣势。这使得一些年轻的、经验较少的从业者，可能是在无奈的情形下误打误撞地进入网络媒体。尽管如此，从某种意义上讲，这些年轻人也为网络主持人队伍增添了活力。随着互联网的快速发展，网络媒体的迅速崛起对传统媒体产生了较大的冲击。作为充满活力的新媒体，网络媒体吸引了越来越多的优秀人才加入，其中还包括很多具有丰富从业经验和扎实播音主持基本功的传统媒体人。网络主持人队伍的不断壮大，对网络主持的发展起到十分积极的作用。

（二）创作依据受到互联网思维的深度影响

互联网时代，网络主持创作依据的进步与发展，主要体现在制作理念与思路的改变。具备互联网思维成为网络主持体现独特性、先进性，以及吸引新生代网络受众的重要因素，是推动网络主持发展的主要动因之一。网络主持创作依据的发展主要受到以下互联网传播因素的影响。

（1）互联网传播的强交互性。交互是互联网的本质特征，是网络发明者的着眼点。它是指处在信息传递两端的行为主体（个人或组织），借助于网络符号及其意义实现的相互联系、相互影响、相互作用的动态信息交流过程和方式。虽然在传统媒体主持中，“双向交流”是始终被追求的效果，但是那种交流是极其有限的。而在网络主持的创作过程中，无论是节目的选题或内容的生成，还是与主持人或嘉宾的互动等诸多环节，都体现了创作主体与受众的深度交流互动。

（2）互联网传播的非线性。非线性传播是互联网媒体有别于传统媒体的突出特点，传播的非线性使受众的选择权得到极大提高。在传统媒体中，节目是由电台或电视台安排好之后按照顺序播出的，受众只能被动地按照既定的播出顺序收看，没有主动选择权。在这种线性传播中，视听元素稍纵即逝，除非使用专门的设备将节目录制下来，否则很难反复收听、观看或保留。而互联网非线性传播的特点，使受众可以随时点击欣赏节目，实现了前所未有的观看自由，受众的主动性大大提高。这种同步接收与异步兼容的特点也使得传统媒体“黄金时间”的概念有所弱化，从而被“播放量”“点击率”等名词所替代。

（3）互联网传播互动方式的多样化。互联网传播中人际互动、群体互动和大众互动三种互动方式共存。互联网使网友与主持人、网友与嘉宾、网友与网友的“一对一”的人际互动成为可能；使主持人与受众群体、受众群中持不同意见的两个或多个群体之间的群体组织交流得以实现；处于互联网开放的传播环境之中，网络主持还要遵守大众传播的要求。因此，在网络节目中，人际互动、群体互动和大众互动往往是并存的，网络主持人要兼顾好三种形式的互动方式，避免只顾其一或以偏概全。

（4）超文本链接的思维方式。网络传播是建构在超文本、超链接之上的全新的传播模式，如在网页的编排上，网络媒介采用了超文本、超链接方式，即在一个网页之上和与之相关的另一个网页内容直接相连，网友可以根据需要实现跳转，进入其他内容。这在网络传播中十分常见，这种链接打破了传统媒介所需要的阅读习惯，实现了跳跃性阅读。信息的存储可以按照交叉联想的方式，从一处迅速跳转到另一处，打破了传统文本系统中只能按顺序及线性存取的限制，可以方便灵活地检索。网络时代的人们逐渐习惯了这种新型的思维方式，会不由自主地将这种思维方式运用于网络主持活动之中。

（三）受众的整体素质提升

受众作为网络主持创作活动的重要组成部分，作为传受关系中的关键一环，整体素质的提升对网络主持的发展发挥着重要作用。

（1）受众整体素质提升。由于我国政治、经济和文化的不断发展，人民生活水平不断提高，受众的知识文化水平、精神文化追求、心理道德素质和审美追求品位有了整体提升，这促使网络主持等一切主持活动及文艺文化活动的整体水平提高，成为网络主持向前发展的推动力。

（2）受众审美需求多样化。受众精神文化生活不断丰富，开放程度不断提升，从而形成了受众多元化的审美取向。这促使网络主持形成了丰富多样的主持形态与风格，个性化特征鲜明。

（3）受众交互意识提高。互联网传播的开放性、交互性、共享性等特点，使网友可以在这个具有极高参与性与开放性的交流平台上尽情展示自己的才华、发布自己的见解、能动地参与信息的交互活动。渠道的便捷、渴望被理解的迫切、分享的喜悦、被认同的成就感，使网友的交互意识和参与意识增强。受众交互意识的提高为网络主持创作主体发掘多元和多层次的交互方式提出了更高要求。

二、网络主持发展外因

（一）技术进步

技术的发展为受众提供了自由发布视听信息的平台，打破了广播电视等传统媒体机构垄断视听内容的霸权格局；重构媒介文化，使草根制作颠覆了传统的媒介话语规则，使以广播电视媒介为主体的大众文化得以个性化解放；改变传统的视听模式，使视听方式向着移动性、个性化定制和自动下载更新等趋势不断发展；促使视听内容转型，使视听内容从机构化制作、高成本、大容量的“宏内容”转变为个人化制作、低成本、短小精干的“微内容”。技术进步是网络主持发展的根本保障，网络主持创作及传播的实现，与互联网技术、音视频处理技术和智能终端处理技术的发展紧密相连。

1. 互联网宽带资源的发展

互联网技术的发展主要体现在网络宽带资源的发展，宽带资源的飞速拓展，使人们通过网络欣赏流畅的音视频成为可能，为网络主持的产生与发展创造了必要的客观条件。自我国接入互联网以来，网络宽带技术不断发展，上网与下载速度不断加快。

根据中国互联网络信息中心（China Internet Network Information Center ，CNNIC）的历次调查，我们可以清晰地看到我国互联网络国际出口带宽的增长情况。1997 年 10 月 31 日，我国互联网络国际线路的总容量为 25.408 Mbps（million bits per second，即兆位/秒）。到 1999 年 6 月，我国互联网络国际出口带宽达到了 241Mbps，增幅为 849%。进入 21 世纪以来，我国互联网用户的数量急剧增加，为了满足用户对网络宽带的需求，我国的运营商开始大力投资互联网宽带技术。2001 年 12 月，我国互联网络国际出口带宽已达到 7 597.5Mbps，在短短的 18 个月里，带宽增加了 7 356.5Mbps，增幅达 3 052%，发展速度可谓惊人。截至 2017 年 12 月，我国国际出口带宽已达 7 320 180Mbps。李克强总理在 2015 年“两会”期间提出，要加强我国信息基础设施建设，提高互联网宽带速度。

2015 年 5 月，工业和信息化部发布《关于实施“宽带中国”2015 专项行动的意见》。10 月，39 个城市（城市群）被确定为 2015 年度“宽带中国”示范城市（城市群）。截至 2015 年 11 月，光纤接入用户达到 1.14 亿户，相比 2014 年末的 4 613 万户大幅增加；4G 用户总数达到 3.56 亿户，相比 2014 年末的 9 728 万户呈爆发式增长。2015 年 5 月，国务院常务会议确定加快建设高速宽带网络促进提速降费的措施，鼓励电信企业发布提速降费方案。工业和信息化部随后出台 14 条举措积极推进网络提速降费。2015 年 5 月，中国移动、中国电信、中国联通三大运营商先后公布了具体的提速降费措施。

根据宽带发展联盟发布的《中国宽带速率状况报告（2018 年第一季度）》，2018 年第一季度我国固定宽带用户平均可用下载速率为 20.15Mbit/s（兆比特/秒），其中，上海、北京第一季度速率领先优势较明显，均超过了 21Mbit/s。2018 年 1 月 31 日，中国互联网络信息中心发布的第 41 次《中国互联网络发展状况统计报告》显示，截至 2017 年 12 月，中国网友规模达到 7.72 亿人，互联网普及率为 55.8%，超过全球平均水平（51.7%）4.1 个百分点，国际出口带宽达到 7 320 180Mbps，年增长 10.2%。

2. 音视频压缩码技术的进步

音视频压缩码技术的进步，为网络节目实现上传、下载与收看创造了可能。数字视频的原始数据量庞大，标准清晰度视频超过 200Mbit/s，高清晰度视频在 1000Mbit/s 以上。如此庞大的数据量，如果不进行压缩处理，很难真正实现音视频的传播与接收。

1994 年，ISO（International Organization for Standardization，即国际标准化组织）/IEC（International Electrotechnical Commission，即国际电工委员会）制定了 MPEG-2（moving pictures experts group，即活动图像专家组颁布的基于数字存储媒体运动图像和语音的压缩标准），压缩比达到了 50~75 倍，一路数字电视节目的宽带占用降低到 5Mbit/s（标准清晰度，简称标清）和 20Mbit/s（高清晰度，简称高清）。进入 21 世纪以来，第二代信源码技术标准相继出台，压缩比又提高了一倍，压缩效率可达到 100~150 倍，标清达到 2.5Mbit/s，高清达到 10Mbit/s。近年来，随着移动通信技术的发展和普及，人们使用移动通信设备收听、收看网络节目的行为越来越普遍。由于移动通信终端相对于计算机通常具有较小的存储空间，因而要求所存储的音视频文件占用更小的存储空间，这对声音或图像信号的压缩编码技术提出了更高的要求。2013 年，通过新制定的 HEVC（high efficiency video coding，即高效视频编码）/H.265 标准，压缩比再次提高，此标准不仅在码流、算法和编码质量上进行了改善和优化，还同时支持 4K（4 096 × 2 160）和 8K（8 192 × 4 320）的像素分辨率的超高清视频。这意味着，我们的智能手机、Pad（portable android device，即平板电脑）等移动设备能够直接在线播放 1 080P（progressive scanning，即逐行扫描）的全高清视频。

3. 互联网传输技术的进步

互联网传输技术的进步，提高了音视频的缓存速度，为受众观看网络节目提供了方便。在网络上传输音视频等多媒体信息，目前主要有下载和流式传输两种方案。音视频文件一般都较大，所以需要的存储容量也较大，同时由于网络带宽的限制，下载常常要花费数分钟甚至数小时，所以这种处理方式延迟也很大。流式传输时，声音、影像或动画等时基媒体由音视频服务器向用户计算机连续和实时传送，用户不必等到整个文件全部下载完毕，只需经过几秒或数十秒的启动延时即可进行观看。当声音等时基媒体在客户机上播放时，文件的剩余部分将在后台从服务器内继续下载。流式传输不仅使启动延时成十倍、百倍地缩短，还不需要太大的缓存容量。流式传输避免了用户必须等待整个文件全部从互联网下载完成才能观看的缺点。

4. 各种终端处理技术的进步

终端处理技术的进步，使人们可以通过手机、Pad 等移动终端随时随地收看或者拍摄和录制音视频节目，并且及时上传网络进行共享，网络直播主持因此迎来发展热潮。随着互联网技术的发展，手机、Pad 等移动终端迅速普及，媒介生态环境发生了翻天覆地的变化，互动、参与、表演的媒介生活理念逐渐深入人心，网络用户更加追求一种体验至上的网络生活方式。于是，网络视频直播，尤其是移动视频直播受到网友追捧。只要拥有一台移动视频工具，选择摄影功能就可以完成直播内容的录制，并由云端进行同步抓取、同步存储、同步传递。随着移动终端不断丰富，便携性越来越强，操作性日趋简单，随时随地收听和观看节目，甚至制作并发布节目成为现实。同时，网络覆盖率的逐渐加大、手机等硬件性能的提升和价格的下调等因素，都为移动视频的制作和观看创造了条件。

（二）传播环境变迁

1. 互联网模式的革命

从Web1.0到Web2.0的飞跃，是一次从核心内容到外部应用的革命。Web1.0是单纯地通过网络浏览器浏览html（hyper text markup language，即超级文本标记语言）网页模式，Web2.0则是内容更丰富、联系性更强、工具性更强的互联网模式。Web1.0时代与Web2.0时代最根本的区别是网友从客体变成主体。网友由被动的受众转变为主动的创造者，这种改变对于网络主持的影响是巨大的。受众史无前例地进入节目内容生成领域，可以自己定制和管理自己需要的传播内容和形式，成为内容的制造者、传播者及使用者。全民共同决定和编织传播的内容和形式，让每个个体的知识、热情和智慧都融入其中，让每个个体在具有最大个性选择的聚合空间内实现共享，体现互联网传播时代的价值真谛，也彰显网络主持和传统媒体主持的最本质区别。传统媒体主持把传播世界划分为创作主体和受众两大阵营，每个个体不是主持人就是观众，不是广播者就是听众，不是表演者就是欣赏者，不是传播者就是受众。而Web2.0的“参与式构架”使任何一个网友都可以通过服务平台制作并传播个人的播客讯息。于是，互联网上“一个人向一个人或向所有人的传播”，或者“所有人向所有人的传播”变得十分简便，这时的创作主体和受众已经没有明显的界线，传受双方角色是互换的，使得自媒体成为现实，草根主播风行。

2. 三网融合的推进

三网融合是指电信网、广播电视网、互联网在向宽带通信网、数字电视网和下一代互联网演进过程中，三大网络通过技术改造，技术功能趋于一致、业务范围趋于相同，网络互联互通、资源共享，能为用户提供语音、数据和广播电视等多种服务。三网融合并不意味着三大网络的物理合一，而主要是高层业务应用的融合，如未来手机可以看电视和上网，电视可以打电话和上网，电脑也可以打电话和看电视。三者之间相互交叉，形成“你中有我、我中有你”的格局。三网融合的推进为“人人皆媒体”的即时传播创造了可能，只要有网络，任何个体仅用一部手机就可以完成节目的录制与播出，用户可以利用碎片时间随时随地地使用任何电子终端设备进行节目的观看并参与互动。草根网络主持、网络直播主播等新型主持人职业出现。

追溯三网融合的起源，首先要提到“网台分家”。1992 年,《国务院办公厅转发信息产业部 国家广播电影电视总局关于加强广播电视有线网络建设管理意见的通知》(国办发〔1999〕82 号）明确提出“建立企业化的广播电视网络传输公司”,“推进地(市)、省级无线电视台和有线电视台的合并”及“继续遵守电信部门与广播电视部门的分工”，也即广播电视部门、电信部门不得进入对方领域。从该通知开始，各地的有线网络开始独立发展,而 20 世纪 90 年代和 21 世纪初更是电信业狂飙突进的年代。随着电信部门和广播电视部门的发展壮大，决策层逐步意识到，“禁止广电、电信进入对方领域”的政策已经成为桎梏各方发展的枷锁，由此，三网融合政策逐步浮出水面。三网融合第一次出现在国家正式文件中，是在 2001 年 3 月 15 日通过的《中华人民共和国国民经济和社会发展第十个五年计划纲要》中，该文件第一次明确提出：“促进电信、电视、互联网三网融合。”之后，一系列政府文件均强调要推动三网融合，但并无实质性进展。2010 年 1 月 13 日，国务院常务会议决定加快电信网、广播电视网和互联网三网融合，并颁布了《关于印发推进三网融合总体方案的通知》(国发〔2010〕5 号)，2010 年 6 月末，三网融合 12 个试点城市名单和试点方案正式公布。至此，广播电视部门、电信部门不得互相进入对方领域的坚冰终被打破,三网融合进入实质性推进阶段。

3. 媒介融合的实现

媒介融合概念由美国马萨诸塞州理工大学的浦尔教授于 1983 年在他的《自由的技术》一书中提出，他认为，“媒介融合就是指各种媒介呈现出多功能一体化的发展趋势”。这种多功能一体化亦即媒介在内容、渠道、终端等诸多方面相互融合并兼容并进。在三网融合的时代背景下，新技术促进了媒介融合。媒介融合不仅是媒介形态和信息接收终端的融合，还是信息传播网络的大融合。无论是信息、内容的生产与制作，还是信息的流动与传输，都在媒介融合的背景和趋势下发生革命性的改变。媒介融合对网络主持的媒介创作环境产生了深远的影响，主要体现在以下方面。

（1）媒介融合使创作主体与受众的界限模糊和角色混合。在传统媒体时代，无论是报纸、杂志还是广播、电视，其信息来源往往是政府机构、企业实体、社团组织及有一定社会地位或权利的个人，信息发布权主要掌握在媒介机构及其记者和编辑手中。相比之下，普通民众的信息传播权力极为有限，受众处于被动接受信息的地位，信息传播呈现出一种线性的结构关系。

随着数字技术和网络技术的出现，尤其是网络媒体的迅速崛起，TCP/IP①协议得到了广泛的开发应用，由此导致的媒介融合在各种新媒体的风起云涌中快速向前推进。线性的传播结构被互动的、网状的传播体系取代，并直接导致信息传播主体和信源结构的改变。受众的信息反馈渠道更加畅通，原来被动接受信息的“受众”转变为可以主动使用信息的“用户”。在媒介融合的背景下，用户不仅能够随时随地收听网络广播和手机广播，收看网络电视和手机电视，还可以通过网络博客、播客、微博、BBS、SNS（social networking services，即社交网络服务）等新兴媒体随时发布信息，表达观点，并作为主持人制作自媒体节目，用户（受众）在整个媒介生态环境中的地位和作用日益突出。媒介融合的快速发展，使创作主体和信息来源日趋多元化，形成了网络主持的草根化、去中心化特点，并且大大提升了用户（受众）在传播体系中的地位和作用。

（2）媒介融合深刻地改变着创作依据，传播内容的数量和结构都因此发生改变。传统媒体主持所制造的信息量受到自身特征等因素的种种限制，在增长到一定水平后便遭遇瓶颈，广播电视的线性传播特性决定其信息量也必须受每天播出时间的限制，任何一个频道每天的播出时长都不可能超过 24 小时，每一个主持人节目的时长都是相对固定的。网络节目则突破了频率和频道对节目信息量的限制，可以充分利用网络空间中的海量信息进行内容制作、增加信息来源和信息量，各种新媒体之

① TCP（transmission control protocol，即传输控制协议）；IP（internet protocol，即网络之间互连的协议）。

间的互联互通在增加信息流动的同时，还进一步加快了信息增值。

媒介融合除了增加传播内容的数量，它所带来的创作主体结构的变化和受众地位的提高，也造成了传播内容结构的改变。在传统媒体主持的信息结构体系中，其传播内容多是大众化的，且带有较强的媒介本体特征。而新媒体出现以来的媒介融合给这一陈旧的信息结构以巨大的冲击，急速扩张的分众化、专业化、互动性的内容形态，成为网络主持整个信息结构体系的重要组成部分。

（三）经济发展

传媒是信息产业的一部分，从生产和经营的角度看，其具有一定的经济属性，是一种具有各种生产要素的经济实体。网络新媒体作为经济要素，网络主持是网络媒体的直接产物，网络主持同其他传媒产品一样具有经济属性，它的发展受到我国经济总体发展水平的影响。下面从我国经济总体发展情况和互联网产业两个方面对影响网络主持发展的经济因素进行论述。

1. 经济总体发展是基础

经济基础决定上层建筑，经济的发展对于计算机的普及、互联网产业的发展，以及人民精神文化生活的提升都具有促进作用。网络主持作为人们意识形态发展到一定阶段的产物，离不开我国经济水平整体的提高。

随着我国特色社会主义市场经济体制的形成，我国经济进入快速发展期，我国的综合国力和国际竞争力由弱变强，成功实现从低收入国家向中上等收入国家的跨越。1992 年党的十四大正式提出建立社会主义市场经济体制，开启了我国经济腾飞的引擎。党的十八大以来，我国的民生改善成效显著，发展成果惠及全民，居民生活水平不断提高，我国的国民生产总值从1978年的3 645亿元迅速跃升至2012年的518 942亿元，成为仅次于美国的世界第二大经济体。2017 年我国国内生产总值为827 122 亿元，比 2016 年增长 6.9%，而在网络媒体初步形成的 1995 年，国内生产总值仅为 57 733 亿元。根据国家统计局 2018 年 2 月 28 日发布的《中华人民共和国 2017 年国民经济和社会发展统计公报》，2017 年全年人均国内生产总值为 59 660 元，全年国民总收入为 825 016 亿元，城镇居民人均可支配收入为 36 396 元，农村居民人均可支配收入为 13 432 元。

城乡人民生活水平的较大提高，使人们消费能力增强，这为互联网的普及奠定了广泛的群众基础。同时，经济增长还带来了各行各业的大发展。一是促进了广播电视产业的大发展。广播电视在全国城乡迅速普及，广播电视产业实力显著增强，并逐步具备了开办音视频网站的条件。二是经济发展使资本市场日趋活跃，市场需求强劲为互联网发展提供了有力的资金支持。目前我国新媒体产业模式包括内容产业和广告产业两个方面，其中，广告产业是盈利主体，内容产业虽然发展迅速，但位居其次。不过从长远来看，合理的新媒体盈利模式应该以内容产业为主，"内容为王"是大势所趋。三是民营企业和民营经济十分活跃，它们不断拓展投资领域，纷纷进入网站和视听新媒体。四是人均收入水平的增长，使个人有能力承受音视频类节目的制作设备的价格，而受众在接收终端的选择上也拥有了更大的余地。由此可见，整体国民经济水平的提高为网络主持的发展提供了强有力的经济基础。

2. 互联网产业发展是前提

网络主持是互联网产业充分发展的产物，互联网产业的发展直接影响着网络主持的发展。我国的互联网产业作为一个仅有 20 多年历史的年轻产业，从 1994 年我国全功能接入国际互联网至今大致经历了五个阶段。

第一阶段，产业初始期（1994~1995 年）。1994 年 4 月 20 日，我国正式全功能接入互联网。随后中国科学院启动了"百所联网"工程，中国科技网（CSTNET）、国家教育委员会主持的中国教育和科研计算机网（CERNET）等相继建成，为互联网在我国进一步发展创建了较好的网络环境。这时的互联网并不广为人知，只是少数高级科研人员的工具，也没有商业资本进入。由于能够接触到网络的人群集中在高校，各高校的 BBS 受到欢迎。这一时期网友中使用电子邮箱的比例超过 70%，电子邮件成为在带宽有限的情况下的热门应用；文字网络游戏开始盛行，一些棋牌类游戏开始流行。

第二阶段，产业形成期（1996~1997 年）。1996 年，中国公用计算机互联网（ChinaNet）全国骨干网建成并开通，全国范围的公用计算机互联网络开始向公众提供服务。民营企业瀛海威信息通信有限责任公司成立，开始向公众提供互联网接入服务。我国互联网引入商业资本，互联网产业开始形成。就在这个时期，传统广播电台和电视台或进行网上直播，或开通自身网站，各类音视频网站也纷纷建立，传统媒体主持的网络传播形式产生。此时，全社会也相应形成了围绕网络通信与信息服务的行业，开始基于 ChinaNet 向社会提供全面而广泛的商业及信息服务。不过这一时期的网络规模和用户规模小，数据传输速率低，互联网还停留在窄带接入的阶段。互联网应用技术相对单一，主要是文件和电子邮件传输，操作也较为繁复，这也制约着网络主持的大规模兴起与网友对网络视频的接收和观看。

第三阶段，产业泡沫期（1998~2001 年）。这一时期互联网企业大量涌现，各项信息服务业都积累了一定的用户规模，但缺乏清晰的盈利模式。以新浪、搜狐为代表的门户网站，成为网友在网上获取新闻资讯的主要来源。在外资的支持下，2000 年新浪、搜狐、网易、中华网等门户概念网站在美国纳斯达克相继上市，中国网络概念成为国际资本的投资热点。由于为数众多的网站相继出现，传统媒体、地方媒体、行业媒体等纷纷建立自己的网站，互联网用户越来越多。具有互联网传播特性、植根于互联网制作环境的网络主持在此期间出现。但是，商用初期的互联网未能找到合理有效的盈利模式，市场又存在过度的投机行为，最终导致世纪之交全球性“网络泡沫”的破灭，互联网行业开始陷入反思。

第四阶段，产业成长期（2002~2011 年）。经历了网络泡沫之后，我国互联网产业迎来了新一轮的成长，这一时期互联网企业在积累人气的同时，也注重盈利模式的探索，进入了较为理性的发展时期。这一时期国际互联网步入 Web2.0 时代，我国互联网产业也迎来大发展，整个互联网领域企业已达到上万个，形成了互联网接入服务业、IDC（internet data center，即互联网数据中心）产业、网吧产业、电子商务服务业、搜索引擎服务业、网络游戏业、网络媒体业、网络社区业等八大门类和多个小门类。

第五阶段，产业成熟期（2012 年至今）。随着我国移动互联网时代的开启，我国网友数量增长迅速，互联网普及率逐渐饱和，互联网进入一个应用多元化的成熟发展阶段。这一时期政府进一步加大对互联网产业的扶持力度，加快推进“互联网+”发展，互联网企业发展迅速，涌现出大量龙头企业。互联网产业的蓬勃发展惠及了每一个普通民众，通过网络上传自己制作的音视频作品变得轻而易举，网络主持也在这一时期获得蓬勃发展。

（四）政府重视与规则制定

网络主持作为网络传媒的一部分，具有一定的政治属性，其发展离不开政府重视与规则制定。在任何国家，政治对传媒都具有巨大影响力，是决定、制约和影响传媒生存和发展的极其重要的因素。在我国，传媒的政治属性主要表现在：第一，传媒必须接受执政党和政府对传媒的宏观控制和直接管理；第二，传媒受到所在国家和地区法律的约束；第三，传媒必须按一定时期的传媒政策行事。虽然当前我国还未出台针对网络主持的政策法规，也未制定关于网络主持的自律规范，但是网络主持和互联网如同鱼和水的关系，针对互联网传播及视听新媒体的规范和规则对网络主持的发展会产生一定的导向、制约或调控作用。当前我国政府已经充分认识到互联网传播的重大价值和深远意义，一直站在国家战略的高度去认识、推动和规划其发展。

1. 政府的高度认可促进互联网传播快速发展

党的十九大报告中，习近平同志多次提到互联网，强调要加强互联网内容建设，建立网络综合治理体系，营造清朗的网络空间。政府对互联网传播的认可对互联网的发展起到了积极的推动作用，而互联网的发展无疑又为网友获取更全面的信息、展开更充分的互动、进行更多元化的交流创造了可能。回顾我国互联网的发展历史，其始终离不开政府的重视与支持。

1997年，中国互联网络信息中心首次发布《中国互联网络发展状况统计报告》，标志着互联网以独立媒体形态出现。随着互联网的发展，国内外学界和业界将其视为继报刊、广播、电视之后新兴的第四媒体。第四媒体概念的出现，网络基础设施建设和网络事业的发展，为网络主持的发展奠定了物质基础。

2006年，中国新闻奖首次将网络媒体的优秀新闻作品纳入评奖范围，共设网络新闻评论、网络新闻专题、网络新闻专栏三个奖项。

2007年1月，中共中央总书记胡锦涛在中共中央政治局第三十八次集体学习时强调，要以创新的精神加强网络文化建设和管理，并指出，能否积极利用和有效管理互联网，能否真正使互联网成为传播社会主义先进文化的新途径、公共文化服务的新平台、人们健康精神文化生活的新空间，关系到社会主义文化事业和文化产业的健康发展，关系到国家文化信息安全和国家长治久安，关系到中国特色社会主义事业的全局。6月1日，中共中央办公厅、国务院办公厅下发《关于加强网络文化建设和管理的意见》，这是较长一段时间内指导我国网络文化建设和管理的纲领性文件。

2009年6月，中共中央下发《2009—2020年我国重点媒体国际传播力建设总体规划》。该文件提出，到2020年争取在报刊、通讯社、广播电视和互联网等领域建成若干具有国际影响力的传媒集团，掌握话语权、赢得主动权，形成与我国经济社会发展水平和国际地位相称的媒体国际传播力。

2013年1月4日，国家广播电影电视总局下发《广电总局关于促进主流媒体发展网络广播电视台的意见》，要求网络广播电视台提升到与电台、电视台发展同等重要的地位，鼓励电台、电视台与宽带互联网、移动互联网等新兴媒体结合，发展网络广播电视台。

2014年2月27日，中央网络安全和信息化领导小组宣告成立，习近平同志担任组长。8月18日，中央全面深化改革领导小组第四次会议审议通过《关于推动传统媒体和新兴媒体融合发展的指导意见》，为解决重点新闻网站，在内容生产、产品拓展领域同质化问题，发挥传统媒体的强大内容生产能力、改变新媒体传播领域生态，促进新兴媒体正确表达国家话语、体现社会主义核心价值观、为人民群众喜闻乐见并具有足够影响力，明确了发展方向。至此，我国媒体融合发展被提升到全面深化改革重要组成部分的战略层面。11 月 19 日至 21 日，首届世界互联网大会在浙江乌镇举行，这是我国举办的规模最大、层次最高的互联网大会。11 月 24 日至 30 日，“首届国家网络安全宣传周”在北京中华世纪坛举行，使“共建网络安全，共享网络文明”的意识进一步深入人心。2014 年被称为“媒体融合元年”，在 2015 年的政府工作报告中，李克强总理首次提出制定“互联网+”行动计划。

同时，越来越多的政府官员通过互联网这一平台与广大网友进行交流，互联网成了亲民爱民的又一有效、新颖的渠道，这也反映出党和政府对于互联网传播的认可与鼓励。积极的互联网传播策略还成为“净化”政治生态的助推器，网络反腐已成为我国政治传播新常态，微传播成为助政新平台，领导人系列“动漫”标志着国家形象传播的新起点。

2. 互联网传播规范的制定净化网络传播环境

除了对互联网传播给予高度重视，近年来我国政府还发布并出台了一系列文件为互联网发展统一认识、扫清障碍、确定规范、制定战略和明确方向给予有力的政策支持。这些政策为互联网营造了较为有利的发展环境与氛围，形成了强大的推动力。总体来说，我国政府对于互联网的态度一直是积极支持、积极发展的，同时根据实际出现的情况，切实地依法依规加强管理。“一方面，积极推动新技术的发展，充分发挥互联网在现代化进程中的作用；另一方面，加强对互联网‘有害、非法’信息的控制，防止负面影响的产生”（胡泳，2008），即积极发展、加强管理、趋利避害、为我所用。具体来说，对于网络传播的规范主要包括以下几个方面。

第一，法律法规。党的十九大报告指出，推进全面依法治国总目标是建设中国特色社会主义法治体系，建设社会主义法治国家。当前，我国已制定和颁布了不少与传播相关的法律，针对网络传播这一领域也已制定和颁布了相当数量的法律法规，并还将继续制定和颁布相关的法律法规。

例如，1994 年 2 月 18 日，国务院发布第一个有关网络传播的行政法规——《中华人民共和国计算机信息系统安全保护条例》，该条例只是把互联网看作“计算机信息系统”的一部分。2000 年 11 月 6 日《互联网站从事登载新闻业务管理暂行规定》发布，标志着通过互联网进行的新闻传播活动开始受到关注，网络新闻传播有了明确的“规矩”。2003 年 5 月 10 日，文化部发布《互联网文化管理暂行规定》，标志着文化部成为我国互联网的又一个行政监管部门。2004 年 7 月 6 日，国家广播电影电视总局发布的《互联网等信息网络传播视听节目管理办法》首次对互联网等信息网络传播的视听节目进行规范，该办法成为广电行政部门规范互联网等信息网络传播视听节目秩序、引导视听节目服务健康发展的基本依据之一。2007 年 12 月 29 日，国家广播电影电视总局和信息产业部联合发布《互联网视听节目服务管理规定》，对从事互联网视听节目的网站进行资质审核，发放《信息网络传播视听节目许可证》，被业界视为国家广播电影电视总局加强网络视听内容管理的标志。2016 年 11 月 4 日，国家互联网信息办公室发布《互联网直播服务管理规定》，明确禁止互联网直播服务提供者和使用者利用互联网直播服务从事危害国家安全、破坏社会稳定、扰乱社会秩序、侵犯他人合法权益及传播淫秽色情等活动，为保护公民、法人和其他组织的合法权益，维护国家安全和公共利益产生了积极意义。2017 年 10 月 30 日，国家互联网信息办公室公布的《互联网新闻信息服务单位内容管理从业人员管理办法》，旨在加强对互联网新闻信息服务单位内容管理从业人员的管理和服务，维护从业人员和社会公众的合法权益，促进互联网新闻信息服务健康有序发展，是首部针对互联网内容管理从业人员的法律法规。

综上可见，法律法规在一步步地深入与细化。至今，我国与网络传播直接或间接相关的法律法规已有五十余部，涵盖了如国际互联网管理、域名注册管理、安全保护、网站管理、网络传播内容、上网服务营业场所管理、互联网出版管理、互联网信息服务等诸多方面。现有互联网传播规范的制定对网络环境起到了净化与维护作用，网络主持活动作为互联网新闻传播活动的一部分，也受到约束与规范。相信随着互联网传播规范的进一步完善与网络主持队伍的进一步壮大，未来网络主持这一新兴职业也会有自身的行业规范诞生。

第二，行政监管。行政监管是政府行政机关按照法律规定的权限和程序对国家事务和社会公共事务的管理，又称公共行政，主要包括专项整治行动、举报制度、网吧管理、年检制度、实名制与备案、网站内部第三方监督机制、网评员引导网上舆论、网络监控及实施行政处罚和司法追究等。

2000 年，一批针对网络新闻的管理制度出台。1 月，国务院新闻办公室在北京举行首次互联网网络新闻宣传工作会议，拉开互联网媒体规范发展的序幕；4 月，国务院新闻办公室网络新闻管理局成立，负责统筹全国互联网新闻宣传工作，管理体制初具雏形；5 月，中国共产党中央委员会宣传部（以下简称中宣部）、中共中央对外宣传办公室（以下简称中央外宣办）下发《国际互联网新闻宣传事业发展纲要（2000—2002）》，提出互联网新闻事业建设的指导原则，首批确定了 5 家重点新闻宣传网站，分别是中国互联网新闻中心、人民日报、新华社、中国国际广播电台和中国日报。2003 年 9 月 19 日，中共十六届四中全会通过的《中共中央关于加强党的执政能力建设的决定》提出互联网管理“法律规范、行政监管、行业自律、技术保障”的十六字方针；11 月 8 日，国务院办公厅下发《关于进一步加强互联网管理工作的意见》。2011 年 5 月 4 日，国家互联网信息办公室正式成立，标志着我国互联网信息服务和管理工作进入新阶段。

第三，自律规范。行政管理和法律等强制性的他律并不能完全解决网络传播的种种复杂问题，而且如果过度使用，会有损网络传播互联和共享的基本价值及信息传播自由，阻碍网络资源的有效利用和开发。同时，互联网交互性的体现之一就是可以使被动的“受众”参与到社会制度的构建过程中。因此，自律作为一种柔性手段成为必要而有效的补充。

2001 年 5 月 25 日，中国互联网协会（Internet Society of China，ISC）成立，该协会起草了《中国互联网行业自律公约》《互联网新闻信息服务自律公约》等数十条自律公约。2002 年 3 月 26 日，中国互联网协会正式发布《中国互联网行业自律公约》，业界自律开始成为互联网治理的重要组成部分。2003 年 12 月，中国互联网协会互联网新闻信息服务工作委员会在北京成立，其签署的《互联网新闻信息服务自律公约》，标志着我国网络媒体行业自律机制的建立。2007 年 8 月 21 日，中国互联网协会发布《博客服务自律公约》,对自媒体的健康发展具有指导和监督意义。

除中国互联网协会外，其他一些组织或网络媒体也先后推出了各自的自律规范，如 2001 年中青网与中国青少年网络协会联合推出了《全国青少年网络文明公约》，2003 年中华全国新闻工作者协会及来自中央与地方网络媒体的全体代表共同签署了《中国网络媒体的社会责任——北京宣言》等。这些“自律”“公约”“宣言”虽然并未有明确的惩罚措施与执行者，属于非正式制度，但是它们在一定程度上对现有规章制度进行具体化与可操作化，对政策的未明确部分具有补充作用。

3. 网络视听节目规范的制定推进网络主持规范化进程

根据国家相关政策、相关行政法规和部门规章，国家新闻出版广电部门通过建立行业准入制度、加强日常监管和综合治理、推进行业自律等手段，对互联网等信息网络传播视听节目进行了综合监管，主要有以下举措。

第一，建立行业准入制度，发放《信息网络传播视听节目许可证》。依据《互联网等信息往来传播视听节目管理办法》和《互联网视听节目服务管理规定》，从 2005 年起，国家广播电影电视总局开始对网络广播电视、IP 电视、手机电视等视听新媒体业务颁发《信息网络传播视听节目许可证》。截至 2010 年 12 月，国家广播电影电视总局共发放 594 张《信息网络传播视听节目许可证》，批准中央电视台、中央人民广播电台、中国国际广播电台、安徽广播电视台、黑龙江电视台、辽宁广播电视台等机构开办网络电视台，批准江苏电视台与江苏人民广播电台、湖北电视台与湖北人民广播电台共同开办网络广播电视台，批准深圳电视台联合其他城市电视台筹办联合网络电视台。

第二，开展日常监管和综合治理。为加强对互联网视听节目内容的监管，国家新闻出版广电部门不断完善节目监管标准，建立定期监看制度和退出机制，并配合国家相关部门开展综合治理行动。在《关于加强互联网视听节目内容管理的通知》的基础上，国家广播电影电视总局于 2009 年 6 月印发了《互联网视听节目内容审查参考手册》，为互联网视听节目服务持证机构提供了更加具体的互联网视听节目审核参考标准。

2009年，国家广播电影电视总局制定并出台《视听节目服务网站持证机构违规行为处理暂行办法》。依据该办法，国家广播电影电视总局定期对视听服务网站出具《互联网视听节目服务网站监看报告》和《互联网视听节目服务网站违规问题处理报告》，并对视听服务网站的节目内容和规范运营情况进行评分，重点查处与封堵具有政治导向问题和淫秽色情问题的有害视听节目，责令关闭出现重大问题的网站。2009年以来，国家广播电影电视总局与国务院新闻办公室、公安部等共同开展了“全国整治互联网低俗之风专项行动”和“打击整治网络淫秽色情专项行动”，严厉打击违法违规视听节目网站。通过查处服务商、关闭网站、停止接入、公开曝光等手段，网络环境明显净化，网上低俗之风得到有效遏制。

2012年7月9日，国家广播电影电视总局和国家互联网信息办公室联合下发《关于进一步加强网络剧、微电影等网络视听节目管理的通知》，对网络视听节目新形式的传播进行规范。

2017年6月，国家新闻出版广播电影电视总局印发的《关于进一步加强网络视听节目创作播出管理的通知》强调，各类网络视听节目必须规范使用国家通用语言文字，严格按照规范写法和标准使用国家通用语言文字的字、词、短语、成语等，不得滥用谐音、生造滥造词义、肆意曲解内涵，不得使用不规范的网络语言和错词别字。各网络视听节目服务机构和网络视听节目制作机构要加强对网络视听节目名称、台词、字幕、配音等使用语言文字的管理，防止不规范使用国家通用语言文字的节目上线播出。

第三，推进行业自律。2008年2月22日，国家广播电影电视总局组织央视国际、人民网、新华网等八家中央网络媒体共同发起签署了《中国互联网视听节目服务自律公约》，提倡传播健康有益的节目，抵制有害和侵权盗版节目。截至2010年12月，主流媒体网站和主要商业网站都已加入《中国互联网视听节目服务自律公约》，签约单位达600多家。在此基础上，国家广播电影电视总局组织建立了“互联网视听节目信息库”，加强了管理信息的交流和共享，及时公布有害节目动态，为行业自律提供了标准和依据。

制定行业准入制度、加强日常监管和综合治理、推进行业自律等手段使政府对互联网视听节目的监管落到了实处，也为互联网视听节目的健康发展摸索出一条可行之路。综上可见，这一系列监管举措的监管客体从“互联网传播”到“互联网等信息网络传播视听节目信息”，监管的范围与对象在进一步缩小与集中，已经具体到对网络主持活动创作环境的直接监管与规范。这表明网络视听节目受到了国家的关注与政府的重视，相信未来会出台针对网络主持活动的监管举措与规范文件。

（五）网络文化熏陶

20 世纪 90 年代以来，随着网络信息技术的突飞猛进，不断发展的网络文化，对我国的政治、经济、文化、科技、军事、社会等各领域都产生了深刻的影响，呈现出蓬勃向上的旺盛生命力。网络文化是以网络技术为支撑的基于信息传递所衍生的所有文化活动及其内涵的文化观念和文化活动形式的综合体，是人类社会发展的产物和人类智慧的结晶。对社会而言，网络文化作为一种前所未有的科技带来的行为文化革命，大大影响和改变着网络用户的生产方式、工作方式和生活方式等诸多方面。网络文化的交互性、时效性、去中心性、文化抵抗性、丰富性、多元化，以及小众化等特征都对网络主持的特征与发展产生了影响。

1. 交互性强成为网络主持的重要特征

交互性是网络文化的重要内容，也是网络媒体与传统媒体最为显著的区别之一。网络文化的交互性对创作主体与受众的心理有着潜移默化的影响，促使网络主持人与网友的交流度提升。迈克尔·沙利文–特雷纳（Michael Sullivan-Trainor）在《信息高速公路透视》中强调，网络文化的标志无处不在，它的特征不是电子通信——那只是一种附属物，相反，是交互的性质标志着网络空间的特性。从技术特征上讲，交互性是指人们在信息交流系统中发送、传播和接收各种信息时表现为实时交互的操作方式。在网络中每一位网友都不仅是信息资源的消费者，还是信息资源的生产者和提供者。人们的信息获取方式由传统的被动式接受“灌输”教育变为主动参与思想交流，在思想碰撞中自然而然地接受引导，这极大地解放了在现实社会中受到各种约束和压抑的思想和感情，提高了信息的传播效率，激发了人类的创造性思维。

交流活动成本的迅速降低，极大地提高了人们的交往能力和水平。网络主持人作为众多网友中的一员，其交流沟通能力主动地得到大幅提高；同时受到其他网友强烈的交流需求的刺激，网络主持人的交流能力也被动地获得提升，交互性强成为网络主持的重要特征。

2. 网络文化的高时效性促使网络主持提升传播效率

网络文化时效性强的特点督促网络主持提高传播效率。互联网没有国界，它使人与人之间的距离变短，同时也使整个世界变小。这是因为它的传播不受时间、地点和空间的限制，不受印刷品等因素的制约。不论在地球的任何位置，只要能上网，就可以在网上尽情地浏览、下载和“冲浪”，人们传播和交流信息的方式彻底打破了时间和空间上的限制。近年来，互联网的普及更是大大加快了信息的传输速度，使信息的收集、资料的查阅变得更加快捷和有效。

在时效性极强的网络文化的影响下，网友对于信息文化的需求会自动投向信息更新及时、快速的节目，网络主持人需要对自身信息文化源的内容进行实时更新。因此，在网络节目，尤其是时评类网络节目中，讨论最新、受关注度最高的热点话题，以此获得更多的网络点击率并引起网友共鸣，成为网络主持人的必修课。

3. 网络文化的去中心化使网络主持具备平民化特征

互联网这个信息高度离散化的国际文化网络，从一开始具有公众服务功能时，就失去了信息专门化的特点，向着高度综合性和广泛性发展。没有一个门类的信息可以用一种排斥法的方式对其他信息种类和信息库进行限制。互联网没有专门的唯一的观察机构，没有某家大公司可以完全控制它，数以亿计的子网络的所有者都是以自己为中心独立平行地发布信息。

分散式的网络结构，使网络文化也呈现出组织的去中心性。呈网状传播结构模式的网络文化赋予网络使用者共同参与网络活动的权利，使每一位参与者都成为独立的、有个性的文化创造者。这一去中心式的文化，呈现出“繁星闪烁”的灿烂景象，在这里，没有控制与被控制，没有统一的文化中心。网络文化是集主流文化、精英文化、大众文化为一体，以开放的姿态吸纳多元文化，使反映不同意识形态和价值观的各种亚文化在网络中完全共存、相互兼容、彼此渗透。从这一角度看，网络文化大大加快了社会政治水平的发展，刺激了社会的文化产业和市场的形成，促进了社会的精神文明建设。它蕴含着民主精神和民主要求，在网络文化的世界里，大家都是平等的，没有身份和性别的差异及意识形态的束缚，具有平等、自由的交流权和发言权。并且，网络文化的自由特性、民主精神和平等要求有力地冲击了传统的大一统文化结构和意识形态，起到解放思想、更新观念、舒展人的自由个性和促进社会民主发展的重要作用。

互联网传播使人人具有平等的发言权，网络主持人更像是众多网友中愿意以节目的形式表达自己看法的普通一员，与传统媒体主持人肩负着“党和人民的喉舌”的身份截然不同，网络主持人只是中华人民共和国的一名普通的合格公民。这样的定位使网络主持人在节目中的表现更加平民化，更像是我们身边众多网友中走出来的平凡而普通的一员。

4. 抵抗性的文化特征丰富了网络主持的表达方式

网络文化的抵抗性丰富了网络主持人与网友的表达方式。网络文化的抵抗性并不是体现在所有网友中，多半出现在面临权力的压制、社会话语地位的不对等、特定边缘化或污名化的网友中。由于直接的对抗行为既有风险又难见成效，因此象征性的对抗更加常见，“潜藏的文本”不断地产生和扩散，“心照不宣的理解”也逐步形成。例如，一些符号及意义被创造、被传播，被众网友甚至是社会公众接受；恶搞、反讽、戏仿、归谬等风格成为习惯；同样一句话存在着两种截然不同的理解和使用方式，“公开的文本”和“潜藏的文本”同时渗透进网络文化领域。这种抵抗性似乎已成为网络文化的特征之一。

受到网络文化抵抗性的影响，一些网络主持人与网友喜欢以“反对派”“异议者”“质疑者”的姿态自居，采用戏谑、调侃、叛逆、质疑等的表达方式，似乎是在以此对抗权利之重压、地位之不平、境遇之不公，表达其对官方话语的“不合作”“不认同”。

5. 多元的网络文化对网络主持具有监督与规范作用

网络文化的丰富性和多元化使网络主持活动受到现实社会规范的约束。网络文化以开放的胸怀消化吸收着各种形态的文化，任何观点、任何思想、任何民族文化都可以在这里找到自己的位置。网络文化的丰富性和多元化表现在多个方面：一是网络文化内容本身是多元的。丰富多彩的网络文化内容，让不同的网络群体在网络中都可以找到自己的兴趣所在。二是网络文化内容的呈现方式是多元的。网络文化的呈现方式除了整合传统媒体的文字、声音、图像、视频等方式以外，还增加了实时交互的可能。三是网络文化的主体是多元的。作为网络文化主体的网友有学生、白领、教师、公务员及个体商户等不同群体。“学生文化”“白领文化”“商场文化”“娱乐文化”等不同形式的网络文化通过不同的网站或者网站的不同频道呈现给不同的群体，满足不同群体的需求。

如此丰富和多元的网络文化加上去中心化的特点，使得网络社会仿佛是一个巨大的自由市场。不过这只是一个表面现象，实际上这个市场并不拥有绝对的自由，因为它不仅受到已出台的有关网络管理的政策、法规和法律的约束，受到网络自律行为和规范的限制，同时还受到某些现实社会规范的限制。在跨文化网络信息传播中，文化传播尤其应注意不要违背某些现实社会规范，否则易引起持有不同价值观的网友们的反对甚至谩骂，更有甚者会对整个网络环境或是国家政治秩序产生不良影响。网络主持作为受关注度相对较高的主体，更要考虑文化多元化带来的潜在的监督和质疑。

6. 小众化的文化特征使网络主持获得更加明确的对象感

“小众”是个相对概念，是相对于“大众”而言，指拥有相对小的共同兴趣人群。原有的大众传播方式受到分散型、个性化的非主流传播手段的挑战，使个性化的小众群体在网上越来越普遍。Web2.0 的出现使人们主动传播信息的能力增强，为小众的聚集创造了便利的条件。每一位网友都可以在网上寻找自己的兴趣归宿，从而可以在众多小团体内交流，并以群体的名义向外传播。传播内容细化、受众主动性强、个体间交互频繁和传受一体化等是小众化网络文化的主要体现。

网络文化小众化与个性化的特性使网友们的聚集依靠于共同的兴趣爱好或价值观，这种“社区”或是“俱乐部”式的聚集便于网络主持人对受众进行更加精准的定位，掌握更加准确的受众行为特征，设想并感觉传播对象的存在与反应，从而调动自己的思想感情，使感情处于运动状态，更好地表情达意。虽然传统媒体主持人也可对受众群体做出预设，且目标受众也相对明确，但是传统媒体“一对多”的传播模式，使传统媒体的接收终端（如电视）前聚集的多是以家庭为单位的受众，针对性并不是特别强。而互联网“一对一”的传播模式，使接收终端（电脑或手机等新媒体设备）的使用者多是个人。再加上互联网传播具有一定人际传播的特征，因而网络主持人“面对”的受众更像是一个个独立且兴趣相近的个体，对象感更加具体与真切。

第八章　网络主持的发展趋势及建议

我国的网络主持发展虽然只经历了 20 多年的时间，但是发展速度突飞猛进，产生了多种类型、风格迥异、网络特色鲜明的网络主持。很多网络节目在策划与运营、内容与形式上都显示出自身特色，“主持人中心制”的格局愈发清晰。我们也清醒地认识到，作为新生事物，目前网络主持还存在许多不足之处，存在较大的成长空间。对于我国庞大的网友人口基数而言，目前所创造出的具有影响力的网络节目还略显不足，许多新模式还有待探索，行之有效且可持续发展的盈利模式亟待形成。

未来，互联网将成为一切媒体的“母媒体”，在这个庞大的平台上，其他媒体很多时候只是充当互联网的一个插件。在互联网“人人皆媒体”的时代，媒体属性的基因将被广泛传播到各行各业中，“媒体”这一概念将逐渐消融并被嵌入产业当中，任何一个产业本身都会具备媒体属性，媒体的概念将会更加宽泛。

在这样的媒介环境下，无论传统媒体主持人还是网络主持人，未来的存在方式都会日趋多元化，本身的含义也会愈发多样化。网络主持的发展历史、发展现状、发展特点和发展动因将共同影响其未来的发展方向。

一、创作主体的发展趋势及建议

（1）规范意识不断提高。新时代受众多屏和跨屏的媒介使用习惯，促使网络主持人的规范意识提高。随着三网融合的逐步完善，手机、Pad 与 TV（television，即电视）等多屏设备的连接成为现实，电视视频、移动视频、网络视频、车载视频和户外视频等大大小小的屏幕组合成视频网络，越来越多的移动终端走进我们的生活，多屏时代已经到来。如今我们生活在一个被不同屏幕分割的时代，多屏和跨屏的使用已经成为当前人们媒介消费的潮流。研究表明，美国民众每天的媒体消费时间达到 4.4 小时，其中 90%的时间用于跨屏行为。艾瑞咨询集团 2014 年 7 月发布的《在线视频用户跨屏研究白皮书》显示，用户跨屏媒介使用习惯呈现上升趋势，人均使用终端个数为 2.3 个，使用三屏用户的比例达到 46.8%。多屏时代不仅形成了多种媒体“百家争鸣”的景象，也使受众的注意力不断被分散与减弱。曾经传统媒体“一家独大”，受众的关注力集中于对一个信息源的信息获取，所受干扰较低。如今多屏互动，受众同时接收到多个信息源发来的信息，为了保证信息传播效率不被衰减，网络主持人的语音规范与节目字幕规范显得尤为重要。

移动互联网时代的移动化传播，促使网络主持人的规范意识提高。新时代是移动互联网的时代，根据中国互联网络信息中心发布的第 34 次《中国互联网络发展状况统计报告》，截至 2014 年 6 月，网友上网设备中，手机使用率达 83.4%，首次超越传统 PC（personal computer，即个人计算机）80.9%的使用率，手机作为第一大上网终端的地位更加巩固。据第 41 次《中国互联网络发展状况统计报告》，截至 2017 年 12 月，我国手机网友规模达 7.53 亿人，较 2016 年底增加 5 734 万人；网友中使用手机上网的比例由 2016 年底的 95.1%提升至 97.5%，网友手机上网比例继续攀升；网络直播用户 42 209 万人，占网友总体的 54.7%，网络娱乐应用中网络直播用户规模年增长率最高，达到 22.6%。这些数据意味着移动互联网时代已经到来。在移动互联网时代，“伴随”成为受众对媒介的典型性新需求。移动终端把一切碎片时间都利用起来，等车时、地铁上、电梯里……人们会随时随地观看节目。然而，在嘈杂的环境中，人们即使戴着耳机也会受到周围声音的干扰，因此主持人声音的集中、吐字的清晰至关重要。还有很多场景中受众并不方便播放声音，这时规范清楚的字幕就显得尤为重要。

由此可见，面对新时代传播活动展现出的新矛盾，标准、清晰、动听的语言，规范、清楚、美观的字幕，有利于吸引受众注意力，符合新时代受众伴随性收听和收看的观赏习惯。

（2）交互意识逐渐深化。创作主体除了搭建平台为受众创造交互可能、提高受众的交互愿望与兴趣，还会主动到受众的“地盘”了解受众的心理与需求。例如，通过对受众的问卷调查、关注受众博客、收集反馈用户体验等方式，去优化受众体验，形成“受众反馈—改进—再反馈—再改进”的节目产品迭代制作过程，从受众的角度提高和完善节目。创作主体还应注重数据挖掘，充分利用大数据，通过分析海量的、有价值的数据，刻画完整清晰的受众画像。用数据说话，这样个性化节目内容的生产和传播也就有了依据。

（3）队伍水平不断提升。“从业人员主动提升，组织内部驱动提升，破除边界互动提升，校企合作联动提升，新老业者传动提升”（刘庆振，2016）。“十三五”时期，随着《新闻出版业“十三五”科技发展规划总体思路》《关于推动传统媒体与新兴媒体融合发展的指导意见》等文件的相继发布，强调要“不断强化传媒人才队伍建设，制定媒体融合发展人才培养规划，支持传媒类单位与高校、科研机构和创新型企业联合开展媒介融合发展人才培养”，到“十三五”末，总体实现符合媒介融合发展需求的“新兴传媒内容生产人才、技术研发人才、资本运作人才和经营管理人才队伍发展壮大”目标。未来网络主持人会是具备现代化互联网思维的新型主持人才。

二、创作依据的发展趋势及建议

（一）尺度与优质逐渐平衡

内容尺度和开放程度较大是网络节目的重要特征。这是由于以“90后”为主的“网生代”用户，在收视习惯与内容喜好上具有一定的偏向性，对内容尺度有一定的要求，因此网络节目的内容尺度往往大于广播电视节目，原创、新颖、大胆的选题成为网络节目的优势，更易于形成独树一帜的节目风格，获得用户的青睐。较为开放的制作空间和相对限制较少的网络环境，为网络节目的内容生产提供了更多可能性。

同时，隐秘的互联网媒介属性使受众形成独立观看的收视习惯，为节目尺度的开放性营造了观看环境。相对于传统电视往往是亲友等集体观看的模式，互联网终端具有鲜明的个人使用特征。传统电视属于强关系媒体，共同收看电视节目的往往是自己最为亲近的亲友，而互联网属于弱关系媒体，即使是微信等强关系平台也很难超过传统电视的强关系程度。隐秘性和个体性是互联网终端观赏节目的重要特性，也是形成大尺度受众需求的重要原因。

当前存在的内容低俗、片面传播污文化等现象不利于网络媒介的发展，也不利于构建健康清朗的网络文化。未来随着监管力度的加强与监管体系的完善，网络主持会更加重视认知与审美层面的功能，更好地把握节目的文化尺度，在凸显尺度优势的同时创作更多的优质内容，提高节目的品格。

（二）交互不断深入

高交互性是网络主持创作活动的始终追求，也是网络节目的主要特色之一，高交互性的实现是基于对用户体验的重视。线上线下的交互、话题讨论的高度参与、各个平台用户交互性参与价值的最大限度发挥等方式，都为增强用户黏性，扩大传播效应创造了可能。具体而言，未来网络主持可以从以下维度展开深度交互。

1. 多元的交互

通过各种网络平台或APP来实现创作主体与受众、受众与受众之间的无距离互动，多渠道拓展用户体验，激发受众的自主性和参与度。充分发掘UGC内容生产方式，真正让受众融入节目内容的生成过程，使节目产品拥有用户的思想与基因。例如，弹幕就是用户创造内容的典型案例，受众生成弹幕的过程即为参与节目内容生成的过程。网络节目中的弹幕由视频用户自行解决和生产，可以说，“作为受众个人生产的弹幕，它事实上是将受众自身和外界的事物纳入弹幕内容之中，由此而生产出膨胀的视频内容与受众个人经历所融合的变体”（吕鹏和徐凡甲，2016）。使用弹幕的受众将评论覆盖于视频内容之上，这一过程不只是简单地对视频节目进行修改或改进，而是生成全新的内容和意义。弹幕所做出的对特定画面的“解释”，在帮助其他受众了解画面含义的同时，也在一定程度上强化其他受众对某一方面的认同。

同时，用户还可以通过对微博、微信和知乎等平台生产的评论进行二次传播，会对节目的播放点击量产生巨大影响。例如，《奇葩说》“一题三平台”的高互动、无缝对接的多样化用户体验，激发了“90后”“网生代”受众的自主性和参与度。微博、微信和知乎这三种主流社交平台是该节目用户体验的主要平台，受众可以在微博和知乎体验平台上发表评论，可以在微信上参与节目组发起的辩题征集，查看视频回顾，节目组还会根据平台用户属性的不同设置差异化的交互形式。多元的交互方式扩展了受众的交互渠道，拓展了受众的用户体验。

2. 随时的交互

随时娱乐、随时表达、随时生产，是受众最常见的新时代网络节目的行为模式与行为习惯，创作主体应积极创造渠道为受众的即时与随时介入搭建平台。例如，在《奇葩说》节目录制的前期，受众可以随时在知乎、百度贴吧、微博等平台上参与讨论，节目的辩题就产生于受关注度高的热点话题；节目录制过程中，现场的观众可以根据手中的红键、蓝键随时改变自己的立场，受众的选择结果会直接影响辩论双方的输赢；节目播出时，受众在线观看时可以利用弹幕随时表达自己的观点，还可以到弹幕最精彩的部分随时娱乐。因此，为受众量身定做交互性强、可随时参与的节目，是未来网络主持创作主体努力的方向。

3. 可移动的交互

移动端的逐渐普及，使多屏和跨屏互动渐渐融入人们的媒介使用习惯，春节联欢晚会“摇一摇”就是跨屏互动的典型案例。交互性更加明显，是移动端相较于 PC 端的优势所在。移动直播作为一种新颖的节目形态，可以为受众带来强烈的临场感和互动感，亦适合移动场景下的传播与接收，是未来网络主持可以尝试的领域。新华社客户端的“现场新闻”是国内移动直播互动的佼佼者，记者在现场进行直播报道，并在直播过程中与关注者开展实时问答互动，用户可随时就报道内容进行发问，记者也能在第一时间回答用户提出的问题，节目具有强互动的属性。

移动传播时代对网络主持提出了更多要求，在移动环境下，人们获取信息的场景日益多元化和碎片化，这必然需要多元化的内容与之相匹配。网络节目的内容要满足受众在不同场景下的个性化需求，必须提高创造性、凸显差异性、消解权威及去中心化。创作主体面对多元化的播放场景和个性化的受众，应该跳出“中心式”的话语逻辑，善于捕捉受众的多元化需求，有针对性地提供个性化内容。同时，网络主持创作主体应考虑到移动端受众的伴随性的媒介需求，对话语形态、节目内容、用语用字规范进行设计与把控，与受众碎片化场景下的生活状态相契合。

（三）分众化传播理念贯穿始终

酝酿期网络主持虽然具备更多大众传播的特质，但是根据网友喜好对广播电视节目进行二度创作，依据的就是分众化传播理念。初始期基于社群组织建立的聊天室和论坛网络主持，与网友形成了一个有着共同诉求和兴趣的社区群，群中的“群交互”与大众传播的“众传播”形成鲜明对比，更直接地体现了分众化理念。丰富期在数据可视化的时代背景下，创作主体利用大数据分析用户的行为特征、内容偏好，更精准地进行节目定位和内容选择，刻画清晰完整的受众画像，以用户需求为核心，为个性化节目内容的生产和传播提供依据，向分众化传播大步迈进。

三、受众的发展趋势及建议

（一）主体地位不断巩固

受众主体地位的提升与交互程度成正比，从只能通过场内交流和热线电话等有限的互动方式，到有权决定节目规则与流程、参与多元交互、对节目进行内容及经济供养，受众逐渐转变为名副其实的用户。基于对用户体验的重视，受众的需求越来越广泛地被满足：①娱乐消遣需求被满足。节目的趣味性内容和多样化形式满足了受众的娱乐消遣需求，使受众通过节目减压和放松。②自我认同需求被满足。节目涵盖的类型不断拓展，生活的方方面面都有所呈现，节目内容与受众生活的契合度增强。受众有意愿通过线上弹幕，线下微信、微博等多种平台分享经验与观点，以获得存在感与自我认同感。③人际关系需求被满足。在网络发达、信息爆炸的时代，受众除了现实的人际关系网之外，还渴望建立虚拟的社交关系网，以缩减与社会的距离。网络主持为受众提供交互平台，扩大了受众的人际交往圈，受众与社会互动的心理需求得到满足。

（二）个体性与群体性共存

网络节目受众的收视行为具有零散化和碎片化特征，个体受众具有个性化、定制化的观赏特点与需求。同时，作为某档节目的受众群体，个体的收视行为以共同的兴趣取向为导向、通过虚拟空间转化为群体行为，碎片化受众得到重聚，受众个体的自我存在感与受众群体的收视需求共存。

（三）自律意识逐渐增强

受众自律对于构建和谐网络空间具有重要意义，在未来的网络节目中受众会因为受到外部环境的制约，逐步实现内部的自律。网络主持人及网络平台可以通过刚柔结合的手段，督促受众实现自我监管。例如，设置黑名单，注销因发表偏激或违反国家法律的不当言论的受众用户名；采取积极的鼓励措施，如将个体用户的行为量化为数值，对于发表正能量引起网友共鸣的受众，或是举报他人违规言论的受众，增加其量化数值以示奖励，从而提高受众的自我把关意识，逐渐实现受众的自律。当然，创作出能够形成良好讨论氛围的内容，才是形成高素质受众的根本。

综上所述，通过梳理网络主持创作三要素的发展特点及趋势，我们得出：①交互性是网络主持的核心属性与始终追求。交互性贯穿于网络主持创作的各个要素及时期，是推动网络主持发展的内在主动力。②以人为本，尊重人性是网络主持的本质。在网络主持创作活动中，无论是网络主持人主导性的加强还是受众主体性的提高，归根结底源于对人性的最大限度的尊重、对人的创造性的重视、对用户体验的敬畏。人的个体性和独立性将在网络主持创作中得到愈发充分的体现，利用自媒体提供私人定制，将分众化缩小到具有高度自律性的原子化状态，是未来网络主持值得探索的方向。③创造优质的专业化内容是网络主持实现可持续发展的根本。虽然网络主持的生产内容、方式和传播路径瞬息万变，但是网络主持人及受众对优质内容的追求始终不变。提升网络主持人的专业素养，根据受众实际细分市场、精准定位、做专做细，生产有趣、有用、有品格的专业化和高品质内容，是网络主持的生存之本。

网络主持作为新兴事物，其未来的健康快速发展需要多方的共同努力。

从网络主持人的视角，既要凸显自媒体的个性化、自主性、能动性的特征，又要明确自身兼具大众传播属性，应具备导向意识、规范意识和审美意识。网络主持人要加强对新技术、新模式的学习与应用能力，提高对新媒体新闻的敏感度和认知度，同时巩固好播音员、主持人的基本素养，提高综合文化素养，掌握甚至精通与节目内容相关的专业领域知识，更好地为受众提供个性化的专业服务。

从政策制定的视角，应制定符合我国国情的网络节目管控体制，从创作主体、媒介行业和政府部门等多个层面，建立自律和他律两种机制的把关人制度，形成对创作主体和网络媒体的综合管控机制，为网络主持的信息真伪与安全把关。

从科研与教学的视角，探究增进网络主持人交互性的语用及主持策略，构架网络主持人的语言能力体系，发现当前存在的语言失范问题，为网络主持及网络媒体的内容规范提供智力支持。同时，根据新时代的传播特点与需求调整专业设置，编写播音与主持的专业教材，合理增加网络主播专业或课程，使播音主持教学与全媒体时代的传播需求接轨，培养新型的主持人才。

随着媒体融合逐步实现，未来的网络主持将更加活跃、丰富和成熟，与传统媒体主持将逐渐主体重合、标准趋近及文化交融，无论是主持人队伍、主持风格，还是节目的内容生产、内容传播与内容接受等方面都将不断交叉，趋于融合。未来，“网络”“广播”“电视”将只是对主持人所在平台的描述，而不能成为对主持人主持活动性质与内涵的限定与区分，网络主持与传统媒体主持将共同为形成立体多样与融合发展的现代传播体系贡献力量。

参 考 文 献

白谦诚. 1996. “珠江模式”论. 中国广播电视学刊，(S1)：53-55.
包丽敏. 2001. 浅谈网络虚拟主持人的人际化角色. 新闻记者，(10)：33-34.
毕耕. 2007. 网络传播学新论. 武汉：武汉大学出版社.
毕一鸣. 2005. 语言与传播——广播电视播音与主持艺术新论. 北京：中国广播电视出版社.
蔡文之. 2011. 网络传播革命：权力与规制. 上海：上海人民出版社.
曹路. 2006. 中国广播电影电视运营与创新实务. 北京：中国传媒大学出版社.
曹秋敏，陈涛. 2014. 网络播音主持的实践和人才的培养探析. 科技传播，(5)：28-29.
晁代新. 2012. 新媒体主持人研究. 中国传媒大学博士学位论文.
巢乃鹏. 2002. 网络受众心理行为研究——一种信息查寻的研究范式. 北京：新华出版社.
陈崇山. 2008. 受众本位论. 北京：社会科学文献出版社.
陈桃珍. 2011. 编辑概论. 重庆：重庆大学出版社.
陈卫东，韩雪峰. 2006. 网络文化解读. 现代远程距离教育，(6)：69-71.
崔希亮. 2009. 语言学概论. 北京：商务印书馆.
杜骏飞. 2001. 网络新闻学. 北京：中国广播电视出版社.
樊拥军. 2010. 《今日说法》的网络化延伸与拓展. 电视研究，(5)：30-31.
冯龑. 2014. 自媒体的品牌建构研究——以“罗辑思维”节目为例. 青年记者，(29)：60-61.
傅慧丽. 2009. 从句法角度看主持人权势的体现——以网络访谈节目为例. 内蒙古农业大学学报（社会科学版），(5)：207-208.
高贵武. 2014. 主持人评价与管理. 北京：中国传媒大学出版社.
高贵武，邓燕玲. 2011. 网络主持人的源流、特质与发展. 新闻与写作，(2)：32-35.
高巍. 2016. 从三网融合到媒体融合——兼论广电网络的媒体融合思路//国家新闻出版广电总局直属机关党委，中国广播电影电视社会组织联合会，宁波广播电视集团. 学习习近平总书记系列重要讲话做好广播影视工作. 北京：中国广播电视出版社.
宫承波. 2007. 传播学纲要. 北京：中国广播电视出版社.

宫承波. 2014. 新传媒. 北京：中国广播电视出版社.
郭小平. 2014. 新视听媒体导论. 北京：北京大学出版社.
国家互联网信息办公室，北京市互联网信息办公室. 2014. 中国互联网 20 年：网络大事记篇. 北京：电子工业出版社.
国家统计局. 2016-03-01. 1995 年国民经济和社会发展统计公报. http://www.cfen.com.cn/sjpd/hg/ 201601/t20160121_1654094.html.
国家统计局. 2017-02-28. 中华人民共和国 2016 年国民经济和社会发展统计公报. http://www. stats.gov.cn/tjsj/zxfb/201702/t20170228_1467424.html.
国家统计局. 2018-02-28. 中华人民共和国 2017 年国民经济和社会发展统计公报. http://www. stats.gov.cn/tjsj/zxfb/201802/t20180228_1585631.html.
国家语委，等. 2015. 国家语委、国家教委、广播电影电视部关于开展普通话水平测试工作的决定. http://old.moe.gov.cn/publicfiles/business/htmlfiles/moe/moe_66/200408/571.html.
何威. 2011. 网众传播. 北京：清华大学出版社.
何兆熊. 2000. 新编语用学概要. 上海：上海外语教育出版社.
胡泳. 2008. 众声喧哗——网络时代的个人表达和公共讨论. 桂林：广西师范大学出版社.
胡正荣. 1997. 传播学总论. 北京：中国传媒大学出版社.
黄伯荣，廖序东. 2007. 现代汉语. 北京：高等教育出版社.
黄艳. 2010. 网络节目主持人的特点与分类. 现代视听，(1)：54-57.
季安锋. 2015. 汉语预设触发语研究. 北京：社会科学文献出版社.
蒋淑媛. 2011. 网络媒介社会功能论. 北京：新华出版社.
凯利 K. 2010. 失控. 东西文库译. 北京：新星出版社.
凯利 K. 2012. 技术元素. 张行舟，余倩，周峰，等译. 北京：电子工业出版社.
宽带发展联盟. 2018-05-02. 中国宽带速率状况报告（2018 年第一季度）. http://www.chinabda.cn/Site/Default/Uploads/kindeditor/file/20180502/中国宽带速率状况报告_第 19 期（2018Q1）_4nuQk4.pdf.
拉里 A S，理查德 E P. 2003. 文化模式与传播方式——跨文化交流集. 麻争旗，等译. 北京：北京广播学院出版社.
李红光. 2011. 论网络播音主持的实践和人才培养. 新闻知识，(8)：81-83.
李建军，吕涛. 2011. 浅谈网络新闻传播的特点和发展趋势. 新闻传播，(4)：123.
李桃. 2012. 网络视频主持人研究三问. 语言文字应用，(3)：59-66.
李桃. 2016. 网络视频节目字幕的语言与表现特征. 中国广播电视学刊，(8)：67-69.
刘芙蓉. 2010. 提高网络视频节目主持人的素质. 新闻爱好者，(10)：32.
刘海梅. 2004-12-09. 中国广播电视播音员主持人职业道德准则. http://www.people.com.cn/GB/14677/40759/41275/3044000.html.

刘庆振. 2016. 提升传媒人才能力之五大路径. 新产经，（10）：85-86.
刘瑞生. 2006. 播客：WEB2.0 时代的典型传媒形态——国内播客现状研究. 中国传媒科技，（5）：46-52.
刘燕南，张雪静. 2016. 跨屏受众收视行为测量：现状、问题及探讨. 现代传播（中国传媒大学学报），38（8）：1-7.
刘扬. 2010. 网络脱口秀节目走红原因及发展对策研究. 新闻传播，（8）：114.
刘旸. 2015. 跨屏大数据：传统媒体与互联网融合的入口. 中国广播，（6）：18-22.
刘毅涛. 2016. 网络综艺脱口秀模式创意的三重维度. 现代传播（中国传媒大学学报），38（8）：162-163.
刘志华. 2015. 现代通讯技术导论. 北京：北京邮电大学出版社.
陆地. 2014. 网络自制视频节目发展的特点和空间. 新闻与写作，（3）：53-55.
陆锡初. 2013. 节目主持人导论. 北京：中国传媒大学出版社.
罗弘道，刘玉峻. 1994. 跨世纪中国广播电视改革与发展. 北京：中国广播电视出版社.
罗幸. 2011. 新媒体时代传媒人才培养模式分析——以播音主持专业为例. 社会科学家，（9）：159-160.
罗振宇. 2013. 罗辑思维. 武汉：长江出版传媒，长江文艺出版社.
吕鹏，徐凡甲. 2016. 作为杂货店的弹幕池：弹幕视频的弹幕研究. 国际新闻界，（10）：28-41.
马铁. 2007. 新编体育经济人. 北京：中国经济出版社.
孟威. 2004. 网络互动：意义诠释与规则探讨. 北京：经济管理出版社.
闵大洪. 2000. 虚拟女主播 网络原生报 手机上网及其他 网络媒体新动态点评. 新闻实践，（3）：30-32.
闵大洪. 2008. 草根媒体：传播格局中的新力量. 青年记者，（15）：9.
闵大洪. 2016. 中国网络媒体二十年（1994—2014）. 北京：电子工业出版社.
彭兰. 2001. 网络传播概论. 北京：中国人民大学出版社.
彭兰. 2005. 中国网络媒体的第一个十年. 北京：清华大学出版社.
彭兰. 2015. 场景：移动时代媒体的新要素. 新闻记者，（3）：20-27.
乔德地. 2011. 中国移动互联网业务发展研究. 北京交通大学硕士学位论文.
沙利文-特雷纳 M. 1995. 信息高速公路透视. 程时端，等译. 北京：科学技术文献出版社.
申启武，杨硕. 2010. 互动："对话时代"的网络广播"写作". 新闻与写作，（10）：82-85.
石磊. 2009. 新媒体概论. 北京：中国传媒大学出版社.
史玮. 2013-11-06. 改革开放铸辉煌 经济发展谱新篇——1978 年以来我国经济社会发展的巨大变化. http://www.gov.cn/jrzg/2013-11/06/content_2522445.htm.

宋新民. 2006. 网络时代的节目主持. 武汉：华中科技大学出版社.
宋元林，等. 2009. 网络文化与人的发展. 北京：人民出版社.
苏宏元. 2012. 网络传播学导论. 北京：中国社会科学出版社.
孙卫华. 2007. 媒体市场化与电视分众. 北京：新华出版社.
索振羽. 2003. 语用学教程. 北京：北京大学出版社.
汪志刚. 2006. 美国法上的"网络匿名发表言论权"述评. 北京航空航天大学学报（社会科学版），19（2）：45-49.
王洁. 2011. 浅谈网络对人们生活与思维的影响. 科协论坛（下半月），（5）：181-182.
王岚岚. 2012. 美国网络电台的发展特点及启示. 中国记者，（4）：104-105.
王明轩. 2009. 即将消亡的电视——网络化与互动视频时代的到来. 北京：中国传媒大学出版社.
王晓红，赵希婧. 2009. 网络视频传播特性探析. 中国广播电视学刊，（5）：10-11.
《网路工兵》丛书编辑部. 2000. 网络风云·网友联谊. 上海：上海世界图书出版公司.
吴飞. 2003. 大众传媒经济学. 杭州：浙江大学出版社.
吴信训，金冠军. 2004. 中国传媒经济研究 1949-2004. 上海：复旦大学出版社.
吴郁. 2004. 播音学简明教程. 北京：北京广播学院出版社.
武学军，杜慧芳. 2015. 网络自制娱乐视频节目品牌特色的构建——以搜狐视频主持人大鹏的"鹏式幽默"为例. 传媒观察，（9）：35-37.
谢圣华. 2014. 新媒体的新闻观. 北京：中国传媒大学出版社.
邢福义，吴振国. 2010. 语言学概论. 武汉：华中师范大学出版社.
徐炳全. 2011. 浅谈网络传播的现状与发展对策. 中国报业，（8）：51-52.
徐大明. 2004. 言语社区理论. 中国社会语言学，（1）：18-28.
许雅琴，王金波. 2015. 浅谈网络主持的能力培养. 中国地市报人，（12）：42.
严三九. 2011. 新媒体概论. 北京：化学工业出版社.
杨继红. 2008. 新媒体生存. 北京：清华大学出版社.
杨静. 2012. 品牌的自媒体传播研究. 上海师范大学硕士学位论文.
姚喜双. 1993. 树立"大规范"意识——播音语言规范的思考. 语文建设，（11）：30-34.
姚喜双. 2005. 加强媒体语言研究——需要解决的几个问题. 语言文字应用，（3）：43-45.
姚喜双. 2012. 播音主持概论. 北京：高等教育出版社.
姚喜双，郭龙生. 2007. 媒体语言对青少年价值观的影响. 教育研究，（11）：16-18.
姚喜双，李桃. 2012. 试析网络视频主持人语言规范问题. 语言文字应用，（5）：43-54.
应天常. 2001. "阿娜诺娃"向我们走来——网上节目主持人漫议. 声屏世界，（1）：

41-42.
应天常. 2005. 试论“节目主持人”概念的界定. 广州大学学报(社会科学版), 4(8): 83-87.
应天常. 2008. 节目主持语用学. 北京：中国传媒大学出版社.
余红仙. 2014 . 网络主持人的特点研究. 西部广播电视，8（16）：118，123.
俞虹. 2004. 节目主持人通论. 北京：中国广播电视出版社.
袁伟. 2012. 论新媒体流行语在广电媒体中的规范使用——以近年来年度新媒体十大流行语为例. 语文文字应用,（3）：46-52.
袁小红. 2004. 多媒体技术及应用. 北京：高等教育出版社.
张佰明，李志宏，蔡越越. 2010. 网络传播实务. 北京：中国传媒大学出版社.
张久珍. 2005. 网络信息传播的自律机制研究. 北京：北京图书馆出版社.
张莉萍，赵良峰. 2015-01-14. 《奇葩说》播放破亿“奇葩”网络综艺现象持续蔓延. http://qh.people. com.cn/n/2015/0114/c182762-23551885.html.
张美玲，罗亿. 2011. 以微博为代表的自媒体传播特点和优势分析. 湖北职业技术学院学报，14（1）：45-49.
张颂. 2003. 中国播音学. 北京：中国传媒大学出版社.
张颂. 2009. 播音主持艺术论. 北京：中国传媒大学出版社.
张颂. 2011. 播音创作基础. 北京：中国传媒大学出版社.
张小乐. 2008. 新闻网站聊天室——网络文化建构角度的审视——以东方网嘉宾聊天室为例. 新闻记者,（4）：72-75.
张小罗. 2009. 论网络媒体之政府管制. 北京：知识产权出版社.
张艳霜. 2010. 网络主持的分类及特点. 中国社会科学院研究生院硕士学位论文.
张振华. 2003. 中国广播电视概要. 北京：北京广播学院出版社.
张志安，吴涛. 2016. 互联网与中国新闻业的重构——以结构、生产、公共性为维度的研究. 现代传播（中国传媒大学学报),（1）：44-50.
张卓. 2009. 网络视频节目主持人研究. 河南大学硕士学位论文.
赵海武. 2005. 数字音视频压缩技术、标准与应用研究. 华东师范大学博士学位论文.
赵颖. 2015. 新编语用学概论. 北京：中国商务出版社.
中国互联网络信息中心. 2014-07-22. 中国互联网络发展状况统计报告（2014 年 7 月）. http:// www.cac.gov.cn/2014-07/22/c_1111724470.htm.
中国互联网络信息中心. 2014a-05-26. 中国互联网络发展状况统计报告（1997/10）. http://www. cac.gov.cn/2014-05/26/c_126547412.htm.
中国互联网络信息中心. 2014b-05-26. 中国互联网络发展状况统计报告（1999/7）. http://www. cac.gov.cn/2014-05/26/c_126547950.htm.
中国互联网络信息中心. 2014c-05-26.中国互联网络发展状况统计报告（2002/1）. http://www. cac.gov.cn/2014-05/26/c_126548029.htm.

中国互联网络信息中心. 2018-01-31. 中国互联网络发展状况统计报告(2018年1月). http://www. cac.gov.cn/2018-01/31/c_1122347026.htm.

中国互联网协会. 2017-08-24. 中国互联网协会发布“2015影响中国互联网行业发展的大事件”. http://www.cac.gov.cn/2017-08/24/c_1121538195.htm.

中文互联网数据咨讯中心. 2017-12-15. 2017中国网络视听发展研究报告. www.199it.com/archives/663363.html.

周鸿铎. 2003. 广播电视经济. 北京：经济管理出版社.

周滢. 2012. 内容平台重构媒体运营的新力量. 北京：中国传媒大学出版社.

朱潇. 2016. 语言顺应论视角下的幽默语研究——以《奇葩说》语料为例. 理论界，(12)：111-117.

邹建华. 2012. 微博时代的新闻发布和舆论引导. 北京：中共中央党校出版社.

Bowman S，Wills C. 2003-09-21. We media：how audience are shaping the future of news and information. Media Center at the American Press Institute.

Lister M，Dovey J，Giddings S，et al. 2009. New Media：A Critical Introduction. London：Routledge.

Manovich L. 2011. The Language of New Media. Cambridge：The MIT Press.

Wardrip-fruin N，Montfort N. 2003. The New Media Reader. Cambridge：The MIT Press.

附录　网络主持发展大事记

1987 年

1. 中国首次实现与国外计算机网络的联通。1987 年，是中国计算机网络发展史上值得纪念的一年，这年 9 月，北京计算机应用技术研究所的钱天白教授向西德卡尔斯鲁厄大学发出中国第一封电子邮件，首次实现与国外计算机网络的联通。

2. 中国第一个世界性网上论坛诞生。1987 年 11 月 7 日，美国卡耐基梅隆大学物理系的中国留学生邓冬平正式向 Usenet 的管理者提议，发起成立名为 SCC（soc.culture.china，即社会文化中国）的新闻组，中国第一个世界性网上论坛建立，这对于中国网络文化的发展具有特殊的意义。

以 SCC 上的英文读者群为基础，1992 年由美国印第安那大学的魏亚桂发起，在 Usenet 上又衍生出以中文文本为内容的 ACT（alt.chinese.text）。如果说 SCC 是最早的有关中国的网上论坛，那么 ACT 可以说是最早的中文网上论坛。

1990~1991 年

3. 网络阅读进入“读屏”时代。1990~1991 年，欧洲粒子物理实验室的科学家蒂姆·伯纳斯·李提出了万维网（world wide web，WWW）的设想，网络不再只有数字和文本，网络阅读进入“读屏”时代。

1994 年

4. 中国进入互联网时代。1994 年，中国第一个 Web 服务器设立并推出中国第一套网页，中国从此进入互联网时代。

5. 中国诞生第一个 BBS。1994 年 5 月，在中国互联网正式连入 Internet 后不到一个月，国家智能计算机研究开发中心正式开通了 BBS 曙光站，这是中国的第一个 BBS。曙光站很快聚集起国内最早的一批网友，成为国内最早一批“网虫”的家园。可以说 BBS 曙光站是中国网络社区文化的开端，并具有长远的影响。时至今日，BBS 仍是国内各大院校网络社区的主要形式。

1995 年

6. 中国教育和科研计算机网第一个 BBS 开通。1995 年 8 月 8 日，中国教育和科研计算机网的水木清华 BBS 正式开通。水木清华 BBS 是清华大学的官方 BBS，也是中国教育和科研计算机网的第一个 BBS。水木清华 BBS 曾经是中国最具人气的 BBS 之一，代表着中国高校的网络社群文化。

1996 年

7. 第一个互联网即时通信软件产生。1996 年 4 月，四名以色列青年成立 Mirabilis 公司，并于 11 月发布了最初的 ICQ（ I seek you，即我找你即时通信软件）版本，仅半年时间就有 85 万用户注册使用。问世于 1996 年并于 1998 年流行的互联网即时通信软件 ICQ，使互联网交流跳出 E-mail（electronic mail，即电子邮件）式的书面文本语言框架，实现互联网交流的口语化。

8. 网络聊天室批量出现。聊天室成为中国大多数网友接触互联网的第一站，是网络语言真正流行的发端，是网络文化形成的沃土，也是最早体现网络传播深度交互性的平台。

9. 中国第一家网吧产生。1996 年 11 月 15 日，实华开信息技术有限责任公司开设的实华开网络咖啡屋，是中国第一家网络咖啡馆，即以后广泛出现的“网吧”。

10. 中国第一家网上实时广播电台成立。1996 年 12 月 15 日，珠江经济广播电台开通网上实时广播，成为中国第一家实现网上实时广播的电台。“广播+互联网”的新型传媒形式出现。

11. 央视国际互联网站成立。1996 年 12 月 15 日，央视国际互联网站建立并试运行，它是中国最早发布中文信息的网站之一。经过两年的试运行，于1999年1月1日正式推出。“电视+互联网”的传媒形式出现。

12. 中国网络广播诞生。1996年12月，广东人民广播电台建立网站，通过互联网播出节目，这标志着中国网络广播的正式诞生。

1997年

13. 中国进入第一代互联网时代。1997年，中国公用计算机互联网与中国科技网、中国教育和科研计算机网、中国金桥信息网互联互通，标志着中国进入第一代互联网时代。

14. 广播热线节目上网。1997年1月4日，广播热线节目《网络人生》正式与网友见面，它是北京人民广播电台《人生热线》节目的网上专栏。此举开创了广播热线节目上网的先河。

15. 网络广播节目吸引网友参与。1997年3月18日，上海东方广播电台《梦晓时间》节目新开设的“东广信息网”与“瀛海威时空”合作开通网络广播。当日，节目就“克隆”话题展开讨论，该节目的网络论坛中有几十位来自北京、广州、沈阳等地的网友发表意见。

16. 中国互联网广告史发端。1997年3月，IBM（International Business Machines Corporation，即国际商业机器公司）为宣传新机型AS400支付了3 000美元广告费，投放在ChinaByte网站上，这是中国第一个网络广告，成为中国互联网广告史的开端。

17. 猫扑网（即猫扑大杂烩网）成立。1997年10月，猫扑网成立。这是一个具有较大影响力的简体中文网上论坛，最早只是一个以讨论电视游戏为主的游戏网站。猫扑网凭着创造、快乐、张扬的个性，引领中国互联网文化的时尚潮流，影响着中国年轻的一代网友，成为众多网友的流行风向标，许多网络流行语都发源于此，如“灌水”等。

18. 首次网络直播节目获得成功。1997年12月，上海人民广播电台首次策划网上直播并获得成功，来自世界各地16个国家和地区的华人华侨及国内7个省区市的网友在网上收听了长达4小时的直播节目。

19. 广东省广播电视厅建立了“岭南视听”信息网，开始向多媒体传播趋势发展。

20. 互联网媒体形态形成。随着互联网的发展，国内外学界和业界将其视为继报刊、广播、电视之后新兴的第四媒体，第四媒体概念的出现，标志着互联网以独立媒体形态出现。1997年中国互联网络信息中心首次发布《中国互联网络发展状况统计报告》。网络基础设施建设和网络事业的发展，为网络主持的发展奠定了物质基础。

1998年

21. 中国形成了三大门户网站。1998年，随着“门户网站”概念的提出，一些商业网站迅速整合，形成了最初的三大门户网站，即新浪、搜狐、网易。在网络新闻传播领域，门户网站展现了超强的信息采集能力、整合能力和传播能力，越来越多传统媒体的忠实阅听人转向网络这一新媒体。互联网进入百姓生活，第一代网友出现，但他们对网站需求相对简单，以网络接入服务、搜索引擎服务和简单的内容服务为主，接触网络节目的行为较少。

22. 网络广播逐渐兴起。1998年2月28日，北京经济电台《动心9时》开始网上直播。随后，中央人民广播电台、中国国际广播电台等也各自推出了网上广播。

23. 中国中央新闻单位开通网站。1998年8月13日，中央人民广播电台开通专业网站，并在网上开通中央人民广播电台简介及节目介绍宣传页面，这是中国广播网的前身。

24. “国际在线”新闻网站开通。1998年12月26日，中国国际广播电台开通“国际在线”（CRI Online）新闻网站，主要提供新闻、文化和经济类信息，以丰富的音频节目为特色，提供开路广播在线服务。

25. 中国大型综艺晚会首次实现网络直播。1998年12月31日22：00至1999年1月1日0：20，上海电视台和中央电视台共同举办了《五洲风——’99中央电视台国际频道中英双语元旦晚会》，通过卫星及互联网向全球现场直播，这是国内大型综艺晚会首次在互联网上直播。

26. 全天候网络实时播出实现。1998年，杭州西湖之声电台应用Real Audio（即时播音系统）技术进入互联网，实现几乎所有节目的24小时网上实时播出。同年，保定调频台采用数字音频技术加入互联网，编播实现网络化，随时播报各种国内外最新信息和音乐节目。

27. 个人主页网站不断涌现。1998年，各类网站兴起之际，个人主页网站不断涌现。“网易新干线”成为国内最主要的个人主页网站。个人主页网站的兴起体现了网络传播的去中心化,彰显了网络文化的个性化、民主性和草根性，也为自媒体的发展奠定了基础。

28. 第一部中文网络小说诞生。由台湾成功大学博士生蔡智恒（痞子蔡）所写的网络小说《第一次的亲密接触》在校园 BBS 发表，引发网络转载潮。网络文化的独特魅力开始显现。

1999 年

29. 中央电视台首次尝试网络直播春节晚会。1999 年除夕，中央电视台首次尝试网上直播春节晚会，在整台晚会进行期间，上网人数达 50 万，收看直播的网友达 15 万。同年 4 月 21 日，中央人民广播电台第二套《网络时代》节目在国际互联网上同步直播。

30. 天涯虚拟社区诞生。天涯虚拟社区诞生于 1999 年 3 月，是海南天涯在线网络科技有限公司运营的主要项目之一。天涯虚拟社区自创立以来，以其开放、自由、宽松、丰富的特性受到国内乃至全球华人的推崇，经过不断发展，成为拥有多个公共版块、2 000 多万名会员的大型人文社区，是网络语言和网络文化的主要产生地之一。

31. “强国论坛”成立。1999 年 5 月 8 日，中国驻前南斯拉夫大使馆遭到美国的导弹袭击，抗议的浪潮在互联网上涌起。为了抗议美国暴行，人民日报网站顺势推出“抗议论坛”。这个论坛迅速凝聚人气，后更名为“强国论坛”“强国社区”，是国内较早出现的综合类 BBS。1999 年 5 月 14 日，“强国论坛”的明星栏目《人民访谈》开始了第一次节目，节目中创作主体的称谓为“版主”，还未以“主持人”相称，节目以文字的方式进行交流。

32. 中国首档网络节目出现。1999 年 6 月 1 日，我国第一家网络电视台——中国虹桥网正式开通，当天晚上播出网络节目——《一片新天地》。观众可以通过视频窗口进行收看，还可以通过视频窗口下方的聊天室表达自己的观点，参与主持人与嘉宾的谈话。中国虹桥网以这种交互的方式还开播了两场多媒体青少年节目，网友可以通过网络实时与主持人和嘉宾作交流，充分融入与主持人和嘉宾的侃谈中。

33. 中央下发关于网络新闻宣传工作的第一个指导性文件。1999

年10月16日,中共中央宣传部、中共中央对外宣传办公室联合下发《关于加强国际互联网络新闻宣传工作的意见》,这是中央关于网络新闻宣传工作的第一个指导性文件,明确了今后网络新闻舆论宣传工作发展的方向。

2000年

34. 一批网络新闻管理制度出台。2000年1月,国务院新闻办公室在北京举行首次互联网网络新闻宣传工作会议,拉开互联网媒体规范发展的序幕;4月,国务院新闻办公室网络新闻管理局成立,负责统筹全国互联网新闻宣传工作,管理体制初具雏形;5月,中共中央宣传部、中共中央对外宣传办公室下发《国际互联网新闻宣传事业发展纲要(2000-2002年)》,提出互联网新闻事业建设的指导原则,首批确定了5家重点新闻宣传网站,分别是中国互联网新闻中心、人民日报、新华社、中国国际广播电台和中国日报。

35. 中国最早发起的网络主持人选拔赛。2000年5月30日,263首都在线发起了"全球第一位网络主持人选拔赛",清华大学外语系四年级女生苑杭最终获得冠军。

36. 中国第一位虚拟主持人亮相。2000年5月,随着"51go"网的诞生,中国第一个网络虚拟主持人Gogirl在网上亮相。她是这个网站的全天候主持人,是一位身高170厘米,黑头发、黄皮肤、瓜子脸、细腰身,热情开朗的中国女孩。

37. 网络人物访谈节目"嘉宾聊天室"创立。2000年,东方网"嘉宾聊天室"创立,它是上海本地知晓率较高并广受好评的网络人物访谈节目,也是全国新闻媒体网站中最具规模、内容最丰富的人物访谈栏目之一,荣获2006~2007年度上海市媒体优秀品牌。

2001年

38. 国内第一套网络传播和网络媒体研究专著出版。2001年1月,北京广播学院出版社出版国内第一套网络传播和网络媒体研究专著"网络传播书系"(共11本),标志着相关研究已开始进入专著成果形式的丰收期。

39. 第一届中国网络媒体论坛举行。2001年6月22日至23日,首届中国网络媒体论坛在青岛举行。论坛围绕着中国网络媒体如何在已有的初步框架的基础上进一步发展，如何为建设有中国特色的社会主义网络新闻宣传体系打下坚实基础等话题展开研讨。该论坛截至2017年末已举办了17届。

40. 网络语言研究的第一本专著诞生。于根元主编的《网络语言概说》由中国经济出版社于2001年10月出版。这是中国网络语言研究的第一本专著，标志着网络语言作为语言学的研究对象正式进入语言文字工作者的视野。

41. 网络原创新闻评论产生。上海东方网“今日眉批”开始推出原创新闻评论，其后不少新闻网站亦推出形式多样的原创新闻评论，成为当年网络媒体发展的一个亮点。

2002年

42. 虚拟春节联欢晚会与网友见面。2002年，网易娱乐、文化、女性三个频道联袂推出了《2002 年虚拟春节联欢晚会》，这台晚会用网络文字、Flash动画、声音和图画等形式对中央电视台的晚会模式和语言进行了一次小小的颠覆。晚会由几个论坛的版主以虚拟的网络形象运用文字进行主持。

43. 中国发布第一个互联网行业自律公约。2002年3月26日，中国互联网协会正式发布《中国互联网行业自律公约》，业界自律开始成为互联网治理的重要组成部分。

44. 中国首位网络互动电视虚拟主持人“江灵儿”亮相。2002年5月25日，中国首位网络互动电视虚拟主持人“江灵儿”在第三届中国西部国际博览会亮相。江灵儿身穿中国传统旗袍，直发披肩，可以流利自如地轮流用汉语、英语、日语等进行主持。她不需要人工配音，同步语音处理技术使得她具有了人工智能的表现力。中国网络专家评价，江灵儿的出现标志着中国网络互动电视台已经可以进入实用阶段。

45. 中国进入博客元年。2002年博客引入中国，当年成为博客元年。博客是典型的自媒体平台，博客的发展为网络自媒体主持的产生孕育了文化土壤，积累了人才资本。2002年7月，blog的中文名字“博客”由方兴东、王俊秀正式命名。8月，方兴东、王俊秀开通博客中国（blogchina）

网站。2003 年是中国博客的发展年，其用户数量达到 20 万人。2003 年 3 月，南开大学百合 blog 系统开通，中国科技大学 blog 进入测试阶段，博客开始在高校迅速发展。自 2003 年 6 月 19 日起，中国博客网（blogcn.com）用户“木子美”发表的网络日记，给中文 blog 网站带来巨大的访问量。2003 年底，教育部哲学社会科学研究重大课题攻关项目《博客（blog）技术及其对组织沟通和社会交流方式的影响研究》获得批准，博客应用首次纳入国家级科研项目。

2003 年

46. 首个针对网络视听节目的规范性文件出台。2003 年 2 月 10 日，国家广播电影电视总局制定的《互联网等信息网络传播视听节目管理办法》（广电总局令第 15 号）开始执行，标志着国家广播电影电视总局成为网络视听行业的行政监管部门。

47. 首个针对网络文化的管理规定出台。2003 年 5 月 10 日，文化部发布《互联网文化管理暂行规定》，标志着文化部成为中国互联网的又一个行政监管部门。

48. “博客中国”发起净化网络环境的首次行动。2003 年 6 月 23 日，“博客中国”正式推出“中国互联网呼唤‘反黄’运动”专题，成为由网站发起的净化网络传播环境的首次行动。

49. “21 世纪”网站开通“21 世纪网络电台”。2003 年 10 月，“21 世纪”网站开通“21 世纪网络电台”，并与近 50 家网络电台和传统电台建立了合作关系。

50. 首档具有脱口秀雏形的网络节目——《大话新闻》开播。2003 年 11 月 3 日，商业门户网站 TOM 的视频新闻节目《大话新闻》开播，成为最早具有网络脱口秀雏形的节目。

51. 中国网络媒体行业自律机制建立。2003 年 12 月，中国互联网协会互联网新闻信息服务工作委员会在北京成立，签署的《互联网新闻信息服务自律公约》，标志着中国网络媒体行业自律机制建立。

52. 播客“胖大海”走红。2003 年，北京一位名为“胖大海”的网络播客通过上传搞笑视频或是评论类视频在网络爆红。他是中国最早通过个人电脑录制音频节目的“爱播”者，他制作的网络 Flash 动画系列节目《有一说二》被“2005 年度中文播客评选”评为“最受欢迎播客”“最佳谈话播客”“最佳娱乐音频播客”。“胖大海”本人也因此被凤凰卫视、湖南卫视和北京电视台报道，并于 2006 年 2 月受邀在北京卫视金牌栏目《第 7 日》中制作主持《7 日播客》节目，成为中国播客正式加入主流媒体的第一人。

2004 年

53. 个人网络电台“萤火虫网络电台”建立。2004 年 3 月中旬，萤火虫网络电台（Firefly Radio，网址为 http://www.fmyhc.com）创建，并于当年 10 月 22 日正式开播，这是国内较有代表性的个人网络电台，打造了一批如《菁菁校园》《志愿中国》《你听音乐在说话》《零距离》等明星访谈节目。

54. 国内第一本面向互联网新闻信息传播领域的专业杂志创刊。2004 年 4 月 20 日，全国网信工作指导性刊物《网络传播》（*New Media*）创刊，这是中国第一本互联网信息传播领域的专业杂志。

55. 网络节目首次落地传统媒体。2004 年 5 月 18 日，网络脱口秀节目《大话新闻》在中央人民广播电台第四套节目《都市之声》播出，成为中国第一个成功落地于传统媒体的网络节目。

56. 重庆网络电视台开播。2004 年 5 月 20 日，利用专业网站平台播放专业电视节目的重庆网络电视台开播。

57. 首届“中国网络传播学年会”在南京举行。2004 年 5 月 22 日至 23 日，由南京大学新闻传播学院和中国江苏网主办的“中国网络传播学年会”在南京举行，这是国内新闻传播学界以网络传播为专题的首次大型研讨会。

58. 央视网络电视开办。2004 年 5 月 31 日，中央电视台正式开办央视网络电视，依托中央电视台的节目内容，每日更新，通过宽带互联网为用户提供视频点播服务。

59. 《互联网等信息网络传播视听节目管理办法》修订。为规范互联网等信息网络传播视听节目秩序，加强监督管理，促进社会主义精神文明建设，2004 年 6 月 15 日，国家广播电影电视总局局务会议通过《互联网等信息网络传播视听节目管理办法》。该办法自 2004 年 10 月 11 日起施行，广电总局《互联网等信息网络传播视听节目管理办法》（广电总局令第 15 号）同时废止。

60. 新锐网络电视台开办。2004 年 8 月，北京达人文化公司与腾讯网合作推出了新锐网络电台（ShowRadio，直译为“广播秀”），旨在借助腾讯聊天软件 QQ 的庞大用户群迅速扩大网络电台听众群。

61. 中央提出互联网管理“十六字”方针。2004 年 9 月 19 日，中共十六届四中全会通过的《中共中央关于加强党的执政能力建设的决定》提出互联网管理的十六字方针，即“法律规范、行政监管、行业自律、技术保障”。11 月 8 日，国务院办公厅下发《关于进一步加强互联网管理工作的意见》。

62. 网络直播节目《说给女人听》开播。2004 年 11 月 17 日，由著名电视主持人杨澜主持的网上直播栏目《说给女人听》在“天天在线”开播。

63. 国际在线中文网开设网络电台部。2004 年，国际在线中文网专门设置了网络电台部，招聘了主持人，开辟了专门的 BBS 讨论区，成为第一批脱离无线广播而独立制作在线广播节目的网站。

64. “听世界”网站建立。2004 年，北京千龙网、中国国际广播电台、北京人民广播电台等共同创办了“听世界”网站，提供在线广播、音频下载、语音增值、数字版权交易等业务服务。

65. 播客引领网络 2.0 时代。2004 年，以播客为代表的网络传播新形态崭露头角，其个人媒体的性质充分激发了用户独立的自主性和自创性，成为网络迈入 Web2.0 时代的典型代表之一。

2005 年

66. “网络编辑员”职业正式产生。2005 年 3 月 31 日，“网络编辑员”成为劳动和社会保障部公布的新职业。

67. 国内首档网络视频互动栏目《静距离》开播。2005 年 4 月 20 日，电视节目主持人李静携手新浪 UC，在新浪 UC 视频聊天室推出国内第一档网络视频互动栏目——《静距离》。这是国内第一个电视节目主持人在网络中开设语音和视频的现场脱口秀节目。

68. 中国第一家播客网站正式上线。2005 年 4 月初，中国第一家播客网站土豆网（www.tudou.com）正式上线，揭开了中国播客的序幕。

69. “中国青少年广播网”开播。2005 年 5 月，“中国青少年广播网”（www. vocy.cn）开播。其中的《团情八点半》为直播节目，及时广播共青团组织和广大团员青年的各方面资讯，受到广大青少年的欢迎。

70. 多语种网络电台开通。2005 年 7 月 13 日，国际在线正式开通多语种（汉语普通话、英语、德语、日语）网络电台，听众可以选择实时收听，或者点击收听已播内容。

71. 一批网络电台诞生。2005 年 7 月 28 日，中国广播网正式开通“银河网络电台”。它是依托中央人民广播电台和中国广播网诞生的国家网络电台，成功开办了综合频道、有声阅读频道、古典音乐频道、中国民乐频道、相声小品频道和评书频道，实现了 24 小时网上播出，网友可以通过互联网和手机两种方式收听、点播和参与制作新节目。电台节目多以与网友边听边聊、共同参与的新型网络广播形式进行，出现了马路、代代、竹子、阿郎等一批网络主持人。除此之外，2005 年 7 月至 8 月，国际在线、中国广播网、中青网相继开通网络电台，央视国际网络开通电视新闻及娱乐频道。

72. 中国首届播客大赛成功举办。2005 年 8 月，上海东方广播电台都市 792 频率和上海文广新媒体公司联合举办了首届中国播客大赛——“播动天下”，同时，上海东方广播电台都市 792 频率还开设了一档国内第一个反映播客生活、展示播客作品的节目——《波哥播客秀》。

73. 纯公益性网络电台“青檬网络电台”成立。2005 年 12 月 20 日，青檬网络电台成立，它是由北京广播网与共青团北京市委员会合作开办的纯公益性网络电台。作为国内第一家以大学生群体为受众的网络电台，网站针对每个栏目建立了各自的论坛版块，主持人可以和听众进行听说与网上互动。青檬网络电台拥有一批年轻的主持群体，如《音乐第一咖》的麦蓬、《音乐响乐派》的温暖、《青檬流行歌曲榜》的白雪、《音乐活力汇》的爱子濠等。

74. 博客大面积普及。2005 年，博客在国内大面积普及，成为网络传播领域中的新景观。

75. 网络新闻媒体领域用字和用词情况入选《中国语言生活白皮

书》。国家语言文字工作委员会发布的《中国语言生活状况报告（2005）》中针对报纸、广播电视、网络用字用词的调查显示，网络新闻媒体领域汉字使用字种数为 6 351 个，略多于广播电视（5 761 个），少于报纸（8 038 个）；词种数 847 971 个，大大超过广播电视（161 724 个），少于报纸（1 132 165 个）。用字和用词覆盖率也呈同样的趋势。与报纸、广播电视相比，网络领域极少出现繁体字和异体字。

2006 年

76. 中国首届真实的网络春晚播出。2006 年 1 月 26 日，由新浪网、中国网、大河网、网库黄页等四家网站联手主办，koook 音乐网承办的“2006 全球华人网络春晚”播出，这是中国首届真实的网络春晚，主持人由谢娜和迟帅担任。

77. 规范网络语言行为写入国内首部地方性法规。2006 年 3 月 1 日开始生效的《上海市实施〈中华人民共和国国家通用语言文字法〉办法》规定，国家机关公文、教科书和新闻报道中，不得使用不符合现代汉语词汇和语法规范的网络语言。这是国内首部将规范网络语言行为写入地方性法规。

78. 央视国际互联网站获得九项新业务的经营许可权。2006 年 4 月 27 日，央视国际互联网站获得开展以电视、手机、电脑为接收终端的自办点播、自办频道、频道集成等九项业务的经营许可权。之前，中央电视台整合央视国际、央视网络电视、中国电视网、中国电视剧网、中国网络电视、动感电影等六个网站的资源，形成了新的央视国际互联网站。

79. 首届博客节举行。2006 年 4 月 29 日，博客网在杭州举办首届博客节。

80. 央视国际全面改版。2006 年 4 月，中央电视台宣布成立网络传播中心和央视国际网络有限公司，并对央视国际进行全面改版。截至 2006 年 12 月，中央电视台 12 套节目实现了网上同步视频直播，近 400 个电视栏目的主要内容提供了网上点播；网站还创办了英语频道、西班牙语频道、法语频道和面向台湾地区的频道，向全球推送中央电视台对外宣传节目和对台节目。央视国际开创的台网联动、建立网络联盟、开辟电视明星播客等手法，为电视媒体发展网络广播电视开辟了一条新思路。其中“网络视频联盟”在2007年春节晚会、“两会”报道、党的十七大报道活动中发挥了重要作用。2007年12月18日，央视国际获得国际奥林匹克委员会授权，成为2008年北京奥运会官方互联网、移动平台转播机构。除央视国际外，地方电视台在开办网络电视方面也取得了新的进展。

81. “听世界”网站创办。2006年6月，由北京广播网和中国国际广播电台等四家联合发起的在线广播联盟创建了音频门户网站——听世界网站。其中的听世界网络电台有多个原创电台栏目，每周定期更新节目。

82. 网络视频分享网站“新浪播客”开通。2006年12月20日，新浪网与中国电信合作，在国内门户网站中率先进军网络视频分享领域，开通“新浪·互联星空播客”频道。短短一年多的时间，新浪播客便迅速崛起，成为国内主流视频分享网站，获得多项业内大奖。

83. 文化名人涉猎网络脱口秀。2006年，“童话大王”郑渊洁录制的播客脱口秀节目《郑在方便》进入新浪播客，单日点击量就达到了十几万次。郑渊洁也成为较早涉猎网络节目的文化界名人。

84. 中国播客迎来爆发式增长。2006年，不但大大小小的播客网站如雨后春笋般出现，国内的主流媒体也纷纷涉足播客领域。中央人民广播电台于2006年3月1日改版时加入了播客元素；CCTV国际网站开通了播客频道；年底，中国的权威门户网站新浪网（www.sina.com）继成功推出播客业务之后，也开通了播客频道。

85. 视频片《一个馒头引发的血案》引发关注。胡戈创作的视频片《一个馒头引发的血案》引起广泛传播和对网络恶搞文化的讨论。

86. 中国新闻奖首次将网络媒体的优秀新闻作品纳入评奖范围。中国新闻奖从2006年（第16届）起，首次将网络媒体的优秀新闻作品纳入评奖范围，共设网络新闻评论、网络新闻专题、网络新闻专栏三个奖项。

2007年

87. 国内首个较有影响力的网络脱口秀《大鹏嘚吧嘚》上线。2007年1月12日，搜狐出品的综艺娱乐节目《大鹏嘚吧嘚》和众网友见面，该节目自上线以来已为网友奉献了 500 多期节目，截至目前已改版七次，节目累计点击率破 10 亿次，单期访问量过百万次，被称为中国互联网第一档网络脱口秀节目，其主持人大鹏也获封“互联网第一主持人”称号。

88. 首届播客春晚与众网友见面。2007 年 2 月 17 日，首届播客春晚向全球进行了 24 小时联播，并于春节期间（2 月 17 日至 25 日）持续对节目进行了为期七天的展播，参展节目超过 330 个，其中各界明星名人参演节目超过 120 个。

89. 首届全球华人网络春节联欢晚会举办。2007 年，山东广播电视台龙视天下传媒集团原创了“全球华人春节网络联欢晚会”，该活动截至 2013 年已举办了七届。首届网络春节联欢晚会的主持人团队有辛凯、阿速及英语主持人婷婷等八人。

90. “人民宽频”开播。2007 年 4 月 18 日，由上海东方宽频与人民网合作建设的“人民宽频”举行开播仪式。“人民宽频”是在人民网已有的视频嘉宾访谈合作电视节目资源基础上，整合上海文广新闻传媒集团的节目资源全新改版而成。

91. 中央下发《关于加强网络文化建设和管理的意见》。2007 年 6 月 1 日，中共中央办公厅、国务院办公厅下发《关于加强网络文化建设和管理的意见》，这是较长一段时间内指导网络文化建设和管理的纲领性文件。

92. 优酷网成为首个拥有自己制作视频节目和发行资格的视频分享网站。2007 年 7 月 9 日，优酷网获得了国家广播电影电视总局颁发的《广播电视节目制作经营许可证》，这是其继获得经营视频网站必须持有的《信息网络传播视听节目许可证》之后所获得的又一许可证。这个许可证意味着优酷拥有自己制作和发行视频节目的资格，这在所有的视频分享网站中是首开先河的。

93. 《博客服务自律公约》发布。2007 年 8 月 21 日，中国互联网协会发布《博客服务自律公约》。

94. 国家广播电影电视总局加强网络视听内容管理。2007 年 12 月 29 日，国家广播电影电视总局和信息产业部联合发布《互联网视听节目服务管理规定》，对从事互联网视听节目的网站资质进行审核。发放《信息网络传播视听节目许可证》的举措，被业界视为国家广播电影电视总局加强网络视听内容管理的标志。

95. 网台联动初具规模。截至 2007 年 12 月，除青海电视台外，内地 30 个省级电视台网站开设了音视频频道或栏目，25 家网站提供网络电视直播业务。例如，上海文广新闻传媒集团的“东方宽频”、湖南广电集团的“金鹰网”、海南广播电视台的“视听海南”、四川广电集团的“神韵在线”、辽宁电视台的“七星电视网”、山西广电总台的“山西视听网”等。

2008 年

96. 新浪播客春晚开幕。2008 年 2 月 4 日，新浪播客春晚开幕。这场播客网络春晚打出“第一台真正让你大笑的春晚”的旗帜，吸引了近 200 位明星名人和网络红人参与。该次播客春晚由大左、王莹、小璇和于文等担任主持人。2008 年新浪播客春晚是鼠年春节前后影响最大的网络活动之一。

97. 首个针对网络视听节目服务的自律公约发布。2008 年 2 月 22 日，国家广播电影电视总局组织央视国际、人民网、新华网等八家中央网络媒体共同发起签署了《中国互联网视听节目服务自律公约》，提倡传播健康有益的节目，抵制有害和侵权盗版节目。截至 2010 年 12 月，主流媒体网站和主要商业网站都已加入该公约，签约单位达 600 多家。

98. 胡锦涛通过视频直播同广大网友进行在线交流。2008 年 6 月 20 日，在《人民日报》创刊 60 周年之际，胡锦涛到《人民日报》社考察工作，在《人民日报》社主办的人民网“强国论坛”工作平台通过视频直播同广大网友进行了在线交流。人民网全程直播该视频，视频的在线点击量超过 20 万次，各家视频网站纷纷转载，累计访问量达 300 多万次。

99. 北京奥运会期间产生了一系列以奥运为主题的网络节目。2008 年 7 月 14 日开播的《搜狐北京播报》是由搜狐公司董事局主席兼首席执行官张朝阳主持的一档以展现奥运赛场内外的幕后故事，独家对话名人明星、焦点冠军为主题的网络节目。8 月 4 日至 30 日，电视节目主持人胡紫薇和搜狐网合作了一档名为《奥运紫薇星》的网络谈话节目。该节目于每天 14：30 准时开始，时长三个小时。8 月 6 日，北京广播网推出了《我与奥运共辉煌》视频访谈节目，率先开启了广播节目在互联网上的视频制作播出。该节目从 8 月 6 日的第一场直播到 8 月 26 日的总结性访谈，历时 20 天，共播出 21 期节目，播出总时长近 10 小时。这档节目的主持人蔡明可、纪佩佩和马琳玮成为北京广播网最早的网络视频主持人。

100. 网络助推新词语的产生和发展。据国家语言文字工作委员会发布的《中国语言生活状况报告（2008）》，2008 年度新词语 359 条，从社会语言学角度分析，有两个明显特点，一是重大社会事件催生新词语“群”，如“5・12”地震、北京奥运会、金融危机”；二是网络助推新词语的产生和发展，如“山寨”、“雷”、“囧”和“酱油”等。

2009 年

101. 《网络舆情》创刊。2009 年 1 月 8 日，人民网舆情监测室创办的《网络舆情》正式出刊，标志着网络舆情产品社会化服务的开端。

102. “反网络低俗之风”整治行动开展。2009 年 1 月 9 日，一场以“反网络低俗之风”为名的整治行动展开。

103. 网络春晚引关注。2009 年 1 月 25 日，“2009 山寨春节联欢晚会”在大年三十 21：09 通过网络向全国网友直播。这场以“向央视春晚叫板，给全国人民拜年”为口号的“山寨春晚”由郭金荣、李嗷嗷、王红、常越及王逸飞等主持，其筹备者施孟奇也因此声名鹊起。2009 年 1 月 29 日，由中国第一钢琴门户网站星夜钢琴网策划主办的“2009 中国网络春晚”于 18：00 成功播出。星夜钢琴网及网络春晚协办方酷 6 网、PPLive、admin5 站长网、中国站长网、落伍者、炎黄网络等网站都同步直播了该台春晚。春晚主持由星夜钢琴网的 Logo 卡通牛星星和夜夜担任。

104. 激动网自制网络节目反哺电视媒体。2009 年初，激动网推出自制新闻评论栏目《雷闻天下》。2010 年 4 月，激动网与河南省电视台正式就该节目实现独家合作，《雷闻天下》被搬上河南电视台。此次合作意味着视频网站在节目自制方面的成熟度正在逐步增强。除了《雷闻天下》，激动网还拥有《新闻相声》《美女天气秀》等多个栏目，这些轻松、幽默且蕴含深意的自制栏目，吸引了许多忠实网友。

105. 国家领导人参加网络视频节目。2009年2月28日，即全国“两会”前夕，国务院总理温家宝通过中国政府网和新华网进行了首次与全球网友的在线文字与视频交流。身着休闲西装的温家宝总理在两家网站的联合直播间，轻松地与全球网友进行了两个小时的在线交流。网友的提问和留言涉及医疗、教育、就业、住房、“三农”等民生问题，金融危机与经济形势，国际关系与对外交往，甚至还包括总理有趣的生活细节。这次活动共收到数十万个帖子的提问和留言及数万个手机用户的信息反馈，活动反响强烈。

106. 多地举办网络主持人大赛。2009年4月25日，安徽省马鞍山市启动“石臼湖”杯皖江在线网络视频直播节目主持人（业余）选拔大赛，本次大赛由马鞍山市委宣传部和马鞍山日报社主办，马鞍山市互联网宣传管理办公室和皖江在线承办，时间持续近3个月。这次大赛旨在为皖江在线（www.wjol.net.cn）选拔网络视频主持人。2009年9月18日，江苏省常州市启动“钧无双杯”常州首届网络视频主持人选拔大赛。大赛由常州市互联网新闻中心主办，为中国常州网（www.cz001.com.cn）选拔网络视频主持人。

107. 互联网被列入中国重点媒体国际传播力建设体系。2009年6月，中共中央下发《2009-2020年我国重点媒体国际传播力建设总体规划》文件。文件提出，到2020年争取在报刊、通讯社、广播电视和互联网等领域建成若干具有国际影响力的传媒集团，掌握话语权，赢得主动权，形成与中国经济社会发展水平和国际地位相称的媒体国际传播力。

108. 中国印发首个针对网络视听节目的审查参考手册。2009年6月，国家广播电影电视总局印发《互联网视听节目内容审查参考手册》，为互联网视听节目服务持证机构提供了具体的互联网视听节目审核参考标准。

109.《视听节目服务网站持证机构违规行为处理暂行办法》出台。2009年，国家广播电影电视总局制定出台《视听节目服务网站持证机构违规行为处理暂行办法》。依据该办法，国家广播电影电视总局定期对视听服务网站出具《互联网视听节目服务网站监看报告》和《互联网视听节目服务网站违规问题处理报告》，并对视听服务网站的节目内容和规范运营情况进行评分，重点查处和封堵具有政治导向问题和淫秽色情问题的有害视听节目，责令关闭出现重大问题的网站。

110. 中国网络传播进入微博客阶段。2009 年 8 月 14 日，新浪网推出微博客服务“新浪微博”（测试版），标志着中国网络传播进入“微时代”。2009 年 9 月，随着李开复选择在新浪微博发布自己辞职后的心态和动态，微博兴盛起来，微博以其强势的表现成为中国国内互联网业界的最新热门话题。

111. 网络脱口秀《麻辣书生》上线。2009 年 11 月 3 日，中国传媒大学播音系博士研究生、媒体人林白在中国传媒大学的博士生公寓完成了第一期网络脱口秀节目——《麻辣书生》的录制并上传网络。这是一档名副其实的“一个人”的网络节目，林白在自己的宿舍中完成了采、编、播等一系列工作。

112. 中国网络电视台正式开播。2009 年 12 月 28 日，中国网络电视台正式开播。该台是依托中央电视台并在央视国际互联网站基础上创办的国家网络电视播出机构，是以视听互动为核心，融网络特色和电视特色为一体的全球化、多语种、多终端的公共平台。中国网络电视台以“参与式电视体验”为产品理念，对传统电视节目资源进行再生产、再加工及碎片化处理，并着力打造网络原创品牌节目，鼓励网友进行原创和分享。

113. 网络广播电视业务发展迅速。2009 年，网络广播电视、CMMB（China Mobile Multimedia Broadcasting，即中国移动多媒体广播）等广播电视新媒体全面加速发展。全国大部分广播电视台都开办了自己的网络广播，据统计，全国有 27 家省级广播电台和广播电视机构开办了网络广播业务，共有 167 套广播频率实现网上直播，有 25 家广播电台和电视台开办的网站提供网络电视直播业务。

2010 年

114. 中国政府首次发布互联网发展状况白皮书。2010 年 6 月 8 日，国务院新闻办公室首次发布《中国互联网状况》白皮书，阐明中国对互联网积极利用、科学发展、依法管理、确保安全的基本政策。

115. 网络春晚元年。2010 年，众多传统媒体与网络媒体推出网络春晚，该年被称为“网络春晚元年”。

2010 年 2 月 6 日，由北京电视台、新浪网和中国移动共同打造的“首届北京电视台网络互动春节联欢晚会”与众网友见面，其选择了在电视、网络和手机三大平台共同播出，并连续播出七场。

2 月 6 日，第一视频等网站主办“‘风景这边独好 · 春网开元’网络春晚”，主持人由曹云金、李菁、沈星、杨冰洋和尉迟林嘉担任，晚会将 11 个机位的画面和主画面同时放到播出界面，网友可以在各机位镜头之间自由切换，不仅可以从不同视角欣赏界面，还可以切换到后台观看演员化妆、吃东西、候场等花絮。

2010 年 2 月 11 日，天涯社区主办的“第四届天涯春晚”吸引了众多网友观看，一度造成网络堵塞，主持人由龙吟和萝卜碎碎碎（网名）担任。

2010 年 2 月 15 日至 20 日，由北京电视台、新浪网和中国移动共同打造的“首届北京电视台网络互动春节联欢晚会”与众网友见面，这场被称为“中国首届由网友决定节目创意、演员、导演和主持人的网络春晚”选择了电视、网络和手机三大平台共同播出，从大年初一到初七连续播出七场。

同年，南海网、华声在线和搜房网等网络媒体也加入网络春晚的队伍中，并推出各具特色的节目。因此，有网络媒体将 2010 年称为“网络春晚元年”。

116. “人民电视”上线，原创多档网络视频节目。2010 年 3 月，《人民日报》网络电视台“人民电视”上线。自其开播以来已播出过多档人民网原创网络视频节目，如当时国内互联网上唯一一档以伟人为叙述对象，以伟人家属或身边工作人员口述的形式制作的专业性节目《红色岁月》（开播时间为 2010 年 3 月 25 日），主播为郑紫豪，访谈主持为吴婧；每期 15 分钟的《读报看报》栏目（开播时间为 2011 年 4 月 1 日），邀请《人民日报》资深编辑、记者做评论员，第一时间评析当日出版的《人民日报》刊登的时事热点和重要言论，主持人为郑紫豪、吴婧和关萌；

较具网络特色的《小六砖头铺》（开播时间为 2009 年 12 月 31 日），以生动、讽刺的语言，搞笑的表演，再现社会丑恶现象，主持人为刘小六；原创品牌节目《小白闪报》，虚拟主持人“小白”以平民化的视角，用动画搭配评述的方式报道老百姓喜闻乐见的新闻，将《人民日报》的严肃话题转换为生动有趣的网络语言，将《人民日报》的评论优势在网络传播中进行全新探索，节目被台湾媒体称为“大陆官方媒体的妙招”。

117. 网络原创节目受到网友喜爱。截至 2010 年 3 月，由酷 6 网推出的自创性新闻评论节目《山寨新闻》播放次数突破一亿次。酷 6 网是视频行业中第一家打造原创栏目的视频网站,《山寨新闻》作为明星栏目，很受网友喜爱。该节目每天一期，每期 15~20 分钟，主持人“西葫芦”的扮相搞笑，语言幽默，通过通俗易懂的语言轻松解析当前的热门话题和焦点事件，同时还穿插以娱乐小品的方式全新演绎话题的精彩片段，并以此形式对话题进行深度挖掘。

2010 年，网络节目《什么脱口秀》录制了近 90 期节目，收视数近 1 800 万人次。主持人是有着“江苏口才帝”之称的“90 后”青年蓝志，他自创的“90 后”独特的幽默方式和奇妙深刻的精炼快侃吸引了一批年轻受众，该节目收视数近 1 800 万人次。

118. 首家省级网络电台——安徽网络电台开播。2010 年 5 月 21 日，安徽人民广播电台旗下的安徽网络电台开播，这是全国首家省级网络电台。安徽网络电台利用安徽人民广播电台的既有频率，开设了新闻、综艺、音乐、科教、旅游、健康时尚、戏曲、英语八个频道，先期推出新闻、综艺、音乐、旅游四个频道。通过音频、视频、图文、动漫等多媒体播出形式和论坛、聊天、留言、点评等多样化交流平台，发挥网络与电台两种媒介的互补优势，实现最大化的宣传效果。

119. 微博井喷。2010 年是微博呈井喷式发展的一年，新华网、人民网、凤凰网等多家媒体网站和一些主要门户网站相继推出微博，中国微博访问用户达 12 521.7 万人，微博用户达 6 500 万人。2010 年热度靠前的 50 起重大舆情中，微博首发 11 起，占比达 22%。

2011 年

120. 首届中央电视台网络春晚拉开帷幕。2011 年 2 月 3 日，首届中央电视台网络春晚拉开帷幕。从大年初一至初六，每天 19：30 由中国网络电视台播放。春晚既邀请到网友们投票选出的最希望见到的明星，如韩庚、龚琳娜、梁静茹、陈小春、伍佰等，也选取了许多高人气的草根网络达人，如商场的保安、报刊亭老板、上班族、服务生、环卫工、送水工等。六场网络春晚每场都由两名中央电视台的知名主持人主持，可以说是空前盛大的一次网络晚会盛宴。

121.《互联网文化管理暂行规定》发布。为了加强对互联网文化的管理，保障互联网文化单位的合法权益，促进互联网文化健康、有序地发展，2011 年 2 月 11 日，文化部审议通过《互联网文化管理暂行规定》。

122. 国家互联网信息办公室正式成立。2011 年 5 月 4 日，国家互联网信息办公室正式成立，标志着中国互联网信息服务和管理工作进入新阶段。

123. 全国创建“文明网站”活动视讯会议召开。2011 年 5 月 16 日，全国创建“文明网站”活动视讯会议召开，拉开了中央精神文明建设指导委员会、中国共产党中央委员会对外宣传办公室等几部委联合在全国组织开展的创建“文明网站”活动的序幕。

124. 中共十七届六中全会关注网络文化建设。2011 年 10 月 15 日至 18 日，中共十七届六中全会举行，并提出建设社会主义文化强国的战略目标，决议中明确提出“发展健康向上的网络文化”。

125. 微博持续火爆。年内微博用户持续火爆，用户超过三亿人，其中政务微博的大发展和成熟化成为 2011 年微博的显著特点。

126. 微博开始实名制管理。2011 年 12 月 16 日，《北京市微博客发展管理若干规定》出台，随后广州、深圳、上海、天津亦采取相同措施，由此实名制在微博领域全面推行。

2012 年

127. 优酷、土豆两大视频网站合并。2012 年 2 月，两大视频网站优酷、土豆宣布合并，这改变了原有的网络视频市场格局。

128. 网络自媒体节目受到瞩目。2012 年 3 月，一档名为《晓说》的网络脱口秀节目引来不少关注。主持人高晓松是中国著名音乐人，该节目每期一个热门话题，由主持人自由发挥，说历史、评人物、聊八卦、论文化、谈热点，“打造视频化的‘高晓松专栏文章’”是节目的创办初衷。

2012 年 12 月 21 日，自媒体脱口秀《罗辑思维》开播。该节目从开播至今，视频播出量已达 4 000 多万次，视频评论 10 万多次，单日最高播放指数 20 万次，评分 9.2 分，是第一档颇有影响力的自媒体脱口秀节目。

129. 加强网络剧、微电影等网络视听节目管理制度出台。2012 年 7 月 6 日，国家广播电影电视总局和国家互联网信息办公室联合下发《关于进一步加强网络剧、微电影等网络视听节目管理的通知》，对网络视听节目新形式的传播进行规范。

130. 网络视频节目的市场前景良好。据中国互联网络信息中心发布的《2012 年中国网民网络视频应用研究报告》，截至 2012 年 12 月，中国网络视频用户已达 3.72 亿人，网友使用网络视频业务的比例上升至 65.9%。使用网络视频业务的网友不仅在日常支出（包括外出吃饭、休息娱乐、化妆品、护肤品、运动健身、营养保健品等）上高于整体网友的平均水平，而且在较高层次的产品（投资理财产品、家电数码、旅游等）需求上也高于整体网友的平均水平，表现出强劲的购买力。由此可见，网络视频节目的需求市场会随着国民生活水平的不断提高而持续扩大。

2013 年

131. 出台鼓励主流媒体发展网络广播电视台的意见。2013 年 1 月 4 日，国家广播电影电视总局下发《广电总局关于促进主流媒体发展网络广播电视台的意见》，要求将网络广播电视台提升到与电台、电视台同等重要的地位，鼓励电台、电视台与宽带互联网、移动互联网等新兴媒体结合，发展网络广播电视台。

132. 网络时事评论节目《天天看》上线。2013 年 3 月 1 日，由知名传媒人杨锦麟与腾讯公司合作，在腾讯视频独家开设时事评论节目《天天看》，主持人由杨锦麟和袁苑担当。

133. 网络视频市场瞬息万变。2013 年 5 月 7 日，百度宣布以 3.7 亿美元收购网络视频公司 PPS。网络视频行业新一轮的跑马圈地风生水起。

134. 手机在线视频即将成为手机的主流应用。根据中国互联网络信息中心第32次调查，截至2013年6月，用手机在线收看或下载视频的中国网友数为1.6亿人，与2012年末相比增长2 536万人，半年增长18.9%。手机在线视频在手机网友中的使用率为34.4%，相比2012年末增长了2.4个百分点，手机在线视频有望成为手机的主流应用。基础设施和硬件条件的逐步改善为移动视频创造了良好的发展空间，为人们随时随地收看网络节目提供了技术支持，也对网络主持创作主体制作适用于移动传播环境的网络节目提出了新要求。

2014年

135. 北京网络广播电视台全球上线。2014年1月8日，北京网络广播电视台（BRTN）全球上线。北京网络广播电视台是北京广播电视台旗下以宽带互联网、移动通信网等新兴信息网络为节目传播载体的新兴形态的广播电视播出机构。其依托北京广播电视台旗下18家单位的优质资源，聚合北京电视台所有电视频道的王牌栏目和独家内容，与受众建立起互动分享的沟通渠道，为用户提供时时伴随的定制化服务。

136. 中共中央网络安全和信息化领导小组办公室（以下简称中央网信办）成立。2014年2月27日，中央网信办宣告成立，习近平同志担任组长。

137. 中央发布媒体融合指导性文件。2014年8月18日，中央全面深化改革领导小组第四次会议审议通过《关于推动传统媒体和新兴媒体融合发展的指导意见》，为解决重点新闻网站在内容生产、产品拓展领域同质化问题，发挥传统媒体的强大内容生产能力，改变新媒体传播领域生态特性，促进新型主流媒体正确表达国家话语，体现社会主义核心价值观明确了发展方向。

138. 传统媒体和新兴媒体加速融合。2014年8月，中央全面深化改革领导小组第四次会议审议通过《关于推动传统媒体和新兴媒体融合发展的指导意见》，从发展战略的高度明确了媒体改革与发展的方向。加快推动传统媒体和新兴媒体的深度融合，成为传媒界的共识。

139. 第十四届中国网络媒体论坛举办。2014年10月31日至11月1日，第十四届中国网络媒体论坛在苏州举办，论坛主题为“加快融合发展，建设新型媒体”。本届论坛是国家互联网信息办公室成立后中国互联网界的首次盛会，也是中国互联网在经历 20 年发展之后的全面总结，更是“推进媒体融合发展”事业新的起点，具有非同寻常的意义。

140. 首届世界互联网大会举行。2014 年 11 月 19 日至 21 日，首届世界互联网大会在浙江乌镇举行，这是中国举办的规模最大、层次最高的互联网大会。

141. “首届国家网络安全宣传周”举办。2014 年 11 月 24 日至 30 日，“首届国家网络安全宣传周”在北京中华世纪坛举行，使“共建网络安全，共享网络文明”的意识进一步深入人心。

142. 网络自制节目元年。2014 年被业内认为是网络自制节目元年，据统计，本年度共有 150 个网络综艺节目上线，比 2013 年增长 200%，产生了一批形式新颖、各具特色的网络自制节目。2015 年，网络自制节目延续 2014 年的势头，继续呈现蓬勃发展的态势。这两年里，已有个别网络自制节目的制作精良程度能与电视节目媲美。爱奇艺、优酷土豆、搜狐、腾讯、乐视、56 网等都十分重视自制领域，其中优酷斥资三亿元制作自制内容，搜狐 2014 年针对自制内容的投入是 2013 年的两倍。在这种背景下，一批高投入的网络自制节目作品与观众见面。例如，2014 年 11 月 29 日，马东主持的中国首档谈话类达人秀《奇葩说》在爱奇艺独播。该节目自上线以来总点击量已经破亿次，微博话题阅读量也轻松破 10 亿次大关，吸引大批“80 后”“90 后”拥趸。又如，腾讯视频出品的全国首档大型调查类真人秀《你正常吗》，八期节目的网络总点击量超过两亿次，节目主持人由华少和陈嘉桦等担任。腾讯视频制作的大型原创音乐真人秀《Hi 歌》也号称制作费近亿元，主持人由庾澄庆和李响等担任。

2015 年

143. “宽带中国”战略全力推进。2015 年 5 月，工业和信息化部发布《关于实施“宽带中国”2015 专项行动的意见》。国务院常务会议确定加快建设高速宽带网络促进提速降费的措施，鼓励电信企业发布提速降费方案。工业和信息化部随后出台 14 条举措积极推进网络提速降费。2015 年 5 月，三大运营商先后公布了具体的提速降费措施，并于

10月起推行手机流量不清零的资费政策。“宽带中国”战略的全力推进，促使网络提速降费惠及民生，为网络主持的发展创造了物质基础和技术支持。

144. “微信十条”出台。2015年8月7日，国家互联网信息办公室发布《即时通信工具公众信息服务发展管理暂行规定》(业界俗称“微信十条”)，这是以国家互联网信息办公室名义发布的第一个法规，对即时通信工具服务提供者、使用者的服务和使用行为进行了规范，对通过即时通信工具从事公众信息服务活动提出了明确管理要求。

145. 二次元网络文化的快速发展可能对青少年产生不良影响。据中国互联网络信息中心发布的《2015 年中国青少年上网行为研究报告》，截至2015年12月，作为二次元文化传播载体的网络视频的青少年用户规模达到2.2亿人。青少年网友的世界观和人生观大多处于形成期，如果过于沉迷二次元内容，可能对其现实生活产生不良影响，因此应受到重视。

146. 中央网信办打造“中国新闻网站传播力榜”。2015年，中央网信办《网络传播》杂志打造“中国新闻网站传播力榜”，该榜单反映了国家互联网信息办公室许可和确定的互联网新闻信息服务单位每月的传播效果。榜单采用了“流量+内容”评价体系，将内容作为重要评价指标，目的是鼓励各网站弘扬主旋律、传播正能量，坚持正确舆论导向，积极营造清朗的网络舆论空间。

2016年

147. 网络节目全面崛起，网台结盟成普遍现象。2016 年，网络节目进入“快车道”，迎来“大时代”。不少节目完成了“视频网站先播，卫视跟播”的视频网站向电视台的反向输出模式，也有不少节目开始用视频网站、电视台、制作公司三方联合出品的方式进行制作。从数据上看，2016年网络节目总数比2015年增加15.6%，从96档增加为111档。播放量也成倍增长，优质网络节目播放量提升至六亿，TOP20的播放总量近150亿人次，远超2015年的73亿人次，TOP10的播放总量超过95亿人次，也比2015年的60亿人次有了很大提升。汪涵主持的《火星情报局》、何炅等主持的《拜托了冰箱》、窦文涛的《圆桌派》等许多网络节目，都拥有优秀的内容制作团队，吸引了众多明星参与。节目在数量、质量、投资、制作团队和规模上，标准都比以前高出很多。

148. 互联网新闻行业进入成熟发展期。据中国互联网络信息中心发布的《2016 年中国互联网新闻市场研究报告》，截至 2016 年 6 月，互联网新闻市场用户规模达到 5.79 亿人，互联网新闻已成为网友高频使用的基础类网络应用。互联网新闻产业链日趋完善，在新闻生产和渠道分发环节都形成了相对成熟的发展机制，市场监管日益完善，参与主体日趋多元。互联网新闻行业进入成熟发展期。

149. 互联网直播的服务平台及发布者均受到公众监督。为加强对互联网直播服务的管理，保护公民、法人和其他组织的合法权益，维护国家安全和公共利益，2016 年 11 月 4 日，国家互联网信息办公室发布《互联网直播服务管理规定》。该规定提出“双资质”要求，即互联网直播服务提供者和互联网直播发布者都应当依法取得互联网新闻信息服务资质，并在许可范围内开展互联网新闻信息服务。

150. 央广网湖北频道正式上线，新媒体融合再添新布局。2016 年 11 月 29 日，央广网湖北频道正式上线。央广网湖北频道是央广新媒体推进媒体融合的产物，是央广网第一批七个试点地方频道之一。

151. 网络直播风行。据《2016 年中国社交应用用户行为研究报告》，2016 年，直播功能成为社交平台标配。截至 2016 年 12 月直播用户规模已达 3.44 亿人，直播成为新的用户交流方式。

152. 网站履行主体责任高峰论坛在北京召开。2016 年 12 月 27 日，由中国互联网发展基金会、中国传媒大学共同主办的网站履行主体责任高峰论坛在北京召开。论坛上，中国传媒大学互联网信息研究院发布国内首个《网站信息生态指数》，该指数通过定期评估和发布网站信息生态指数，量化呈现网络舆论生态状况，构建网站信息生态的“晴雨表”，推动互联网健康有序发展。

2017 年

153. 网络综艺时代来临。2017 年，网络综艺节目的质量和数量趋于稳定，相比于电视综艺节目“江河日下”，网络综艺节目完成了“逆袭”，2017 年被业内称为进入了“超级网综时代”。《明日之子》《2017 快乐男声》《大学生来了2》《火星情报局3》《了不起的孩子2》《奇葩说4》《拜托了冰箱3》等网络综艺节目接连播出。

此外,“直播综艺”也在2017年得到了较大的发展,如爱奇艺的《十三亿分贝》引入直播,并获得“2016-2017年度十大品牌影响力网络综艺节目”的奖项。此外还有《饭局的诱惑2》登陆斗鱼直播,《跨界也疯狂》登陆酷狗直播,《美人尖叫秀》登陆爱奇艺旗下直播平台……网络综艺节目在形式上不断创新。

154. 移动互联网主导地位强化。2017年8月4日,中国互联网络信息中心在北京发布第40次《中国互联网络发展状况统计报告》。该报告显示,截至2017年6月,中国网友规模达到7.51亿人,占全球网友总数的1/5。互联网普及率为54.3%,超过全球平均水平4.6个百分点。截至2017年6月,我国手机网友规模达7.24亿人,较2016年底增加2 830万人。网友中使用手机上网的比例由2016年底的95.1%提升至96.3%,手机上网比例持续提升。

155. 《关于进一步加强网络视听节目创作播出管理的通知》发布。2017年6月,国家新闻出版广播电影电视总局印发《关于进一步加强网络视听节目创作播出管理的通知》,该通知对网络视听节目的名称、台词、字幕、配音等用语用字情况进行了管理与规范,防止不规范使用国家通用语言文字的节目上线播出。

156. 首次从制度层面明确互联网新闻信息服务单位内容管理从业人员的行为规范。为加强对互联网新闻信息服务单位内容管理从业人员的管理,维护从业人员和社会公众的合法权益,促进互联网新闻信息服务健康有序的发展,2017年10月30日,国家互联网信息办公室公布《互联网新闻信息服务单位内容管理从业人员管理办法》。该办法对从业人员的行为规范、教育培训、监督管理等做出了较为详细的规定,构建了网络信息内容管理从业人员的管理体系。

157. 中宣部等印发通知,要求进一步加强社会主义核心价值观的网上传播。2017年12月17日,中宣部、中央网信办、教育部、文化部、国家新闻出版广播电影电视总局、共青团中央联合印发通知,要求通过加强网上主旋律宣传、深化网上主题教育活动等进一步加强社会主义核心价值观的网上传播。要坚持“正能量是总要求”，准确把握网络传播规律，把社会主义核心价值观的要求体现到网络宣传、网络文化、网络服务中，用正面声音和先进文化占领网络阵地，用正确的网络舆论引导思潮、凝聚共识。